全国高职高专教育土建类专业教学指导委员会规划推荐教材

建设工程法规

(建筑工程管理与建筑管理类专业适用)

高玉兰 江 怒 主编
田恒久 主审

中国建筑工业出版社

图书在版编目(CIP)数据

建设工程法规/高玉兰，江怒主编. —北京：中国建筑工业出版社，2009
全国高职高专教育土建类专业教学指导委员会规划推荐教材. 建筑工程管理与建筑管理类专业适用
ISBN 978-7-112-10609-7

Ⅰ. 建… Ⅱ. ①高…②江… Ⅲ. 建筑法-中国-高等学校：技术学校-教材 Ⅳ. D922.297

中国版本图书馆 CIP 数据核字(2009)第 013421 号

全国高职高专教育土建类专业教学指导委员会规划推荐教材
建设工程法规
（建筑工程管理与建筑管理类专业适用）
高玉兰　江　怒　主编
田恒久　主审

*

中国建筑工业出版社出版、发行（北京西郊百万庄）
各地新华书店、建筑书店经销
北京天成排版公司制版
北京同文印刷有限责任公司印刷

*

开本：787×1092 毫米　1/32　印张：15½　字数：378 千字
2009 年 2 月第一版　2014 年 8 月第十二次印刷
定价：26.00 元
ISBN 978-7-112-10609-7
(17540)

版权所有　翻印必究
如有印装质量问题，可寄本社退换
（邮政编码　100037）

本教材共八章内容。第一章为建设法规概论，通过对建设法规概念、特征、作用的介绍，点明了学习建设法规的重要性；第二、三章详细介绍了建设工程法律制度，即建筑许可、建设工程发包与承包、建设工程监理、建设工程招标与投标等法律制度；第四、五章概述了建设工程质量管理与建设工程安全生产管理法律制度；第六章重点介绍了合同法基本知识与建设工程合同法律规范；第七章阐述了建设工程纠纷处理方式；第八章概括介绍了劳动法、标准化法、环境保护法、节约能源法、档案法、税收法等基本制度。

本教材每章后面均附有本章小结、复习思考、课后练习、案例分析等内容，有助于学生准确把握法律实质，正确理解法律理论。

本教材可供全国高职高专院校土木工程类、工程管理类专业学生使用，也可作为一、二级注册建造师考生复习参考，还可作为建设行业管理人员培训读本。

* * *

责任编辑：张　晶
责任设计：赵明霞
责任校对：安　东　陈晶晶

本教材编审委员会名单

主　任：吴　泽

副主任：陈锡宝　范文昭　张怡朋

秘　书：袁建新

委　员：（按姓氏笔画排序）

马　江	王林生	甘太仕	刘建军	刘　宇
汤万龙	汤　斌	陈锡宝	陈茂明	陈海英
李永龙	李渠建	李玉宝	张怡朋	张国华
吴　泽	范文昭	周志强	胡六星	郝志群
倪　荣	袁建新	徐佳芳	徐永泽	徐　田
夏清东	黄志洁	温小明	滕永健	

序　言

　　全国高职高专教育土建类专业教学指导委员会工程管理类专业指导分委员会(原名高等学校土建学科教学指导委员会高等职业教育专业委员会管理类专业指导小组)是建设部受教育部委托,由建设部聘任和管理的专家机构。其主要工作任务是,研究如何适应建设事业发展的需要设置高等职业教育专业,明确建设类高等职业教育人才的培养标准和规格,构建理论与实践紧密结合的教学内容体系,构筑"校企合作、产学结合"的人才培养模式,为我国建设事业的健康发展提供智力支持。

　　在建设部人事教育司和全国高职高专教育土建类专业教学指导委员会的领导下,2002年以来,全国高职高专教育土建类专业教学指导委员会工程管理类专业指导分委员会的工作取得了多项成果,编制了工程管理类高职高专教育指导性专业目录;在重点专业的专业定位、人才培养方案、教学内容体系、主干课程内容等方面取得了共识;制定了"工程造价"、"建筑工程管理"、"建筑经济管理"、"物业管理"等专业的教育标准、人才培养方案、主干课程教学大纲;制定了教材编审原则;启动了建设类高等职业教育建筑管理类专业人才培养模式的研究工作。

　　全国高职高专教育土建类专业教学指导委员会工程管理类专业指导分委员会指导的专业有工程造价、建筑工程管理、建筑经济管理、房地产经营与估价、物业管理及物业设施管理等6个专业。为了满足上述专业的教学需要,我们在调查研究的基础上制定了这些专业的教育标准和培养方案,根据培养方案认真组织了教学与实践经验较丰富的教授和专家编制了主干课程的教学大纲,然后根据教学大纲编审了本套教材。

　　本套教材是在高等职业教育有关改革精神指导下,以社会需求为导向,以培养实用为主、技能为本的应用型人才为出发点,根据目前各专业毕业生的岗位走向、生源状况等实际情况,由理论知识扎实、实践能力强的双师型教师和专家编写的。因此,本套教材体现了高等职业教育适应性、实用性强的特点,具有内容新、通俗易懂、紧密结合工程实践和工程管理实际、符合高职学生学习规律的特色。我们希望通过这套教材的使用,进一步提高教学质量,更好地为社会培养具有解决工作中实际问题的有用人材打下基础。也为今后推出更多更好的具有高职教育特色的教材探索一条新的路子,使我国的高职教育办得更加规范和有效。

全国高职高专教育土建类专业教学指导委员会
工程管理类专业指导分委员会

前 言

本书的框架结构、具体内容和理论表述都有诸多创新和闪光点，具有很强的针对性、实用性、新颖性、可读性。本教材主要针对全国高职高专院校建筑管理类专业学生教学使用，可以作为建设行业培训教材。从学生就业工作岗位上说，本教材力求结合学生将来可能从事的工作性质、工作需要而编制其学习范围，结合行业培训，突出行业特点，力求选择与执业资格考试相衔接的内容，突出本教材的针对性和实用性特点；从建设法规的效力上讲，竭力关注建设法规的前沿动态，渗透最新的法律思想，吸收最新的法律内容，尽量使学生接受新观点，阅读新内容，突出新颖性；在其结构体系上，以"法理、法条、法案"为体例，以规范建设活动的建设法规为基础，以法律为主线，以行政法规、部门规章为辐射，对建设工程法律法规进行系统阐释；以专业法律法规为重点，以其他法律法规为了解，特别是对建设法规概论、建设法律制度、建设工程招标投标法律制度、建设工程质量管理法律制度、建筑安全生产管理法律制度、建设工程合同法律制度、建设工程纠纷处理法律制度、其他相关法律制度等一系列涉及社会关注的热点问题的论述和每章后附有的案例分析、复习思考、课堂练习等内容，对学生准确把握法律实质、正确理解法律理论有着非常重要的意义。

《建设工程法规》为高职高专土建类专业教学用书，也可作为高等学校工程管理类专业的教学用书，还可作为建设工程管理人员，一、二级注册建造师等考生的学习参考读物。

本教材由山西建筑职业技术学院副教授高玉兰老师和四川建筑职业技术学院副教授江怒老师担任主编，第一、三、六章由山西建筑职业技术学院皇甫婧琪编写，第二、四、五章由高玉兰编写，第七、八章由卫斌编写，山西建筑职业技术学院建筑经济管理系主任田恒久副教授进行审定，并提出非常宝贵的修改意见，对此深表感谢。

由于编者水平有限，时间仓促，本书难免有不当之处，敬请广大读者、同行专家批评指正。

目 录

第一章 建设法规概论 ··· 1
- 第一节 建设法规的概念与特征 ··· 1
- 第二节 建设法规的作用 ··· 2
- 第三节 建设法规体系 ··· 3
- 第四节 建设法律关系 ··· 7
- 【本章小结】 ··· 11
- 【复习思考】 ··· 11
- 【课后练习】 ··· 11
- 【案例分析】 ··· 12

第二章 建设法律制度 ··· 13
- 第一节 建筑法概述 ··· 13
- 第二节 建筑许可法律制度 ··· 15
- 第三节 建设工程发包与承包法律制度 ··· 38
- 第四节 建设工程监理法律制度 ··· 44
- 第五节 建筑法律责任 ··· 50
- 【本章小结】 ··· 53
- 【复习思考】 ··· 53
- 【课后练习】 ··· 54
- 【案例分析】 ··· 56

第三章 建设工程招标投标法律制度 ··· 57
- 第一节 招标投标与招标投标法概述 ··· 57
- 第二节 建设工程招标 ··· 60
- 第三节 建设工程投标 ··· 70
- 第四节 建设工程开标、评标与中标 ··· 74
- 第五节 招标投标法律责任 ··· 81
- 【本章小结】 ··· 83
- 【复习思考】 ··· 83
- 【课后练习】 ··· 83
- 【案例分析】 ··· 86

第四章 建设工程质量管理法律制度 ··· 87
- 第一节 建设工程质量管理概述 ··· 87
- 第二节 建设工程质量责任体系 ··· 88
- 第三节 建设工程质量管理制度 ··· 91

【本章小结】 ······ 98
【复习思考】 ······ 98
【课后练习】 ······ 98
【案例分析】 ······ 99

第五章 建设工程安全生产管理法律制度 ······ 100
第一节 建设工程安全生产管理法律体系 ······ 100
第二节 建设工程安全生产管理基本制度 ······ 103
第三节 建设工程安全生产责任体系 ······ 114
第四节 生产安全事故的应急救援和调查处理 ······ 119
第五节 安全生产许可证 ······ 123
【本章小结】 ······ 125
【复习思考】 ······ 125
【课后练习】 ······ 125
【案例分析】 ······ 126

第六章 建设工程合同法律制度 ······ 128
第一节 合同法概述 ······ 128
第二节 合同的订立 ······ 131
第三节 合同的效力 ······ 134
第四节 合同的履行 ······ 138
第五节 合同的担保 ······ 141
第六节 合同的变更与转让 ······ 144
第七节 合同的权利义务终止 ······ 145
第八节 违约责任 ······ 147
第九节 建设工程合同法律规范 ······ 149
【本章小结】 ······ 159
【复习思考】 ······ 160
【课后练习】 ······ 160
【案例分析】 ······ 162

第七章 建设工程纠纷处理法律制度 ······ 164
第一节 建设工程纠纷处理方式 ······ 164
第二节 处理建设工程纠纷相关法律制度 ······ 166
【本章小结】 ······ 188
【复习思考】 ······ 189
【课后练习】 ······ 189
【案例分析】 ······ 190

第八章 其他相关法律制度 ······ 192
第一节 劳动法律制度 ······ 192
第二节 标准化法律制度 ······ 203
第三节 环境保护法律制度 ······ 206

第四节　节约能源法律制度 …………………………………………… 222
第五节　档案法律制度 ………………………………………………… 224
第六节　税收法律制度 ………………………………………………… 229
【本章小结】……………………………………………………………… 235
【复习思考】……………………………………………………………… 236
【课后练习】……………………………………………………………… 236
【案例分析】……………………………………………………………… 237
参考文献 ………………………………………………………………… 238

第一章 建设法规概论

学习目标
1. 掌握建设法规的基本概念、特征及作用
2. 熟悉我国建设法规体系
3. 掌握建设法律关系的构成要素

学习重点
1. 建设法规的基本概念、特征及作用
2. 建设法律关系概念及其构成要素
3. 我国建设法规体系的构成

第一节 建设法规的概念与特征

一、建设法规的概念

建设法规是指国家立法机关或其授权的行政机关制定的，调整国家及其有关机构、企事业单位、社会团体、公民之间在建设活动中所发生的各种社会关系的法律规范的总称。

二、建设法规的特征

1. 行政性

这是建设法规区别于其他法律的主要特征。建设活动投入资金量大，需要消耗大量的人力、物力、财力及土地等资源，涉及面广，影响力大且持久，建筑产品的质量又关系到人民的生命和财产安全。因此，国家对建设活动的监督和管理较其他行业而言，较为严格。建设行业的特殊性决定了建设法律必然要采用直接体现行政权力活动的调整方法，即以行政指令为主的方法调整建设法律关系。

建设法律规范中，调整方式的特点主要体现为行政强制性，调整方式有授权、命令、禁止、许可、免除、确认、计划、撤销等。

2. 广泛性

建设法规调整的是建设领域的各种社会经济关系。这种关系既有行政机关或被授权组织与建设单位、勘察设计单位、施工单位、监理单位等"行政相对人"之间的行政管理和被管理关系，又有国家在协调经济运行过程中发生的经济关系，包括企业组织管理关系，即企业设立、变更、终止和企业内部管理过程中发生的经济关系；市场管理关系，即在市场管理过程中发生的经济关系；宏观经济调控关系及社会经济保障关系。还有公民个人、法人或法人组织等主体之间的民事、商事关系，如建设工程合同等经济关系。

3. 经济性

建设法规是经济法的重要组成部分，因此也必然带有经济性特征。建筑业和房地产业等建设活动直接为社会创造财富，为国家增加积累。如房地产开发、商品房销售、建设工程勘察设计、施工安装等都是直接为社会创造财富的活动。随着建筑业的发展，其在国民经济中的地位日益突出。许多国家把建筑业和房地产业看作是国民经济的强大支柱之一，我国也是如此，可见建设法规的经济性特征是很强的。

4. 技术性

工程建设与人们生存、进步、发展息息相关，建设产品的质量与人们的生命财产密切相关，这就需要诸如《生活饮用水质标准》、《建筑设计规范》、《城镇燃气管网抢修与维护技术规程》等大量的标准、规范、规程来对工程建设的方方面面进行规范，这些被称为技术规范(或技术标准)。但技术规范不属于建设法律的范畴，因为技术规范调整的是人与自然的关系，不是社会关系，并不必然涉及人们的交互行为。但如果不遵守技术规范，则可能引起伤亡事故，导致生产效率低下，危及生产、生活秩序和交通秩序，或造成其他严重的损害。此时，不遵守技术规范的行为，就是一个有害的交互行为，为了避免此类行为的发生，将某些技术规范上升为法律规范，称为"技术法规"，强迫人们予以遵守。技术法规属于建设法规范畴。除了技术法规之外，还需要大量的管理性的法律、法规和规章(简称"管理法规")来规范建设行为，当然这些管理法规也会交叉有大量的技术性条文。

第二节 建设法规的作用

根据行为主体的不同，法律的规范作用具体可以分为指引、评价、教育、预测和强制作用。建设法规对建设活动主体的建设行为的规范性主要表现为：

一、教育和指引作用

人们所进行的各种具体行为必须遵循一定的准则，只有在法律规定的范围内进行的行为才能得到国家的承认与保护，也才能实现行为人预期的目的。从事各种具体的建设活动所应遵循的行为规范为建设法律规范。建设法律规范，通过对合法行为的肯定和对违法行为的否定来教育违法者和其他建设活动主体严格遵守建设法规。同时，也为行为主体作出了指导性的规定。

建设法规中规定有些建筑行为必须做有些建筑行为禁止做，如《建筑法》第五十八条规定的"建筑施工企业必须按照工程设计图纸和施工技术标准施工"，即为义务性的建筑行为规定；而《招标投标法》第三十二条规定的"投标人不得相互串通投标报价，不得排挤其他投标人的公平竞争，损害招标人或者其他投标人的合法权益。""投标人不得与招标人串通投标，损害国家利益、社会公共利益或者他人的合法权益。""禁止投标人以向招标人或者评标委员会成员行贿的手段谋取中标"等内容即为禁止性的建筑行为规定。

建设法规中同时规定人们有权选择某种建筑行为，它既不禁止人们做出这种建筑行为，也不要求人们必须做出这种建筑行为，而是赋予了一种权利，做与不做都不违反法律，一切由当事人自己决定。如《建筑法》第二十四条规定的"建筑工程的发包单位可以将建筑工程的勘察、设计、施工、设备采购一并发包给一个工程总承包单位，也可以将建筑工程的勘察、设计、施工、设备采购的一项或者多项发包给一个工程总承包单位"，就属于授权性的建筑行为。

二、保护和惩罚作用

1. 保护合法建设行为

建设法规的作用不仅在于对建设主体的行为加以规范和指导，还应对一切符合法规的建设行为给予确认和保护。这种确认和保护一般是通过建设法规的原则规定反映的。如《建筑法》第四条规定的"国家扶持建筑业的发展，支持建筑科学技术研究，提高房屋建筑设计水平，鼓励节约能源和保护环境，提倡采用先进技术、先进设备、先进工艺、新型建筑材料和现代管理方式"与第五条规定的"任何单位和个人都不得妨碍和阻挠依法进行的建筑活动"均属于保护合法建筑行为的规定。

2. 处罚违法建设行为

建设法规既要对合法行为加以保护，又要对违法行为给予制裁。要实现对建设行为的规范和指导作用，必须对违法建设行为给予应有的处罚。否则，建设法规所确定的法律制度由于得不到实施过程中强制手段的法律保障，就会变成无实际意义的规范。因此，建设法规都有对违法建设行为的处罚规定。如《建筑法》第七十二条规定："建设单位违反本法规定，要求建筑设计单位或者建筑施工企业违反建筑工程质量、安全标准，降低工程质量的，责令改正，可以处以罚款；构成犯罪的，依法追究刑事责任。"即属于处罚违法建筑行为的规定；再如《建筑法》第二十八条规定："禁止承包单位将其承包的全部建筑工程转包给他人，禁止承包单位将其承包的全部工程肢解以后以分包的名义分别转包给他人。"正是由于有了上述法律的规定，建设行为主体才明确了自己可以为、不得为和必须为的一定的建设行为，并以此指导制约自己的行为，体现出建设法规对具体建设行为的规范和指导作用。

三、评价和预测作用

建设法规具有评价作用，它对违法行为的制裁就是一种否定性评价，如《建设工程质量管理条例》第六十四条规定的"施工单位在施工中偷工减料的，使用不合格的建筑材料、建筑构配件和设备的，或者有不按照工程设计图纸或者施工技术标准施工的其他行为的，责令改正，处工程合同价款2%以上4%以下的罚款；造成建设工程质量不符合规定的质量标准的，负责返工、修理，并赔偿因此造成的损失；情节严重的，责令停业整顿，降低资质等级或者吊销资质证书。"建设法规不仅具有评价作用，同时还具有预测作用，如《建筑法》就对建设单位、施工单位以及勘察设计单位提出了许多预测性规定；《建设工程质量管理条例》第九条规定的"建设单位必须向有关的勘察、设计、施工、工程监理等单位提供与建设工程有关的原始资料"就是一种对建设单位提出的预测性规定。

第三节 建设法规体系

一、建设法规体系的概念

建设法规体系，是指把已经制定的和需要制定的建设法律、建设行政法规、地方性法规与建设部门规章和地方政府规章等衔接起来，形成一个相互联系、相互补充、相互协调的完整统一的法规框架。

建设法规体系是我国法律体系的重要组成部分。同时，建设法规体系又相对自成体系，具有相对独立性。根据法制统一原则，要求建设法规体系必须服从国家法律体系的总要求，建设方面的法律必须与宪法和相关的法律保持一致，建设行政法规、部门规章和地方性法规、规章不得与宪法、法律以及上一层次的法规相抵触。另外，建设法规应能覆盖建设事业的各个行业、各个领域以及建设行政管理的全过程，使建设活动的各个方面都有法可依、有章可循，使建设行政管理的每一个环节都纳入法制轨道。并且，在建设法规体系内部，不仅纵向不同层次的法律、法规之间，应当相互衔接，不能抵触；横向同层次的法律、法规之间，亦应协调配套，不能互相矛盾、重复或者留有"空白"。

二、建设法规体系的构成

建设法规体系是由很多不同层次的法规组成的，组成形式一般有宝塔形和梯形两种。宝塔形结构形式，是先制定一部基本法律，将领域内业务可能涉及的所有问题都在该法中作出规定，然后再分别制定不同层次的专项法律、行政法规、部门规章，对一些具体问题进行细化和补充；梯形结构则不设立基本法律，而以若干并列的专项法律组成法规体系的顶层，然后对每部专项法律再配置相应的不同层次的行政法规和部门规章作补充，形成若干相互联系而又相对独立的专项体系。

根据《中华人民共和国立法法》有关立法权限的规定和建设部《建设法律体系规划方案》的规定和要求，我国建设法规体系确定为梯形结构方式，由以下几个层次组成：

1. 宪法

宪法是国家的根本大法，具有最高的法律地位和效力，任何其他法律、法规都必须符合宪法的规定，而不得与之相抵触。宪法是建筑业的立法依据，同时又明确规定国家基本建设的方针和原则，直接规范与调整建筑业的活动。

2. 建设法律

建设法律是指由全国人民代表大会或者全国人民代表大会常务委员会制定颁布的属于国务院建设行政主管部门主管业务范围的各项法律，是建设法规体系的核心和基础，如《中华人民共和国建筑法》、《中华人民共和国城乡规划法》等。

3. 建设行政法规

建设行政法规指国务院依法制定并颁发的属于建设行政主管部门业务范围的各项行政法规，其效力低于建设法律，在全国范围内有效，如《建设工程质量管理条例》、《建设工程安全生产管理条例》等。

4. 建设部门规章

建设部门规章是指住房和城乡建设部根据国务院规定的职责范围，依法制定并颁布的各项规章，或由住房和城乡建设部与国务院有关部门联合制定并发布的法规，如原建设部颁布的部门规章有《建筑业企业资质管理规定》、《建筑业企业资质等级标准》、《建设工程监理范围和规模标准规定》等。

5. 地方建设法规

地方建设法规指在不与宪法、法律、行政法规相抵触的前提下，由省、自治区、直辖市人大及其常委会以及省级人民政府所在地的市和经国务院批准的较大的市人大及其常委会制定并发布的建设方面的法规，如1994年9月29日山西省第八届人民代表大会常务委员会第十一次会议通过的、《山西省建筑市场管理条例》。

6. 地方建设规章

地方建设规章是指省、自治区、直辖市以及省级人民政府所在地的市和经国务院批准的较大的市的人民政府，根据法律和国务院的行政法规制定并颁发的建设方面的规章，如 1997 年 10 月 25 日山西省人民政府令第 96 号发布的《山西省建筑工程招标投标管理办法》。

7. 技术法规

技术法规是国家制定或认可的，在全国范围内有效的技术规程、规范、标准、定额、方法等技术文件。它们是建筑业工程技术人员从事经济技术作业、建筑管理监测的依据，如预算定额、设计规范、施工规范、验收标准等。

8. 国际公约、国际惯例、国际标准

我国已经加入世贸组织，所参加或与外国签订的调整经济关系的国际公约和双边条约，还有国际惯例、国际上通用的建筑技术规程都属于建设法规的范畴，都应当遵守和实施。如涉外建设工程承包合同非常复杂，它涉及有形贸易、无形贸易、信贷、委托、技术规范、保险等诸多法律关系，这些法律关系的调整必须遵守我国承认的国际公约、国际惯例和国际通用的技术规程和标准。

三、我国现行建设法规颁布情况

我国建设工程立法划分为五个阶段：

1. 立法开端阶段(1949～1956 年)

这一阶段立法曾一度颇为活跃，建设工程立法也逐步展开。1950 年 6 月 30 日《中华人民共和国土地改革法》的颁布，掀开了建设工程立法的序幕，之后大量的法规、规章及其他规范性文件相继出台，如 1950 年 12 月政务院发布了《关于决算制度、预算审核、投资施工计划和货币管理的决定》，1951 年 8 月颁布了《关于改进与加强基本建设设计工作指示》，1952 年 1 月颁布了《基本建设工作暂行办法》，1952 年 5 月内务部发布了《关于加强城市公有房地产管理的意见》，1953 年 11 月政务院发布了《关于国家建设征用土地办法》，1955 年国务院颁布了《基本建设工程设计任务书审查批准暂行办法》，1956 年 6 月国务院颁布了《关于加强和发展建筑工业的决定》和《关于加强设计工作的决定》。同期，国家建设委员会和建筑工程部相继颁发了 11 个建设方面的规范性文件。这些法律文件的出台，为规范建设市场，推动建筑业和相关产业的发展和稳定国民经济起了非常重要的作用。

2. 曲折发展阶段(1957～1965 年)

1957 年开始的"大跃进"，使刚刚起步的工程法制建设受到很大冲击。而直到 20 世纪 60 年代初，我国对国民经济实行"调整、巩固、充实、提高"的方针，工程建设的规章、制度得到一定的恢复和发展。如 1961 年 9 月建筑工程部制定了《关于贯彻执行〈国营工业企业工作条例〉(草案)的规划》，1962 年 3 月颁布了《建筑安装企业工作条例(草案)》(即"施工管理 100 条")，之后国家建委、计委、建工部等部门还制定了一系列有关建设程序、设计、施工、现场管理、建筑标准定额、财务资金及技术责任等方面的规范和制度。

3. 跌入低谷阶段(1966～1976 年)

1966 年即文化大革命开始，原有的一些法律、法规、制度等被破坏殆尽，建设工程立法更是无从谈起。从 1966 年至 1974 年 12 月的近十年间，作为最高立法机关的全国人大未曾开过一次会议，没有制定一部规范的法律。

4. 立法恢复与发展阶段(1977～1996年)

十一届三中全会以来，我国的法制建设逐步得到恢复和发展，建设工程立法工作也在有条不紊地进行。1977年至1982年，国家建委等部门颁布了一系列关于基本建设程序、勘察设计、施工、科研、工程承包等方面的规范性文件。随着建筑业改革的深化，有关部门相继颁布了关于建设投资、城市规划、城乡建设、建设勘察、建筑设计、建筑市场、建设监理、招标投标、企业资质管理、城市公用事业管理、建筑环境保护、城市房地产管理、建设税收等一系列法规、规章。这样，工程建设法律体系初步形成。1986年《中华人民共和国土地管理法》、1988年《楼堂馆所建设管理暂行条例》、1989年《中华人民共和国城市规划法》、1991年《城市房屋拆迁管理条例》、1992年《城市市容和环境卫生管理条例》等法律、法规的颁布实施使工程建设法律体系进一步完善。自1992年党的十四大做出了"建立社会主义市场经济"的伟大战略决策之后，我国相继颁布了1993年6月的《村庄和集镇规划建设管理条例》；1994年7月的《城市房地产管理法》；1995年9月的《注册建筑师条例》、1995年10月的《建筑企业资质管理规定》；1996年6月的《城市道路管理条例》和《国家重点建设项目管理办法》等有关工程建设的法律、法规的规定，这些调整工程建设的法律法规的颁布不仅在数量上，而且在质量上、效力上都比计划经济时期有了质的飞跃和发展，使整个工程建设法律体系得到了较快发展。

5. 逐步完善阶段(1997年至今)

1997年11月1日，第八届全国人大常委会第二十八次会议通过，于1998年3月1日起实施的《中华人民共和国建筑法》，是我国建设立法史上的里程碑，标志着建筑领域有了总领行业的基本法律。自此相关配套法律法规及部门规章陆续出台。1999年3月15日全国人大颁布《中华人民共和国合同法》，1999年8月30日全国人大常委会颁布《中华人民共和国招标投标法》，1999年10月15日建设部颁布《建筑工程施工许可管理办法》(该办法在2001年7月4日修正)，2000年1月30日国务院颁布《建设工程质量管理条例》，2000年6月30日建设部颁布《房屋建筑工程质量保修办法》，2000年8月1日建设部颁布《建设工程勘察质量管理办法》，2000年9月25日国务院颁布《建设工程勘察设计管理条例》，2001年4月18日建设部颁布《建筑业企业资质管理办法》(该办法于2007年11月26日修正)，2001年7月25日建设部颁布《建设工程勘察设计企业资质管理规定》(该规定于2007年9月1日重新颁布)，2001年8月29日建设部颁布《工程监理企业资质管理规定》(该规定于2007年8月1日重新颁布)，2001年11月5日建设部颁布《建筑工程施工发包与承包计价管理办法》，2002年6月29日全国人大常委会颁布《中华人民共和国安全生产法》，2003年11月24日国务院颁布《建设工程安全生产管理条例》，2004年1月13日国务院颁布《安全生产许可证条例》，2004年7月5日建设部颁布《建筑施工企业安全生产许可证管理规定》，2005年11月10日建设部颁布《民用建筑节能管理规定》，2005年12月31日建设部颁布《注册监理工程师管理规定》，2006年12月25日建设部颁布《注册造价工程师管理办法》，2006年12月28日建设部颁布《注册建造师管理规定》，2007年1月11日建设部颁布《工程建设项目招标代理机构资格认定办法》，2007年4月9日国务院颁布《安全生产事故报告和调查处理条例》，2007年6月26日建设部重新颁布《工程监理企业资质管理规定》与《建设工程勘察设计资质管理规定》。这些法律法规的颁布说明我国建设立法日趋逐步完善。

第四节 建设法律关系

一、建设法律关系的概念

我们知道人与人之间会形成各种各样的关系，这种关系统称为社会关系，如管理关系、合同关系等，一旦这种关系被法律所调整就变成了法律关系。即法律关系是指在法律规范所调整的一定社会关系中所形成的人与人之间的权利和义务关系。建设法律关系是法律关系中的一种，它是指由建设法律规范所确认和调整的，在建设活动中所产生的权利和义务关系，如建设工程承包合同关系。

二、建设法律关系的构成要素

建设法律关系的构成要素是指建设法律关系不可缺少的组成部分。建设法律关系由建设法律关系主体、建设法律关系客体和建设法律关系内容三个要素所构成。

（一）建设法律关系主体

建设法律关系主体是指建设活动的参加者，或者说是建设法律规范所调整的在法律上享有权利、承担义务的当事人。在建设活动中可能出现的主体有：

1. 国家机关

1）国家权力机关是指全国人民代表大会及其常务委员会和地方各级人民代表大会及其常务委员会。

国家权力机关参加建设法律关系的职能是审查批准国家建设计划和国家预决算，制定和颁布建设法律，监督检查国家各项建设法律的执行。

2）国家行政机关是依照国家宪法和法律设立的依法行使国家行政职权，组织管理国家行政事务的机关，它包括国务院及其所属各部、各委、地方各级人民政府及其职能部门。参加建设法律关系的国家行政机关主要有：

（1）国家计划机关。主要是国家发展和改革委员会以及各级地方人民政府发展和改革委员会，其职权是负责编制长、中期和年度建设计划，组织计划的实施，督促各部门严格执行工程建设程序等。

（2）国家建设主管部门。主要指国家住房和城乡建设部以及各级地方建设行政主管部门，其职权是制定建设法规，对城市建设、村镇建设、工程建设、建筑业、房地产业、市政公用事业进行组织管理和监督，如管理基本建设勘察设计部门和施工队伍；进行城市规划；制定工程建设的各种标准、规范和定额；监督勘察、设计、施工安装的质量；规范房地开发；市政建设等。

（3）国家建设监督部门。它主要包括国家财政机关、中国人民银行、国家审计机关、国家统计机关等。

（4）国家建设各业务主管部门。如交通运输部、水利部、铁道部等部门，负责本部门、本行业的建筑管理工作。

国家机关还有审判机关和检察机关。但作为国家机关组成部分的审判机关和检察机关不以管理者的身份成为建设法律关系的主体，而是建设法律关系监督与保护的重要机关。

2. 建设单位

建设单位是指进行工程投资建设的国家机关、企业或事业单位。在我国建筑市场上，建设单位一般被称之为业主方或甲方。由于建设项目的多样化，作为业主方的社会组织也是种类繁多的，有工业企业、商业企业、文化教育部门、医疗卫生单位、国家各机关等等。

建设单位作为建设活动权利主体，是从设计任务书批准开始的。任何一个社会组织，当它的建设项目设计任务书没有批准之前，建设项目尚未被正式确认，它是不能以权利主体资格参加建设活动的。当建设项目编有独立的总体设计并单独列入建设计划，获得国家批准时，这个社会组织方能成为建设单位，以已经取得的法人资格及自己的名义对外进行经济活动和法律行为。建设单位作为工程的需要方，是建设投资的支配者，也是工程建设的组织者和监督者。

3. 承包单位

承包单位是指有一定生产能力、机械设备、流动资金，具有承包工程建设任务的法人资格和具备相应资质条件，在建筑市场中能够按照业主方的要求，提供不同形态的建筑产品，并最终得到相应工程价款的建筑企业。在我国建筑市场上，承包单位一般被称之为建筑企业或乙方，在国际工程承包中习惯被称为承包商。按照生产的主要形式，承包单位主要有：勘察设计企业，建筑安装施工企业，建筑装饰施工企业，混凝土构配件、非标准预制件等生产厂家，商品混凝土供应站，建筑机械租赁单位以及专门提供建筑劳务的企业等。按照提供的主要建筑产品，还可以分为不同的专业，例如土建、水电、铁路、冶金、市政工程等专业公司。

4. 中介组织

中介组织是指具有相应的专业服务资质，在建筑市场中受发包方、承包方或政府管理机关的委托，对工程建设进行估算测量、咨询代理、建设监理等高智能服务，并取得服务费用的咨询服务机构和其他建设专业中介服务组织。在市场经济运行中，中介组织作为政府、市场、企业之间联系的纽带，具有政府行政管理不可替代的作用。从市场中介组织工作内容和作用来看，建筑市场中介组织可分为多种类型，如建筑业协会及其下属的设备安装、机械施工、装饰施工、产品厂商等专业分会，建设监理协会；为工程建设服务的专业会计事务所、律师事务所、资产与资信评估机构、公证机构、合同纠纷的仲裁调解机构、招标代理机构、工程技术咨询公司、监理公司，质量检查、监督、认证机构，以及其他产品检测、鉴定机构等。

5. 中国建设银行

中国建设银行是我国专门办理工程建设贷款和拨款、管理国家固定资产投资的专业银行，其主要业务范围是：管理国家工程建设支出预决算；制定工程建设财务管理制度；审批各地区、各部门的工程建设财务计划和清算；经办工业、交通、运输、农垦、畜牧、水产、商业、旅游等企业的工程建贷款及行政事业单位和国家指定的基本建设项目的拨款；办理工程建设单位、地质勘察单位、建筑安装企业、工程建设物资供销企业的收支结算；经办有关固定资产的各项存款、发放技术改造贷款；管理和监督企业的挖潜、革新、改造资金的使用等。

6. 公民个人

公民个人作为建筑市场的主体参与建设活动的领域已经相当广泛，如公民作为注册建筑师、注册建造师、注册造价工程师、注册监理工程师、注册房地产估价师、注册房地产经纪人等参与建筑活动、房地产经营活动。公民个人提供具有个人知识产权的设计软件、预决算软件等与建设参与单位确立法律关系。建设企业职工同企业单位签订劳动合同时，即成为建设法律关系主体。

(二) 建设法律关系客体

建设法律关系客体是指参加建设法律关系的主体享有的权利和承担的义务所共同指向的对象。在通常情况下，建设主体都是为了某一客体，彼此才设立一定的权利、义务，从而产生建设法律关系，这里双方各自享受权利、承担义务所指向的对象，便是建设法律关系的客体。

建设法律关系客体分为财、物、行为和非物质财富。

1. 财。财一般指资金及各种有价证券。在建设法律关系中表现为财的客体主要是建设资金，如基本建设贷款合同的标的，即一定数量的货币。

2. 物。法律意义上的物是指可为人们控制的并具有经济价值的生产资料和消费资料。在建设法律关系中表现为物的客体一般是建筑材料、机械设备、建筑物或构筑物等有形实体。某个建设项目本身也可以成为工程建设法律关系的客体。

3. 行为。法律意义上的行为是指人的有意识的活动。在建设法律关系中，行为多表现为完成一定的工作，如勘察设计、施工安装、检查验收等活动。如勘察设计合同的标的(客体)，即完成一定的勘察设计任务。建筑工程承包合同的标的，即按期完成一定质量要求的施工行为。

4. 非物质财富。法律意义上的非物质财富是人类通过脑力劳动的成果或智力方面的创作，也称智力成果。在建设法律关系中，如设计单位提供的具有创造性的设计成果，该设计单位依法可以享有专有权，使用单位未经允许不能无偿使用。如个人开发的预决算软件，开发者对之享有著作权(版权)。

(三) 建设法律关系的内容

建设法律关系的内容即建设活动参与者具体享有的权利和应当承担的义务。建设法律关系的内容是建设主体的具体要求，决定着建设法律关系的性质，它是连接主体的纽带。

1. 建设权利。建设权利是指建设法律关系主体在法定范围内，根据国家建设管理要求和自己业务活动需要，有权进行各种工程建设活动。权利主体可要求其他主体做出一定的行为和抑制一定的行为，以实现自己的工程建设权利，因其他主体的行为而使工程建设权利不能实现时，有权要求国家机关加以保护并予以制裁。

2. 建设义务。建设义务是指工程建设法律关系主体必须按法律规定或约定应负的责任。工程建设义务和工程建设权利是相互对应的，相应主体应自觉履行建设义务，义务主体如果不履行或不适当履行，就要承担相应的法律责任。

三、建设法律关系的产生、变更和消灭

(一) 建设法律关系的产生、变更和消灭的概念

建设法律关系的产生是指建设法律关系的主体之间形成了一定的权利和义务关系，如某建设单位与承包商签订了建设工程承包合同，主体双方就确立了相应的权利和义务，此时，受建设法律规范调整的建设法律关系即告产生。

建设法律关系的变更是指建设法律关系的三个要素发生变化，即主体、客体或内容发生变更。

主体变更是指建设法律关系主体数目增多或减少,也可以是主体改变。在建设合同中,客体不变,相应权利义务不变,此时主体改变也称为合同转让。

客体变更是指建设法律关系中权利义务所指向的事物发生变化。客体变更可以是其范围变更,也可以是其性质变更。

建设法律关系主体与客体的变更,必然导致相应的权利和义务的变更,即内容的变更。

建设法律关系的消灭是指建设法律关系主体之间的权利义务不复存在,彼此丧失了约束力。建设法律关系的消灭形式有三种:

1) 自然消灭。建设法律关系消灭是指某类建设法律关系所规范的权利义务顺利得到履行,取得了各自的利益,实现了各自的目的,从而使该法律关系消灭。

2) 协议消灭。建设法律关系协议消灭是指建设法律关系主体之间协商解除某类建设法律关系规范的权利和义务,致使该法律关系归于消灭。

3) 违约消灭。建设法律关系违约消灭是指建设法律关系主体一方违约,致使另一方的权利不能实现,导致法定解约事由的产生,另一方行使解约权而使双方权利义务归于消灭。

(二) 建设法律关系产生、变更和消灭的原因

建设法律关系并不是由建设法律规范本身产生的,建设法律规范并不直接产生法律关系。建设法律关系只有在一定的情况下才能产生,而这种法律关系的变更和消灭也是由一定的情况决定的。这种引起建设法律关系产生、变更和消灭的情况,即是人们通常称之为的法律事实。法律事实即是建设法律关系产生、变更和消灭的原因。

1. 建设法律事实的概念

建设法律事实是指能够引起建设法律关系产生、变更和消灭的客观现象和事实。建设法律关系不会自然而然地产生,也不能仅凭建设法律规范规定,就可在当事人之间发生具体的建设法律关系。只有通过一定的法律事实,才能在当事人之间产生一定的法律关系,或者使原来的法律关系变更或消灭。也不是任何事实都可成为建设法律事实,只有当建设法规把某种客观情况同一定的法律后果联系起来时,这种事实才被认为是建设法律事实,成为产生建设法律关系的原因,从而和法律后果形成因果关系。

2. 建设法律事实的分类

建设法律事实按是否包含当事人的意志分为事件和行为两类。

1) 事件,指不以当事人意志为转移而产生的自然现象,如四川地震导致工程施工延期,致使建设工程合同不能履行。

事件产生大致有两种情况:

(1) 自然现象引起的,如地震、台风、水灾、火灾等。

(2) 社会现象引起的,如战争、暴乱、政府禁令、恐怖活动等。

2) 行为,是指人们的有意识的活动。包括积极的作为或消极的不作为,都能引起法律关系的产生、变更或消灭。

行为通常表现为:

(1) 合法行为,是指行为人实施了建设法规所要求或允许做的行为,或者行为人没有实施建设法规所禁止做的行为。合法行为要受到法律的肯定和保护,产生积极的法律后

果，如依法签订建设工程合同，依法定程序进行招标投标等行为，都会在当事人之间产生法律关系。

（2）违法行为，是指受法律禁止的侵犯其他主体的建设权利和建设义务的行为。违法行为要受到法律的矫正和制裁，产生消极的法律后果，如不履行建设工程合同等行为。

（3）行政行为，是指国家授权机关依法行使对建设业的管理权而发生法律后果的行为。如国家建设管理机关下达基本建设计划，监督执行工程项目建设程序的行为；地方政府决定削减某项目的投资等行为。

（4）立法行为，是指国家机关在法定权限内通过规定的程序，制定、修改、废止建设法律规范性文件的活动。如国家制定或颁布建设法律、法规、条例、标准定额等行为。

（5）司法行为，是指国家司法机关的法定职能活动。如人民法院对建设工程纠纷案件作出判决或裁定行为。

【本章小结】

本章主要对建设法规的概念与特征、建设法规的作用、建设法规的体系以及建设法律关系等内容进行了阐述。

建设法规是指国家立法机关或其授权的行政机关制定的，调整国家及其有关机构、企事业单位、社会团体、公民之间在建设活动中所发生的各种社会关系的法律规范的总称。建设法规具有行政性、广泛性、经济性、技术性。

在建设法规作用中，重点介绍了教育和指引作用、保护和惩罚作用、评价和预测作用。

在建设法规体系中，主要介绍了建设法规体系的概念、建设法规体系的构成、我国现行建设法规颁布情况。建设法规体系，是指把已经制定的和需要制定的建设法律、建设行政法规、地方性法规与建设部门规章和地方政府规章等衔接起来，形成一个相互联系、相互补充、相互协调的完整统一的法规框架。我国建设法规体系由以下层次组成：宪法，建设法律，建设行政法规，建设部门规章，地方性建设法规，地方建设规章，技术法规，国际公约、国际惯例、国际标准。

在建设法律关系中，主要讲解了建设法律关系概念、建设法律关系构成要素、建设法律关系的产生、变更和消灭三大内容。建设法律关系是指建设法律规范所调整的人们在工程建设活动中所发生的权利和义务关系。引起建设法律关系产生、变更和消灭的情况，即是人们通常称之为的法律事实。法律事实即是建设法律关系产生、变更和消灭的原因。建设法律事实按是否包含当事人的意志分为事件和行为两类。

【复习思考】

1. 什么是建设法规？其法律特征有哪些？
2. 建设法规的表现形式有哪些？
3. 简述建设法律关系的构成要素。

【课后练习】

1. 发电厂甲与施工单位乙签订了价款为5000万元的固定总价建设工程施工合同，则这笔5000万元工程价款是（　　）。

　　A. 工程建设法律关系主体　　　　　　B. 工程建设法律关系客体
　　C. 工程建设法律关系的内容　　　　　D. 工程建设法律关系内容中的义务

2. 消费者王某从某房屋开发公司开发的小区购买别墅一栋，半年后发现屋顶漏水，于是向该公司提出更换别墅。在这个案例中，法律关系的主体是（ ）。
　　A. 该小区　　　　　　　　　　B. 王某购买的别墅
　　C. 别墅的屋顶　　　　　　　　D. 王某和该房屋开发公司
3. 下面不属于法律事实中的事件的是（ ）。
　　A. 海啸　　　　B. 暴雨　　　　C. 战争　　　　D. 实施盗窃
4. 法律意义上的非物质财富是指人们脑力劳动的成果或智力方面的创作，也称智力成果。下列选项中属于非物质财富的有（ ）。
　　A. 股票　　　B. 100元人民币　　　C. 建筑图纸　　　D. 建筑材料的商标
　　E. 太阳光
5. 建设法规的表现形式多种多样，以下属于建设法规形式的有（ ）。
　　A. 某省人大常委会通过的《建筑市场管理条例》
　　B. 建设部发布的《注册建造师管理办法》
　　C. 某省人民政府制定的《招投标管理办法》
　　D. 某市人民政府办公室下发通知要求公办学校全部向外来工子女开放，不收取任何赞助费用
　　E. 某省建设行政主管部门下发的加强安全管理的通知

【案例分析】

　　甲电讯公司因拟建办公楼而与乙建筑承包公司签订了建设工程总承包合同。其后，经甲同意，乙分别与丙建筑设计院和丁建筑工程公司签订了工程勘察设计合同和工程施工合同。勘察设计合同约定，由丙对甲的办公楼及其附属工程提供设计服务，并按勘察设计合同的约定交付有关设计文件和资料。施工合同约定，由丁根据丙提供的设计图纸进行施工，工程竣工时依据国家有关验收规定及设计图纸进行质量验收。合同签订后，丙按时将设计文件和有关资料交付给丁，丁依据设计图纸进行施工。工程竣工后，甲会同有关质量监督部门对工程进行验收，发现工程存在严重质量问题，是由于设计不符合规范所致。原来丙未对现场进行仔细勘察即自行进行设计导致设计不合理，给甲带来了重大损失。丙以与甲没有合同关系为由拒绝承担责任，乙又以自己不是设计人为由推卸责任，甲遂以丙为被告向法院起诉。法院受理后，追加乙为共同被告，判决乙与丙工程建设质量问题承担连带责任。
　　【问题】　本案有哪些法律关系？
　　【解析】　甲与乙是工程总承包合同关系，乙与丙和丁之间都是工程分包合同关系，质量监督站与甲、乙、丙、丁是行政管理关系。

第二章 建设法律制度

学习目标
1. 了解建筑法调整对象和适用范围
2. 掌握各项建筑许可制度
3. 掌握建设工程发包与承包制度
4. 掌握建设工程监理的范围和依据
5. 了解与熟悉各方主体违反《建筑法》的法律责任

学习重点
1. 重点学习建筑工程报建与施工许可制度
2. 重点学习建设工程发包与承包制度
3. 重点掌握建设工程监理的范围和依据

第一节 建筑法概述

一、建筑法的概念

建筑法是指调整建筑活动的法律规范的总称，它是以建筑活动作为其调整对象的。而建筑活动是指各类房屋及其附属设施的建造和与之配套的线路、管道、设备的安装活动。

建筑法有狭义和广义之分。狭义的建筑法是1997年11月1日第八届全国人民代表大会常委会第二十八次会议通过的《中华人民共和国建筑法》（以下简称《建筑法》），于1998年3月1日起实施。它是我国第一次以法律的形式规范建筑活动的行为，它的公布，确立了我国建筑活动的基本法律制度，标志着我国建筑活动开始纳入依法管理的轨道；它的施行，对加强建筑活动的监督管理，维护建筑市场秩序，保障建筑工程的质量和安全，促进建筑业的健康发展，保护建筑活动当事人的合法权益，具有重要的意义。该法共计八章八十五条，包括总则、建筑许可、建设工程发包与承包、建筑工程监理、建筑安全生产管理、建筑工程质量管理、法律责任及附则等内容。

广义的建筑法，除《建筑法》之外，还包括所有调整建筑活动的法律规范，这些不同法律层次的调整建筑活动所组成的法律规范即构成广义的建筑法，亦可称为建设法，如《建设工程质量管理条例》等。

二、建筑法立法宗旨和适用范围

（一）建筑法立法宗旨

《建筑法》第一条规定："为了加强对建筑活动的监督管理，维护建筑市场秩序，保证建筑工程的质量和安全，促进建筑业健康发展，制定本法。"

1. 加强对建筑活动的监督管理

在我国建筑业的发展过程中,还存在着一些不容忽视的问题,有些还相当严重,如在工程发包与承包活动中,发包方常常压标压价,要求承包方垫资承包,承包方层层转包,非法分包,建设行政主管部门的工作人员玩忽职守、徇私舞弊等等。对建筑业发展中存在的这些种种问题,必须予以高度重视,采取有效措施切实加以解决。通过制定建筑法,规定从事建筑活动和对建筑活动进行监督管理必须遵守的行为规范,以法律的强制力保证实施,为加强对建筑活动的有效监督管理提供法律依据和法律保障,这是制定本法的重要目的。

2. 维护建筑市场秩序

建筑市场是指以建筑工程项目的建设单位或称业主(发包方)和从事建筑工程的勘察、设计、施工、监理等业务活动的法人或自然人(承包方)以及有关的中介机构为市场主体,以建筑工程项目的勘察、设计、施工等建筑活动的工作成果或者以工程监理的监理服务为市场交易客体的建筑工程项目承发包交易活动的统称。通过制定建筑法,确立建筑市场运行必须遵守的基本规则,要求参与建筑市场活动的各主体都必须遵循,对违反建筑市场法定规则的行为依法追究法律责任,这对于构筑建筑市场竞争有序的市场秩序,保证建筑业在市场经济的条件下健康发展,是非常必要的。

3. 保证建筑工程的质量和安全

建筑工程具有形体庞大,生产周期长,工程造价高,一旦建成后将在一定期限内长期存在、长期使用的特点,与其他产品相比,其质量问题显得更为重要。建筑工程发生质量问题,特别是建筑物的主体结构或隐蔽工程发生质量问题,将因难以弥补而造成巨大的经济损失。同时,建筑工程作为供人们居住或公众使用的场所,如果存在危及安全的质量问题,可能会造成重大的人身伤亡和财产损失,这方面国内外都有许多血的教训。"百年大计,质量第一",这是从事建筑活动必须始终坚持的基本准则。《建筑法》将保证建筑工程的质量和安全作为本法的立法宗旨和立法重点,在内容上作了若干重要规定,这对保证建筑工程的质量和安全具有重要意义。

4. 促进建筑业的健康发展

制定《建筑法》,确立从事建筑活动必须遵守的基本规范,依法加强对建筑活动的监督管理,其最终目的是为了促进建筑业的健康发展,以适应社会主义现代化建设的需要。促进建筑业的"健康发展",不仅包括对建筑业在发展速度和经济效益方面的要求,更重要的是对建筑业在确保工程质量和安全方面的要求。要使我国的建筑业真正做到在"质量好、效益高"的基础上,得到持续、稳定、科学的发展,是本法对建筑业健康发展的要求。

(二) 建筑法适用范围

建筑法的适用范围,也称建筑法的效力范围,包括建筑法的时间效力、建筑法的空间效力以及建筑法对人的效力三个方面。

1. 建筑法的时间效力

《建筑法》第八十五条规定:"本法自1998年3月1日起生效施行"。自该日起,凡在我国境内进行房屋建筑活动,都必须遵守本法规定,过去制定的有关房屋建筑的法规、规章与本法规定不一致的,应以本法为准。本法施行以前的行为,按照法不溯及既往的原则，不适用本法规定。

2. 建筑法的空间效力

《建筑法》适用的空间效力范围，是中华人民共和国境内，即中华人民共和国主权所及的全部领域内。当然，按照我国香港、澳门两个特别行政区基本法的规定，只有列入这两个基本法"附件三"的全国性法律，才能在这两个特别行政区适用，建筑法没有列入其中，所以，香港和澳门的建筑立法，应由这两个特别行政区的立法机关自行制定。

3. 建筑法对人的效力

《建筑法》适用的主体范围包括一切从事建筑活动的主体和各级依法负有对建筑活动实施监督管理职责的行政机关。

《建筑法》所标的一切从事建筑活动的主体，包括从事建筑工程的勘察、设计、施工、监理等活动的国有企事业单位、集体所有制的企事业单位、中外合作经营企业、外资企业、合伙企业、私营企业以及依法可以从事建筑活动的个人，不论其经济性质如何、规模大小，只要从事《建筑法》规定的建筑活动，都应遵守其各项规定，违反其规定的行为都将受到法律的追究。

各级依法负有对建筑活动实施监督管理的行政机关，包括建设行政主管部门和其他有关主管部门，都应当依照《建筑法》的规定，对建筑活动实施监督管理。对建筑活动负有监督管理职责的机关及其工作人员不依法履行职责、玩忽职守或者滥用职权的，将受到法律的追究。

需要指出的是，我国《建筑法》将要进行修改，修改可能要实现两个突破：一是要改变现行《建筑法》仅注重施工管理的现状，实现向勘察设计和竣工交付后的使用管理两头延伸的突破；二是要改变现行《建筑法》适用范围仅限于房屋建筑的现状，实现向道路、桥梁等各类专业工程延伸的突破。

（三）建筑法基本制度

建筑法确立的基本制度主要有：建筑许可制度、建设工程发包与承包制度、建设工程招标投标制度、建设工程监理制度、建设工程安全生产管理制度、建设工程质量管理制度等。这些制度都是建筑法规定的重要的基本法律制度。

第二节 建筑许可法律制度

建筑许可，是指建设行政主管部门或者其他有关行政主管部门准许、变更和终止自然人、法人和其他组织从事建筑活动的具体行政行为。建筑许可的表现形式为施工许可证、批准证件(开工报告)、资质证书、执业资格证书等。实行建筑许可制度旨在有效保证建筑工程质量和安全，也是国际上的通行做法，如日本、韩国、英国、挪威、德国以及我国台湾的建筑立法，都明确规定建筑许可制度。《建筑法》规定的建筑许可包括工程报建、施工许可、从业资格许可等内容。

一、建筑工程报建制度

建筑工程报建制度，是指建设单位在工程项目通过建设立项、可行性研究、项目评估、选址定点、立项审批、建设用地、规划许可等前期筹备工作结束后，向建设行政主管部门报告工程前期筹备工作结束，申请转入工程建设的实施阶段；建设行政主管部门依法对建筑工程是否具备发包条件进行审查，对符合条件的，准许该工程进行发包的一项制度。

现行工程项目报建制度是根据1991年11月建设部与国家工商行政管理局联合印发的《建筑市场的管理规定》建立的。1994年建设部颁布的《工程建设项目报建管理办法》，进一步完善了报建制度，就报建的内容、程序、时间、范围等作出了规定。我国自实行建筑工程报建制度以来，取得了一定的管理实效，各级建设行政主管部门可以较准确地掌握管辖范围内拟建在建工程项目的数量、规模等基本情况，并较好地控制了各类建筑工程的发包方式，为加强建筑市场的宏观监控创造了条件。

1. 报建范围

所有的工程建设项目都必须报建。工程建设项目是指各类房屋建筑、土木工程、设备安装、管道线路敷设、装饰装修等固定资产投资的新建、扩建、改建以及技改等建设项目，通称为工程建设项目。凡在我国境内投资兴建的工程建设项目，都必须实行报建制度，接受当地建设行政主管部门或其授权机构的监督管理。

2. 报建时间

工程建设项目由建设单位或其代理机构在工程项目可行性研究报告或其他立项文件被批准后，须向当地建设行政主管部门或其授权机构进行报建。报建时要交验工程项目立项的批准文件，包括银行出具的资信证明以及批准的建设用地等其他有关文件。

3. 报建内容

工程建设项目的报建内容主要包括：工程名称、建设地点、投资规模、资金来源、当年投资额、工程规模、开竣工日期、发包方式、工程筹建等情况。

4. 报建程序

1）建设单位到建设行政主管部门或其授权机构领取《工程建设项目报建表》；

2）按《工程建设项目报建表》的内容及要求认真填写；

3）向建设行政主管部门或其授权机构报送《工程建设项目报建表》，并按要求进行招标准备。

工程建设项目的投资和建设规模有变化时，建设单位应及时到建设行政主管部门或其授权机构进行补充登记。筹建负责人变更时，应重新登记。凡应报建未报建的工程项目，不得办理招投标手续和发放施工许可证，设计、施工单位不得承接该项工程的设计和施工任务。

5. 报建审批

建设行政主管部门在下列几方面对工程建设项目报建实施管理：

1）贯彻实施《建筑市场管理规定》和有关的方针政策；

2）管理监督工程项目的报建登记；

3）对报建的工程建设项目进行核实、分类、汇总；

4）向上级主管机关提供综合的工程建设项目报建情况；

5）查处隐瞒不报违章建设的行为。

工程建设项目报建实行分级管理，分管的权限由各地自行规定，例如，《山西省建筑市场管理条例》在第十一条中规定，建筑工程实行报建制度。大、中型建设项目、国家和省重点工程，其建设单位应当在工程立项后、发包前，到省建设行政主管部门办理报建手续，其他工程应当到工程所在地的地(市)、县(市、区)建设行政主管部门办理报建手续。经核准领取《工程发包许可证》后，方可进行发包。

二、建筑工程施工许可制度

建筑工程施工许可制度，是建设行政主管部门根据建设单位的申请，依法对建筑工程是否具备施工条件进行审查，符合条件者，准许该建筑工程开始施工并颁发建筑许可证的一种制度。

对建筑工程实行施工许可制度，是许多国家对建筑活动实施监督管理所采用的做法，不少国家在其建筑立法中都对此做出了规定。这项制度是指由国家授权有关行政主管部门，在建筑工程施工开始以前，对该项工程是否符合法定的开工必备条件进行审查，对符合条件的建筑工程发给施工许可证，允许该工程开工建设的一项制度。在我国，对有关建筑工程实行施工许可制度，有利于保证开工建设的工程符合法定条件，在开工后能够顺利进行，避免不具备条件的建筑工程盲目开工而给相关当事人造成损失和社会财富的浪费，同时也便于有关行政主管部门全面掌握和了解其管辖范围内有关建筑工程的数量、规模、施工队伍等基本情况，及时对各个建筑工程依法进行监督和指导，保证建筑活动依法进行。

1. 申领施工许可证的时间与范围

施工许可证是指建筑工程开始施工前建设单位向建筑行政主管部门申请的可以施工的证明。《建筑法》第七条规定，建筑工程开工前，建设单位应当按照国家有关规定向工程所在地县级以上人民政府建设行政主管部门申请领取施工许可证；但是，国务院建设行政主管部门确定的限额以下的小型工程除外。按照国务院规定的权限和程序批准开工报告的建筑工程，不再领取施工许可证。

根据《建筑工程施工许可管理办法》第二条规定，工程投资额在 30 万元以下或者建筑面积在 300 平方米以下的建筑工程，可以不申请办理施工许可证。省、自治区、直辖市人民政府建设行政主管部门可以根据当地的实际情况，对限额进行调整，并报国务院建设行政主管部门备案。

2. 申领施工许可证的条件

施工许可证的申领条件，是指申请领取施工许可证应当达到的要求。施工许可证申领条件的确定是为了保证建筑工程开工后，组织施工能够顺利进行。根据《建筑法》第八条和《建筑工程施工许可管理办法》第四条的规定，申请领取施工许可证，应当具备下列条件：

1) 已经办理该建筑工程用地批准手续。

根据我国《城市房地产管理法》和《土地管理法》的规定，建设单位取得建筑工程用地使用权，可以通过出让和划拨两种方式。土地使用权出让，是指国家将国有土地使用权在一定年限内出让给土地使用者，由土地使用者向国家支付土地使用权出让金的行为。土地使用权划拨，是指县级以上人民政府依法批准，在土地使用者缴纳补偿、安置等费用后将该幅土地交付其使用，或者将土地使用权无偿交付土地使用者使用的行为。建设单位依法以出让或划拨方式取得土地使用权，应当向县级以上地方人民政府土地管理部门申请登记，经县级以上地方人民政府土地管理部门核实，由同级人民政府颁发土地使用权证书。建设单位取得土地使用权证书表明已经办理了该建筑工程用地批准手续。

2) 在城市规划区的建筑工程，已经取得建设工程规划许可证。

3) 施工场地已经基本具备施工条件，需要拆迁的，其拆迁进度符合施工要求。

4) 已经确定施工企业。

按照规定应该招标的工程没有招标，应该公开招标的工程没有公开招标，或者肢解发包工程，以及将工程发包给不具备相应资质条件的，所确定的施工企业无效。

5) 有满足施工需要的施工图纸及技术资料，施工图设计文件已按规定进行了审查。

6) 有保证工程质量和安全的具体措施。

施工企业编制的施工组织设计中有根据建筑工程特点制定的相应质量、安全技术措施，专业性较强的工程项目编制了专项质量、安全施工组织设计，并按照规定办理了工程质量、安全监督手续。

7) 按照规定应该委托监理的工程已委托监理。

8) 建设资金已经落实。

建设工期不足一年的，到位资金原则上不得少于工程合同价的50％，建设工期超过一年的，到位资金原则上不得少于工程合同价的30％。建设单位应当提供银行出具的到位资金证明，有条件的可以实行银行付款保函或者其他第三方担保。

9) 法律、行政法规规定的其他条件。

3. 申领施工许可证的程序

根据《建筑法》和《建筑工程施工许可管理办法》的规定，申领施工许可证时，应当按照下列程序进行：

1) 建设单位向有权颁发施工许可证的建设行政主管部门领取《建筑工程施工许可证申请表》。

2) 建设单位持加盖单位及法定代表人印鉴的《建筑工程施工许可证申请表》，并附上述规定的证明文件，向发证机关提出申请。

3) 发证机关在收到建设单位报送的《建筑工程施工许可证申请表》和所附证明文件后，要对申请进行认真全面的审查，对于符合条件的，应当自收到申请之日起15日内颁发施工许可证；对于证明文件不齐全或者失效的，应当限期要求建设单位补正，审批时间可以自证明文件补正齐全后作相应顺延；对于不符合条件的，应当自收到申请之日起15日内书面通知建设单位，并说明理由。

建筑工程在施工过程中，建设单位或者施工单位发生变更的，应当重新申请领取施工许可证。

4. 领取施工许可证的法律后果

施工许可证是建筑活动开始进行的有效法律凭证。领取施工许可证后，为了维护施工许可证的严肃性，《建筑法》第九条和《建筑工程施工许可管理办法》第八条对施工许可证的有效期与延期作了规定：

1) 建设单位应当自领取施工许可证之日起3个月内开工，这是一项义务规定，目的是保证施工许可证的有效性，利于发证机关进行监督。建设单位应当如期开工，期限为领取施工许可证之日起3个月内。所谓领取施工许可证日，应当是以建设行政主管部门通知领取之日。

2）工程因故不能开工的，可以申请延期。申请时间是在施工许可证期满前由建设单位向发证机关提出，并说明理由。理由应当是合理的，比如不可抗力的原因，"三通一平"没有完成，材料、构件等没有按计划进场等。

3）延期以两次为限，每次不超过3个月。也就是说，延期最长为6个月，再加上领取之日起的3个月，建设单位有理由不开工的最长期限可达9个月。如果超过9个月仍不开工，该许可证即失去效力。

4）施工许可证的自行废止。所谓自行废止，即自动失去法律效力。施工许可证失去法律效力后，建设单位如组织开工，还必须重新领取新的施工许可证。施工许可证自动废止的情况有两种，一是既不在3个月内开工，又不向发证机关申请延期；二是超过延期的次数和时限，即建设单位在申请的延期内仍没有开工。

5．中止施工与恢复施工

中止施工，是指建筑工程开工后，在施工过程中，因特殊情况的发生而中途停止施工的一种行为。恢复施工是指建筑工程中止施工后，造成中断施工的情况消除，继续进行施工的一种行为。在建的建筑工程因故中止施工的，建设单位应当自中止施工之日起1个月内，向发证机关报告，并按照规定做好建筑工程的维护管理工作。建筑工程恢复施工时，应当向发证机关报告；中止施工满一年的工程恢复施工前，建设单位应当报发证机关核验施工许可证。

此外，按照国务院有关规定批准开工报告的建筑工程，因故不能按期开工或者中止施工的，应当及时向批准机关报告情况。因故不能按期开工超过6个月的，应当重新办理开工报告的批准手续。

三、从业单位资格许可制度

从业单位资格许可包括从业单位的条件许可和从业单位的资质许可。为了维护建筑市场的正常秩序，确立进入建筑市场从事建筑活动的准入规则，《建筑法》第十二条和第十三条规定了从事建筑活动的建筑施工企业、勘察单位、设计单位、工程监理单位进入建筑市场应当具备的条件和资质审查制度。

（一）从业单位条件许可

根据《建筑法》第十二条的规定，从事建筑活动的建筑施工企业、勘察单位、设计单位和工程监理单位，应当具备下列条件：

1．必须具有符合国家规定的注册资本

从事建筑活动的单位在进行建筑活动过程中必须拥有足够的资金，这是其进行正常业务活动所需要的物质保证。一定数量的资金也是设立建筑施工企业、勘察单位、设计单位和工程监理单位的前提。关于最低注册资本，在《建筑业企业资质等级标准》、《工程监理企业资质管理规定》中均有详细规定，如房屋建筑施工总承包企业最低注册资本见表2-1，公路工程施工总承包企业最低注册资本见表2-2，工程监理单位最低注册资本见表2-3：

房屋建筑施工总承包企业最低注册资本 表 2-1

级别	最低注册资本
特级	3 亿元
一级	5000 万元
二级	2000 万元
三级	600 万元

公路工程施工总承包企业最低注册资本 表 2-2

级别	最低注册资本
特级	3 亿元
一级	6000 万元
二级	3000 万元
三级	1000 万元

工程监理单位最低注册资本 表 2-3

级别		最低注册资本
综合资质		600 万元
专业资质	甲级	300 万元
	乙级	100 万元
	丙级	50 万元
事务所资质		未作要求

2. 必须具有从事相关建筑活动所应有的技术装备

具有与其建筑活动相关的装备是建筑施工企业、勘察单位、设计单位和工程监理单位进行正常施工、勘察、设计和监理工作的重要物质保障，没有相应的技术装备的建筑活动是无法进行的。如从事建筑施工活动，必须有相应的施工机械设备与质量检验测试手段，如大型塔吊、龙门架、混凝土搅拌机等；从事勘察设计活动，必须有相应的勘察仪器设备和设计机具仪器。因此，从事建筑活动的建筑施工企业、勘察单位、设计单位和工程监理单位必须有从事相关建筑活动所应有的技术装备。没有相应技术装备的单位，不得从事建筑活动。

3. 必须具有与其从事的建筑活动相适应的具有法定执业资格的专业技术人员

由于建筑活动是一种专业性、技术性很强的活动，所以从事建筑活动的建筑施工企业、勘察单位、设计单位和工程监理单位必须有足够的专业技术人员。如设计单位不仅要有建筑师，还需要有结构、水、暖、电等方面的工程师。建筑活动是一种涉及公民生命和财产安全的一种特殊活动，因而从事建筑活动的专业技术人员，还必须有法定执业资格。这种法定执业资格必须依法通过考试和注册才能取得。如工程设计文件必须由注册建筑师签字才能生效。建筑工程的规模和复杂程度各不相同，建筑活动所要求的专业技术人员的级别和数量也不同，建筑施工企业、勘察单位、设计单位和工程监理单位必须有与其从事的建筑活动相适应的专业技术人员。如房屋建筑施工总承包企业专业技术人员最低限额见表 2-4：

房屋建筑施工总承包企业专业技术人员最低限额（人） 表 2-4

级别	有职称的工程技术和经济管理人员人数	工程技术人员人数	其中具有中、高级职称人数
一级	300	200	60、10
二级	150	100	20、2
三级	50	30	10、—

4. 必须符合法律、行政法规规定的其他条件

建筑施工企业、勘察单位、设计单位和工程监理单位，除了应具备以上三项条件外，还必须具备从事经营活动所应具备的其他条件。如按照《民法通则》中关于法人的条件，即法人应当依法成立，有必要的财产或者经费，有自己的名称、组织机构和场所，能够独立承担民事责任，若从事建筑活动的单位要成为企业法人就必须符合企业法人的条件；按照《公司法》规定设立从事建筑活动的有限责任公司和股份有限公司，股东或发起人必须符合法定人数；股东或发起人共同制定公司章程；有公司名称，建立符合要求的组织机构；有固定的生产经营场所和必要的生产条件等。这里需要指出的是"其他条件"仅指法律、行政法规规定的条件，不包括部门规章、地方性法规和规章及其他规范性文件的规定，因为涉及市场准入规则的问题，应当由法律、行政法规做出统一的规定。

（二）从业单位资质许可

《建筑法》第十三条对从事建筑活动的各类单位做出了必须进行资质审查的明确规定："从事建筑活动的建筑施工企业、勘察单位、设计单位和工程监理单位，按照其拥有的注册资本、专业技术人员、技术装备和已完成的建筑工程业绩等资质条件，划分不同的资质等级，经资质审查合格，取得相应等级资质证书后，方可在其资质等级许可证的范围内从事建筑活动。"

1. 建筑施工企业资质

建设部颁布的《建筑业企业资质管理规定》(2007 年)、《施工总承包企业资质等级标准》(2001 年)和《关于印发〈施工总承包企业特级资质标准〉的通知》(2007 年)等对建筑施工企业的资质等级与标准、申请与审批、监督与管理、业务范围等作了明确规定。

1）资质等级与资质标准

建筑业企业资质分为施工总承包、专业承包和劳务分包三个序列。具体规定如表 2-5。

建筑施工企业资质划分 **表 2-5**

划分序列		承接范围	
建筑施工企业资质	施工总承包	可以承接施工总承包工程	可以对所承接的施工总承包工程内各专业工程全部自行施工，也可以将专业工程或劳务作业依法分包给具有相应资质的专业承包企业或劳务分包企业
	专业承包	可以承接施工总承包企业分包的专业工程和建设单位依法发包的专业工程	可以对所承接的专业工程全部自行施工，也可以将劳务作业依法分包给具有相应资质的劳务分包企业
	劳务分包	可以承接施工总承包企业或专业承包企业分包的劳务作业	

施工总承包资质、专业承包资质、劳务分包资质序列按照工程性质和技术特点分别划分为若干资质类别。各资质类别按照规定的条件划分为若干资质等级。具体来说，施工总承包企业资质分为房屋建筑工程、公路工程、铁路工程、港口工程、水利水电工程、电力工程、矿山工程、冶炼工程、化工石油工程、市政公用工程、通信工程、机电安装工程等十二类；专业承包企业资质分为地基与基础工程、土石方工程、建筑装修装饰工程、建筑幕墙工程等六十类；劳务分包资质分为木工作业、砌筑作业、抹灰作业等十三类。

房屋建筑工程施工总承包企业和公路工程施工总承包企业的资质等级均分为特级、一级、二级、三级。房屋建筑工程施工总承包企业的资质标准如表 2-6～表 2-9：

房屋建筑工程施工总承包特级企业资质标准 表 2-6

特级企业	资质标准
企业资信能力	1. 企业注册资本金 3 亿元以上 2. 企业净资产 3.6 亿元以上 3. 企业近三年上缴建筑业营业税均在 5000 万元以上 4. 企业银行授信额度近三年均在 5 亿元以上
企业主要管理人员和专业技术人员要求	1. 企业经理具有 10 年以上从事工程管理工作经历 2. 技术负责人具有 15 年以上从事工程技术管理工作经历，且具有工程序列高级职称及一级注册建造师或注册工程师执业资格；主持完成过两项及以上施工总承包一级资质要求的代表工程的技术工作或甲级设计资质要求的代表工程或合同额 2 亿元以上的工程总承包项目 3. 财务负责人具有高级会计师职称及注册会计师资格 4. 企业具有注册一级建造师（一级项目经理）50 人以上 5. 企业具有本类别相关的行业工程设计甲级资质标准要求的专业技术人员
科技进步水平	1. 企业具有省部级（或相当于省部级水平）及以上的企业技术中心 2. 企业近三年科技活动经费支出平均达到营业额的 0.5%以上 3. 企业具有国家级工法 3 项以上；近五年具有与工程建设相关的，能够推动企业技术进步的专利 3 项以上，累计有效专利 8 项以上，其中至少有一项发明专利 4. 企业近十年获得过国家级科技进步奖项或主编过工程建设国家或行业标准 5. 企业已建立内部局域网或管理信息平台，实现了内部办公、信息发布、数据交换的网络化；已建立并开通了企业外部网站；使用了综合项目管理信息系统和人事管理系统、工程设计相关软件，实现了档案管理和设计文档管理
代表工程业绩	近 5 年承担过下列 5 项工程总承包或施工总承包项目中的 3 项，工程质量合格： 1. 高度 100 米以上的建筑物 2. 28 层以上的房屋建筑工程 3. 单体建筑面积 5 万平方米以上房屋建筑工程 4. 钢筋混凝土结构单跨 30 米以上的建筑工程或钢结构单跨 36 米以上房屋建筑工程 5 单项建安合同额 2 亿元以上的房屋建筑工程

房屋建筑工程施工总承包一级企业资质标准 表 2-7

一级企业	资质标准		
近 5 年承担下列 6 项中的 4 项以上工程的施工总承包或主体工程承包，并工程质量合格	1. 25 层以上的房屋建筑工程		
	2. 高度在 100 米以上的构筑物、建筑物		
	3. 单体建筑面积 3 万平方米以上的房屋建筑工程		
	4. 单跨跨度在 30 米以上的房屋建筑工程		
	5. 建筑面积在 10 万平方米以上的住宅小区或建筑群体		
	6. 单项建安合同额 1 亿元以上的房屋建筑工程		
企业主要负责人应当具备的条件	企业经理	具有 10 年以上从事工程管理工作经历或具有高级职称	
	总工程师	具有 10 年以上从事建筑施工技术管理工作经历并具有本专业高级职称	
	总会计师	具有高级会计师职称	
	总经济师	具有高级经济师职称	
企业有职称的工程技术和经济管理人员	不少于 300 人	其中：工程技术人员不少于 200 人	
		工程技术人员中	高级职称的不少于 10 人
			中级职称的不少于 60 人

续表

一 级 企 业	资 质 标 准
企业具有一级资质项目经理	不少于 12 人
企业注册资本金	5000 万元以上
企业净资产	6000 万元以上
企业近 3 年最高年工程结算收入	2 亿元以上
企业具有与承包工程范围相适应的施工机械和质量检测设备	

房屋建筑工程施工总承包二级企业资质标准　　　　表 2-8

二 级 企 业	资 质 标 准		
近 5 年承担下列 6 项中的 4 项以上工程的施工总承包或主体工程承包，并工程质量合格	1. 12 层以上的房屋建筑工程		
	2. 高度在 50 米以上的构筑物或建筑物		
	3. 单体建筑面积 1 万平方米以上的房屋建筑工程		
	4. 单跨跨度在 21 米以上的房屋建筑工程		
	5. 建筑面积在 5 万平方米以上的住宅小区或建筑群体		
	6. 单项建安合同额 3000 万元以上的房屋建筑工程		
企业主要负责人应当具备的条件	企业经理	具有 8 年以上从事工程管理工作经历或具有高级职称	
	技术负责人	具有 8 年以上从事建筑施工技术管理工作经历并具有本专业高级职称	
	财务负责人	具有中级以上会计职称	
企业有职称的工程技术和经济管理人员	不少于 150 人	其中工程技术人员不少于 100 人	
		工程技术人员中	高级职称的不少于 2 人
			中级职称的不少于 20 人
企业具有二级资质项目经理	不少于 12 人		
企业注册资本金	2000 万元以上		
企业净资产	2500 万元以上		
企业近 3 年最高年工程结算收入	8000 万元以上		
企业具有与承包工程范围相适应的施工机械和质量检测设备			

房屋建筑工程施工总承包三级企业资质标准　　　　表 2-9

三 级 企 业	资 质 标 准	
近 5 年承担下列 5 项中的 3 项以上工程的施工总承包或主体工程承包，并工程质量合格	1. 6 层以上的房屋建筑工程	
	2. 高度在 25 米以上的构筑物或建筑物	
	3. 单体建筑面积 5 千平方米以上的房屋建筑工程	
	4. 单跨跨度在 15 米以上的房屋建筑工程	
	5. 单项建安合同额 500 万元以上的房屋建筑工程	
企业主要负责人应当具备的条件	企业经理	具有 5 年以上从事工程管理工作经历
	技术负责人	具有 5 年以上从事建筑施工技术管理工作经历并具有本专业中级以上职称
	财务负责人	具有初级以上会计职称

续表

三 级 企 业	资 质 标 准	
企业有职称的工程技术和经济管理人员	不少于50人，其中	工程技术人员不少于30人
		具有中级以上职称的不少于10人
企业具有三级资质项目经理	不少于10人	
企业注册资本金	600万元以上	
企业净资产	700万元以上	
企业近3年最高年工程结算收入	2400万元以上	
企业具有与承包工程范围相适应的施工机械和质量检测设备		

2）承包工程范围（表2-10）

房屋建筑工程施工总承包企业的承包工程范围　　表2-10

企业等级	承包工程范围	
特级企业	1. 取得施工总承包特级资质的企业可承担本类别各等级工程施工总承包、设计及开展工程总承包和项目管理业务 2. 取得房屋建筑、公路、铁路、市政公用、港口与航道、水利水电等专业中任意1项施工总承包特级资质和其中2项施工总承包一级资质，即可承接上述各专业工程的施工总承包、工程总承包和项目管理业务，及开展相应设计主导专业人员齐备的施工图设计业务 3. 取得房屋建筑、矿山、冶炼、石油化工、电力等专业中任意1项施工总承包特级资质和其中2项施工总承包一级资质，即可承接上述各专业工程的施工总承包、工程总承包和项目管理业务，及开展相应设计主导专业人员齐备的施工图设计业务 4. 特级资质的企业，限承担施工单项合同额3000万元以上的房屋建筑工程	
一级企业	可承担单项建安合同额不超过企业注册资本金5倍的下列房屋建筑工程的施工	40层以下、各跨度的房屋建筑工程
		高度240米及以下的构筑物
		建筑面积20万平方米及以下的住宅小区或建筑群体
二级企业	可承担单项建安合同额不超过企业注册资本金5倍的下列房屋建筑工程的施工	28层以下、单跨跨度36米及以下的房屋建筑工程
		高度120米及以下的构筑物
		建筑面积12万平方米及以下的住宅小区或建筑群体
三级企业	可承担单项建安合同额不超过企业注册资本金5倍的下列房屋建筑工程的施工	14层以下、单跨跨度24米及以下的房屋建筑工程
		高度70米及以下的构筑物
		建筑面积6万平方米及以下的住宅小区或建筑群体

3）资质许可

（1）资质许可机关

《建筑业企业资质管理规定》中规定了不同类别和等级的建筑业企业资质的许可机关，如表2-11。

建筑业企业资质许可机关　　表2-11

资质许可实施机关	建筑业企业资质
国务院建设主管部门	1. 施工总承包序列特级资质、一级资质； 2. 国务院国有资产管理部门直接监管的企业及其下属一层级的企业的施工总承包二级资质、三级资质； 3. 水利、交通、信息产业方面的专业承包序列一级资质； 4. 铁路、民航方面的专业承包序列一级、二级资质； 5. 公路交通工程专业承包不分等级资质、城市轨道交通专业承包不分等级资质

续表

资质许可实施机关	建筑业企业资质
企业工商注册所在地省、自治区、直辖市人民政府建设主管部门	1. 施工总承包序列二级资质(不含国务院国有资产管理部门直接监管的企业及其下属一层级的企业的施工总承包序列二级资质) 2. 专业承包序列一级资质(不含铁路、交通、水利、信息产业、民航方面的专业承包序列一级资质) 3. 专业承包序列二级资质(不含民航、铁路方面的专业承包序列二级资质) 4. 专业承包序列不分等级资质(不含公路交通工程专业承包序列和城市轨道交通专业承包序列的不分等级资质)
企业工商注册所在地设区的市人民政府建设主管部门	1. 施工总承包序列三级资质(不含国务院国有资产管理部门直接监管的企业及其下属一层级的企业的施工总承包三级资质) 2. 专业承包序列三级资质 3. 劳务分包序列资质 4. 燃气燃烧器具安装、维修企业资质

(2) 资质许可管理

建筑业企业资质证书分为正本和副本,正本一份,副本若干份,由国务院建设主管部门统一印制,正、副本具备同等法律效力。资质证书有效期为 5 年。

建筑业企业可以申请一项或多项建筑业企业资质;申请多项建筑业企业资质的,应当选择等级最高的一项资质为企业主项资质。

资质有效期届满,企业需要延续资质证书有效期的,应当在资质证书有效期届满 60 日前,申请办理资质延续手续。对在资质有效期内遵守有关法律、法规、规章、技术标准,信用档案中无不良行为记录,且注册资本、专业技术人员满足资质标准要求的企业,经资质许可机关同意,有效期延续 5 年。

建筑业企业在资质证书有效期内名称、地址、注册资本、法定代表人等发生变更的,应当在工商部门办理变更手续后 30 日内办理资质证书变更手续。

企业首次申请、增项申请建筑业企业资质,不考核企业工程业绩,其资质等级按照最低资质等级核定。已取得工程设计资质的企业首次申请同类别或相近类别的建筑业企业资质的,可以将相应规模的工程总承包业绩作为工程业绩予以申报,但申请资质等级最高不超过其现有工程设计资质等级。

企业合并的,合并后存续或者新设立的建筑业企业可以继承合并前各方中较高的资质等级,但应当符合相应的资质等级条件。企业分立的,分立后企业的资质等级,根据实际达到的资质条件,按照本规定的审批程序核定。企业改制的,改制后不再符合资质标准的,应按其实际达到的资质标准及本规定申请重新核定;资质条件不发生变化的,按资质变更办理。

取得建筑业企业资质的企业,申请资质升级、资质增项,在申请之日起前一年内有下列情形之一的,资质许可机关不予批准企业的资质升级申请和增项申请:

第一,超越本企业资质等级或以其他企业的名义承揽工程,或允许其他企业或个人以本企业的名义承揽工程的;

第二,与建设单位或企业之间相互串通投标,或以行贿等不正当手段谋取中标的;

第三,未取得施工许可证擅自施工的;

第四,将承包的工程转包或违法分包的;

第五,违反国家工程建设强制性标准的;

第六,发生过较大生产安全事故或者发生过两起以上一般生产安全事故的;

第七,恶意拖欠分包企业工程款或者农民工工资的;

第八,隐瞒或谎报、拖延报告工程质量安全事故或破坏事故现场、阻碍对事故调查的;

第九,按照国家法律、法规和标准规定需要持证上岗的技术工种的作业人员未取得证书上岗,情节严重的;

第十,未依法履行工程质量保修义务或拖延履行保修义务,造成严重后果的;

第十一,涂改、倒卖、出租、出借或者以其他形式非法转让建筑业企业资质证书的;

第十二,其他违反法律、法规的行为。

企业领取新的建筑业企业资质证书时,应当将原资质证书交回原发证机关予以注销。

企业需增补(含增加、更换、遗失补办)建筑业企业资质证书的,应当持资质证书增补申请等材料向资质许可机关申请办理。遗失资质证书的,在申请补办前应当在公众媒体上刊登遗失声明。资质许可机关应当在2日内办理完毕。

4) 资质监督管理

(1) 资质监督管理部门

县级以上人民政府建设主管部门和其他有关部门应当依照有关法律、法规和本规定,加强对建筑业企业资质的监督管理。上级建设主管部门应当加强对下级建设主管部门资质管理工作的监督检查,及时纠正资质管理中的违法行为。

(2) 资质监督检查措施

建设主管部门、其他有关部门履行监督检查职责时,有权采取下列措施:要求被检查单位提供建筑业企业资质证书、注册执业人员的注册执业证书,有关施工业务的文档,有关质量管理、安全生产管理、档案管理、财务管理等企业内部管理制度的文件;进入被检查单位进行检查,查阅相关资料;纠正违反有关法律、法规和本规定及有关规范和标准的行为。

建设主管部门、其他有关部门依法对企业从事行政许可事项的活动进行监督检查时,应当将监督检查情况和处理结果予以记录,由监督检查人员签字后归档。

建设主管部门、其他有关部门在实施监督检查时,应当有两名以上监督检查人员参加,并出示执法证件,不得妨碍企业正常的生产经营活动,不得索取或者收受企业的财物,不得谋取其他利益。有关单位和个人对依法进行的监督检查应当协助与配合,不得拒绝或者阻挠。监督检查机关应当将监督检查的处理结果向社会公布。

建筑业企业违法从事建筑活动的,违法行为发生地的县级以上地方人民政府建设主管部门或者其他有关部门应当依法查处,并将违法事实、处理结果或处理建议及时告知该建筑业企业的资质许可机关。

(3) 资质撤回

企业取得建筑业企业资质后不再符合相应资质条件的,建设主管部门、其他有关部门根据利害关系人的请求或者依据职权,可以责令其限期改正;逾期不改的,资质许可机关可以撤回其资质。被撤回建筑业企业资质的企业,可以申请资质许可机关按照其实际达到的资质标准，重新核定资质。

（4）资质撤销

有下列情形之一的，资质许可机关或者其上级机关，根据利害关系人的请求或者依据职权，可以撤销建筑业企业资质：

第一，资质许可机关工作人员滥用职权、玩忽职守作出准予建筑业企业资质许可的；

第二，超越法定职权作出准予建筑业企业资质许可的；

第三，违反法定程序作出准予建筑业企业资质许可的；

第四，对不符合许可条件的申请人作出准予建筑业企业资质许可的；

第五，依法可以撤销资质证书的其他情形。

以欺骗、贿赂等不正当手段取得建筑业企业资质证书的，应当予以撤销。

（5）资质注销

有下列情形之一的，资质许可机关应当依法注销建筑业企业资质，并公告其资质证书作废，建筑业企业应当及时将资质证书交回资质许可机关：

第一，资质证书有效期届满，未依法申请延续的；

第二，建筑业企业依法终止的；

第三，建筑业企业资质依法被撤销、撤回或吊销的；

第四，法律、法规规定的应当注销资质的其他情形。

有关部门应当将监督检查情况和处理意见及时告知资质许可机关。资质许可机关应当将涉及有关铁路、交通、水利、信息产业、民航等方面的建筑业企业资质被撤回、撤销和注销的情况告知同级有关部门。

（6）企业信用档案管理

企业应当按照有关规定，向资质许可机关提供真实、准确、完整的企业信用档案信息。

企业的信用档案应当包括企业基本情况、业绩、工程质量和安全、合同履约等情况。被投诉举报和处理、行政处罚等情况应当作为不良行为记入其信用档案。企业的信用档案信息按照有关规定向社会公示。

2. 勘察设计单位资质

2007年6月26日，建设部以160号令发布了《建设工程勘察设计资质管理规定》，自2007年9月1日起施行，其对勘察设计单位的资质等级、申请与审批、监督与管理作了明确规定。

1）勘察设计单位资质等级

建筑工程勘察、设计资质分为工程勘察资质、工程设计资质。

（1）工程勘察资质等级（表2-12）

工程勘察资质等级划分 表2-12

工程勘察综合资质	只设甲级
工程勘察专业资质	设甲级、乙级，根据工程性质和技术特点，部分专业可以设丙级
工程勘察劳务资质	不分等级

（2）工程设计资质等级（表2-13）

工程设计资质等级划分 表 2-13

工程设计综合资质	只 设 甲 级
工程设计行业资质	设甲级、乙级。根据工程性质和技术特点，个别行业、专业、专项资质可以设丙级，建筑工程专业资质可以设丁级
工程设计专业资质	
工程设计专项资质	

2) 承包范围(表 2-14)

工程承包范围 表 2-14

工程勘察资质	工程勘察综合资质	可以承接各专业(海洋工程勘察除外)、各等级工程勘察业务
	工程勘察专业资质	可以承接相应等级相应专业的工程勘察业务
	工程勘察劳务资质	可以承接岩土工程治理、工程钻探、凿井等工程勘察劳务业务
工程设计资质	工程设计综合资质	可以承接各行业、各等级的建设工程设计业务
	工程设计行业资质	可以承接相应行业相应等级的工程设计业务及本行业范围内同级别的相应专业、专项(设计施工一体化资质除外)工程设计业务
	工程设计专业资质	可以承接本专业相应等级的专业工程设计业务及同级别的相应专项工程设计业务(设计施工一体化资质除外)
	工程设计专项资质	可以承接本专项相应等级的专项工程设计业务

3. 工程监理企业

2007 年 6 月 26 日，建设部以 158 号令发布了《工程监理企业资质管理规定》，自 2007 年 8 月 1 日起施行，对工程监理企业的资质等级与范围、申请与审批、监督与管理作了明确规定。

1) 资质等级(表 2-15)

工程监理企业资质等级划分 表 2-15

综合资质	不 分 级 别
专业资质	按照工程性质和技术特点划分为若干工程类别。分为甲级、乙级，其中，房屋建筑、水利水电、公路和市政公用专业资质可设立丙级
事务所资质	不分级别

2) 资质标准(表 2-16～表 2-20)

工程监理企业综合资质标准 表 2-16

综 合 资 质	资 质 标 准	
具有独立法人资格且注册资本	不少于 600 万元	
企业技术负责人	应为注册监理工程师，并具有 15 年以上从事工程建设工作的经历或者具有工程类高级职称	
具有 5 个以上工程类别的专业甲级工程监理资质		
企业工程技术人员	注册监理工程师	不少于 60 人
	注册造价工程师	不少于 5 人
	一级注册建造师、一级注册建筑师、一级注册结构工程师或者其他勘察设计注册工程师	合计不少于 15 人次

续表

综合资质	资质标准
企业具有完善的组织结构和质量管理体系，有健全的技术、档案等管理制度	
企业具有必要的工程试验检测设备	
申请工程监理资质之日前一年内	没有违反规定的行为
	没有因本企业监理责任造成重大质量事故
	没有因本企业监理责任发生三级以上工程建设重大安全事故或者发生两起以上四级工程建设安全事故

工程监理企业甲级专业资质标准　　　　表 2-17

甲级专业资质	资质标准
具有独立法人资格且注册资本	不少于 300 万元
企业技术负责人	应为注册监理工程师，并具有 15 年以上从事工程建设工作的经历或者具有工程类高级职称
企业工程技术人员	注册监理工程师、注册造价工程师、一级注册建造师、一级注册建筑师、一级注册结构工程师或者其他勘察设计注册工程师合计不少于 25 人次
	其中，相应专业注册监理工程师（如房屋建筑工程）不少于 15 人，注册造价工程师不少于 2 人
业绩	企业近 2 年内独立监理过 3 个以上相应专业的二级工程项目，但是，具有甲级设计资质或一级及以上施工总承包资质的企业申请本专业工程类别甲级资质的除外
企业具有完善的组织结构和质量管理体系，有健全的技术、档案等管理制度	
企业具有必要的工程试验检测设备	
申请工程监理资质之日前一年内	没有违反规定的行为
	没有因本企业监理责任造成重大质量事故
	没有因本企业监理责任发生三级以上工程建设重大安全事故或者发生两起以上四级工程建设安全事故

工程监理企业乙级专业资质标准　　　　表 2-18

乙级专业资质	资质标准
具有独立法人资格且注册资本	不少于 100 万元
企业技术负责人	应为注册监理工程师，并具有 10 年以上从事工程建设工作的经历
企业工程技术人员	注册监理工程师、注册造价工程师、一级注册建造师、一级注册建筑师、一级注册结构工程师或者其他勘察设计注册工程师合计不少于 15 人次
	其中，相应专业注册监理工程师（如房屋建筑工程）不少于 10 人，注册造价工程师不少于 1 人
有较完善的组织结构和质量管理体系，有技术、档案等管理制度	
有必要的工程试验检测设备	
申请工程监理资质之日前一年内	没有违反规定的行为
	没有因本企业监理责任造成重大质量事故
	没有因本企业监理责任发生三级以上工程建设重大安全事故或者发生两起以上四级工程建设安全事故

工程监理企业丙级专业资质标准 表 2-19

丙级专业资质	资 质 标 准
具有独立法人资格且注册资本	不少于 50 万元
企业技术负责人	应为注册监理工程师,并具有 8 年以上从事工程建设工作的经历
企业工程技术人员	相应专业注册监理工程师(如房屋建筑工程)不少于 5 人
有必要的质量管理体系和规章制度	
有必要的工程试验检测设备	

工程监理企业事务所资质标准 表 2-20

《工程监理企业资质管理规定》第七条规定	
1	取得合伙企业营业执照,具有书面合作协议书
2	合伙人中有 3 名以上注册监理工程师,合伙人均有 5 年以上从事建设工程监理的工作经历
3	有固定的工作场所
4	有必要的质量管理体系和规章制度
5	有必要的工程试验检测设备

3)承包范围(表 2-21)

工程监理企业承包范围 表 2-21

综合资质		可以承担所有专业工程类别建设工程项目的工程监理业务
专业资质	专业甲级资质	可承担相应专业工程类别建设工程项目的工程监理业务
	专业乙级资质	可承担相应专业工程类别二级以下(含二级)建设工程项目的工程监理业务
	专业丙级资质	可承担相应专业工程类别三级建设工程项目的工程监理业务
事务所资质		可承担三级建设工程项目的工程监理业务,但是,国家规定必须实行强制监理的工程除外

工程监理企业可以开展相应类别建设工程的项目管理、技术咨询等业务。

四、专业技术人员执业资格许可制度

执业资格制度,是指对具备一定专业学历、资历的从事建筑活动的专业技术人员,通过考试和注册确定其执业的技术资格,获得相应建筑工程文件签字权的一种制度。

《建筑法》第十四条规定:"从事建筑活动的专业技术人员,应当依法取得相应的执业资格证书,并在执业资格证书许可的范围内从事建筑活动。"对从事建筑活动的专业技术人员实行执业资格制度非常必要,它有利于促进建筑工程质量、专业技术人员水平和从业能力的不断提高。

目前,我国对从事建筑活动的专业技术人员已建立起 12 种执业资格制度,即注册城市规划师、注册建筑师、注册结构工程师、注册建造师、注册土木工程师(岩土、港口与航道工程)、注册公用设备工程师、注册电气工程师、注册安全工程师、监理工程师和造价工程师的执业资格制度。下面重点介绍注册建造师和监理工程师执业资格制度。

(一)注册建造师执业资格制度

注册建造师是指取得中华人民共和国注册建造师执业资格证书和注册证书,从事建设工程项目总承包及施工管理的专业技术人员。

我国注册建造师分为两级，即一级注册建造师（Constructor）和二级注册建造师（Associate Constructor）。

1. 建造师的报考条件

申请参加注册建造师考试，必须符合国家规定的教育标准和职业实践要求。

1）一级注册建造师考试报名的条件

凡遵守国家法律、法规，具备下列条件之一者，可以申请参加一级建造师执业资格考试：

（1）取得工程类或工程经济类大学专科学历，工作满6年，管理工作满4年。

（2）取得工程类或工程经济类大学本科学历，工作满4年，管理工作满3年。

（3）取得工程类或工程经济类双学士学位或研究生班毕业工程项目施工管理工作满2年。

（4）取得工程类或工程经济类硕士学位，工作满2年，其中从事建设工程项目施工管理工作满1年。

（5）取得工程类或工程经济类博士学位，从事建设工程项目施工管理工作满1年。

2）二级注册建造师考试报名的条件

凡遵纪守法并具备工程类或工程经济类中等专科以上学历并从事建设工程项目施工管理工作满2年，可报名参加二级建造师执业资格考试。

2. 建造师的注册管理

取得资格证书的人员，经过注册登记方能以注册建造师的名义执业。

取得建造师资格证书的人员，经过注册申请，取得注册证书和执业印章。注册证书和执业印章是注册建造师的执业凭证，由注册建造师本人保管、使用。

1）注册申请

（1）初始注册

申请初始注册时应当具备以下条件：经考核认定或考试合格取得资格证书；受聘于一个相关单位；达到继续教育要求；没有明确规定不予注册的情形。

初始注册者，可自资格证书签发之日起3年内提出申请。逾期未申请者，须符合本专业继续教育的要求后方可申请初始注册。

申请初始注册需要提交下列材料：注册建造师初始注册申请表；资格证书、学历证书和身份证明复印件；申请人与聘用单位签订的聘用劳动合同复印件或其他有效证明文件；逾期申请初始注册的，应当提供达到继续教育要求的证明材料。

（2）延续注册

注册有效期满需继续执业的，应当在注册有效期届满30日前，按照规定申请延续注册。延续注册的，有效期为3年。

申请延续注册的，应当提交下列材料：注册建造师延续注册申请表；原注册证书；申请人与聘用单位签订的聘用劳动合同复印件或其他有效证明文件；申请人注册有效期内达到继续教育要求的证明材料。

（3）变更注册

在注册有效期内，注册建造师变更执业单位，应当与原聘用单位解除劳动关系，并按照规定办理变更注册手续，变更注册后仍延续原注册有效期。

申请变更注册的，应当提交下列材料：注册建造师变更注册申请表；注册证书和执业印章；申请人与新聘用单位签订的聘用合同复印件或有效证明文件；工作调动证明（与原聘用单位解除聘用合同或聘用合同到期的证明文件、退休人员的退休证明）。

(4) 增项注册

注册建造师需要增加执业专业的，应当按照规定申请专业增项注册，并提供相应的资格证明。

2) 不予注册的情形

申请人有下列情形之一的，不予注册：

(1) 不具有完全民事行为能力的；

(2) 申请在两个或者两个以上单位注册的；

(3) 未达到注册建造师继续教育要求的；

(4) 受到刑事处罚，刑事处罚尚未执行完毕的；

(5) 因执业活动受到刑事处罚，自刑事处罚执行完毕之日起至申请注册之日止不满5年的；

(6) 因前项规定以外的原因受到刑事处罚，自处罚决定之日起至申请注册之日止不满3年的；

(7) 被吊销注册证书，自处罚决定之日起至申请注册之日止不满2年的；

(8) 在申请注册之日前3年内担任项目经理期间，所负责项目发生过重大质量和安全事故的；

(9) 申请人的聘用单位不符合注册单位要求的；

(10) 年龄超过65周岁的；

(11) 法律、法规规定不予注册的其他情形。

3) 注册证书和执业印章失效的情形

注册建造师有下列情形之一的，其注册证书和执业印章失效：

(1) 聘用单位破产的；

(2) 聘用单位被吊销营业执照的；

(3) 聘用单位被吊销或者撤回资质证书的；

(4) 已与聘用单位解除聘用合同关系的；

(5) 注册有效期满且未延续注册的；

(6) 年龄超过65周岁的；

(7) 死亡或不具有完全民事行为能力的；

(8) 其他导致注册失效的情形。

4) 收回注册证书和执业印章的情形

注册建造师有下列情形之一的，由注册机关办理注销手续，收回注册证书和执业印章或者公告注册证书和执业印章作废：

(1) 有导致注册证书和执业印章失效情形发生的；

(2) 依法被撤销注册的；

(3) 依法被吊销注册证书的；

(4) 受到刑事处罚的；
(5) 法律、法规规定应当注销注册的其他情形。

3. 注册建造师的执业管理

1) 执业范围

(1) 原则性规定

根据《建造师执业资格制度暂行规定》，建造师的执业范围包括：担任建设工程项目施工的项目经理；从事其他施工活动的管理工作；法律、行政法规或国务院建设行政主管部门规定的其他业务。

不同级别的建造师，其职业范围也是不同的：一级建造师可以担任特级、一级建筑业企业资质的建设工程项目施工的项目经理；二级建造师可以担任二级及以下建筑业企业资质的建设工程项目施工的项目经理。

(2) 具体规定

《注册建造师管理规定》对建造师执业范围作出了进一步规定：

第一，对受聘单位的规定。取得资格证书的人员应当受聘于一个具有建设工程勘察、设计、施工、监理、招标代理、造价咨询等一项或者多项资质的单位，经注册后方可从事相应的执业活动。担任施工单位项目负责人的，应当受聘并注册于一个具有施工资质的企业。

第二，对岗位的规定。注册建造师不得同时在两个及两个以上的建设工程项目上担任施工单位项目负责人。注册建造师可以从事建设工程项目总承包管理或施工管理，建设工程项目管理服务，建设工程技术经济咨询，以及法律、行政法规和国务院建设主管部门规定的其他业务。

建设工程施工活动中形成的有关工程施工管理文件，应当由注册建造师签字并加盖执业印章。施工单位签署质量合格的文件上，必须有注册建造师的签字盖章。

注册建造师的具体执业范围按照《注册建造师执业工程规模标准》执行。

2) 注册建造师的权利与义务

注册建造师享有下列权利：

(1) 使用注册建造师名称；
(2) 在规定范围内从事执业活动；
(3) 在本人执业活动中形成的文件上签字并加盖执业印章；
(4) 保管和使用本人注册证书、执业印章；
(5) 对本人执业活动进行解释和辩护；
(6) 接受继续教育；
(7) 获得相应的劳动报酬；
(8) 对侵犯本人权利的行为进行申述。

注册建造师应当履行下列义务：

(1) 遵守法律、法规和有关管理规定，恪守职业道德；
(2) 执行技术标准、规范和规程；
(3) 保证执业成果的质量，并承担相应责任；
(4) 接受继续教育，努力提高执业水准；

（5）保守在执业中知悉的国家秘密和他人的商业、技术等秘密；

（6）与当事人有利害关系的，应当主动回避；

（7）协助注册管理机关完成相关工作。

注册建造师不得有下列行为：

（1）不履行注册建造师义务；

（2）在执业过程中，索贿、受贿或者谋取合同约定费用外的其他利益；

（3）在执业过程中实施商业贿赂；

（4）签署有虚假记载等不合格的文件；

（5）允许他人以自己的名义从事执业活动；

（6）同时在两个或者两个以上单位受聘或者执业；

（7）涂改、倒卖、出租、出借或以其他形式非法转让资格证书、注册证书和执业印章；

（8）超出执业范围和聘用单位业务范围内从事执业活动；

（9）法律、法规、规章禁止的其他行为。

4. 注册建造师的监督管理

1) 管理部门

国务院建设主管部门对全国注册建造师的注册、执业活动实施统一监督管理；国务院铁路、交通、水利、信息产业、民航等有关部门按照国务院规定的职责分工，对全国有关专业工程注册建造师的执业活动实施监督管理。

县级以上地方人民政府建设主管部门对本行政区域内的注册建造师的注册、执业活动实施监督管理；县级以上地方人民政府交通、水利、通信等有关部门在各自职责范围内，对本行政区域内有关专业工程注册建造师的执业活动实施监督管理。

国务院建设主管部门应当将注册建造师注册信息告知省、自治区、直辖市人民政府建设主管部门。

省、自治区、直辖市人民政府建设主管部门应当将注册建造师注册信息告知本行政区域内市、县、市辖区人民政府建设主管部门。

2) 管理措施

（1）撤销注册

注册建造师违法从事相关活动的，违法行为发生地县级以上地方人民政府建设主管部门或者其他有关部门应当依法查处，并将违法事实、处理结果告知注册机关；依法应当撤销注册的，应当将违法事实、处理建议及有关材料报注册机关。

有下列情形之一的，注册机关依据职权或者根据利害关系人的请求，可以撤销注册建造师的注册：

第一，注册机关工作人员滥用职权、玩忽职守作出准予注册许可的；

第二，超越法定职权作出准予注册许可的；

第三，违反法定程序作出准予注册许可的；

第四，对不符合法定条件的申请人颁发注册证书和执业印章的；

第五，依法可以撤销注册的其他情形。

申请人以欺骗、贿赂等不正当手段获准注册的，应当予以撤销。

(2) 建造师信用档案管理

注册建造师及其聘用单位应当按照要求，向注册机关提供真实、准确、完整的注册建造师信用档案信息。注册建造师信用档案应当包括注册建造师的基本情况、业绩、良好行为、不良行为等内容。违法违规行为、被投诉举报处理、行政处罚等情况应当作为注册建造师的不良行为记入其信用档案。

注册建造师信用档案信息按照有关规定向社会公示。

(二) 注册监理工程师执业资格制度

2006年1月26日建设部以部令第147号发布了《注册监理工程师管理规定》，自2006年4月1日实施，对注册监理工程师的执业资格做出了规定。

注册监理工程师，是指经考试取得监理工程师资格证书，并按照规定注册，取得注册监理工程师注册执业证书和执业印章，从事工程监理及相关业务活动的专业技术人员。未取得注册证书和执业印章的人员，不得以注册监理工程师的名义从事工程监理及相关业务活动。

1. 注册监理工程师的管理机构

1) 主管部门

国务院建设主管部门对全国注册监理工程师的注册、执业活动实施统一监督管理。县级以上地方人民政府建设主管部门对本行政区域内的注册监理工程师的注册、执业活动实施监督管理。

2) 资格考试委员会

全国监理工程师资格考试委员会，是由国务院建设行政主管部门和国务院有关部门工程建设专家、人事行政管理专家共同组成的非常设机构。

2. 注册监理工程师的报考条件

凡中华人民共和国公民，遵纪守法，具有工程技术或工程经济专业大专以上（含大专）学历，并符合下列条件之一者，可申请参加监理工程师执业资格考试。

1) 具有按照国家有关规定评聘的工程技术或工程经济专业中级专业技术职务，并任职满三年。

2) 具有按照国家有关规定评聘的工程技术或工程经济专业高级专业技术职务。

3. 监理工程师的注册管理

注册监理工程师实行注册执业管理制度。取得资格证书的人员，经过注册方能以注册监理工程师的名义执业。注册监理工程师依据其所学专业、工作经历、工程业绩，按照《工程监理企业资质管理规定》划分的工程类别，按专业注册。每人最多可以申请两个专业注册。

取得资格证书的人员申请注册，由省、自治区、直辖市人民政府建设主管部门初审，国务院建设主管部门审批。取得资格证书并受聘于一个建设工程勘察、设计、施工、监理、招标代理、造价咨询等单位的人员，应当通过聘用单位向单位工商注册所在地的省、自治区、直辖市人民政府建设主管部门提出注册申请；省、自治区、直辖市人民政府建设主管部门受理后提出初审意见，并将初审意见和全部申报材料报国务院建设主管部门审批；符合条件的，由国务院建设主管部门核发注册证书和执业印章。

注册证书和执业印章是注册监理工程师的执业凭证，由注册监理工程师本人保管、使用。注册证书和执业印章的有效期为3年。

1）注册申请

（1）初始注册

初始注册者，可自资格证书签发之日起3年内提出申请。逾期未申请者，须符合继续教育的要求后方可申请初始注册。

申请初始注册，应当具备以下条件：经全国注册监理工程师执业资格统一考试合格，取得资格证书；受聘于一个相关单位；达到继续教育要求；没有规定不予注册的情形。

初始注册需要提交下列材料：申请人的注册申请表；申请人的资格证书和身份证复印件；申请人与聘用单位签订的聘用劳动合同复印件；所学专业、工作经历、工程业绩、工程类中级及中级以上职称证书等有关证明材料；逾期初始注册的，应当提供达到继续教育要求的证明材料。经考试合格，取得《监理工程师执业资格证书》的，可以申请监理工程师初始注册。

（2）延续注册

注册监理工程师每一注册有效期为3年，注册有效期满需继续执业的，应当在注册有效期满30日前，按照规定的程序申请延续注册。延续注册有效期3年。延续注册需要提交下列材料：申请人延续注册申请表；申请人与聘用单位签订的聘用劳动合同复印件；申请人注册有效期内达到继续教育要求的证明材料。

（3）变更注册

在注册有效期内，注册监理工程师变更执业单位，应当与原聘用单位解除劳动关系，并按规定的程序办理变更注册手续，变更注册后仍延续原注册有效期。

变更注册需要提交下列材料：申请人变更注册申请表；申请人与新聘用单位签订的聘用劳动合同复印件；申请人的工作调动证明（与原聘用单位解除聘用劳动合同或者聘用劳动合同到期的证明文件、退休人员的退休证明）。

2）不予注册的情形

申请人有下列情形之一的，不予初始注册、延续注册或者变更注册：

（1）不具有完全民事行为能力的；

（2）刑事处罚尚未执行完毕或者因从事工程监理或者相关业务受到刑事处罚，自刑事处罚执行完毕之日起至申请注册之日止不满2年的；

（3）未达到监理工程师继续教育要求的；

（4）在两个或者两个以上单位申请注册的；

（5）以虚假的职称证书参加考试并取得资格证书的；

（6）年龄超过65周岁的；

（7）法律、法规规定不予注册的其他情形。

3）注册证书和执业印章失效的情形

注册监理工程师有下列情形之一的，其注册证书和执业印章失效：

（1）聘用单位破产的；

（2）聘用单位被吊销营业执照的；

（3）聘用单位被吊销相应资质证书的；

（4）已与聘用单位解除劳动关系的；

(5) 注册有效期满且未延续注册的；
(6) 年龄超过 65 周岁的；
(7) 死亡或者丧失行为能力的；
(8) 其他导致注册失效的情形。
4) 注销注册

注册监理工程师有下列情形之一的，负责审批的部门应当办理注销手续，收回注册证书和执业印章或者公告其注册证书和执业印章作废：

(1) 不具有完全民事行为能力的；
(2) 申请注销注册的；
(3) 有注册证书和执业印章失效情形发生的；
(4) 依法被撤销注册的；
(5) 依法被吊销注册证书的；
(6) 受到刑事处罚的；
(7) 法律、法规规定应当注销注册的其他情形。

注册监理工程师有前款情形之一的，注册监理工程师本人和聘用单位应当及时向国务院建设主管部门提出注销注册的申请；有关单位和个人有权向国务院建设主管部门举报；县级以上地方人民政府建设主管部门或者有关部门应当及时报告或者告知国务院建设主管部门。

被注销注册者或者不予注册者，在重新具备初始注册条件，并符合继续教育要求后，可以按照规定的程序重新申请注册。

5) 注册监理工程师的执业管理

取得资格证书的人员，应当受聘于一个具有建设工程勘察、设计、施工、监理、招标代理、造价咨询等一项或者多项资质的单位，经注册后方可从事相应的执业活动。从事工程监理执业活动的，应当受聘并注册于一个具有工程监理资质的单位。

注册监理工程师可以从事工程监理、工程经济与技术咨询、工程招标与采购咨询、工程项目管理服务以及国务院有关部门规定的其他业务。

工程监理活动中形成的监理文件由注册监理工程师按照规定签字盖章后方可生效。

修改经注册监理工程师签字盖章的工程监理文件，应当由该注册监理工程师进行；因特殊情况，该注册监理工程师不能进行修改的，应当由其他注册监理工程师修改，并签字、加盖执业印章，对修改部分承担责任。

注册监理工程师从事执业活动，由所在单位接受委托并统一收费。

因工程监理事故及相关业务造成的经济损失，聘用单位应当承担赔偿责任；聘用单位承担赔偿责任后，可依法向负有过错的注册监理工程师追偿。

6) 继续教育

注册监理工程师在每一注册有效期内应当达到国务院建设主管部门规定的继续教育要求。继续教育作为注册监理工程师逾期初始注册、延续注册和重新申请注册的条件之一。

继续教育分为必修课和选修课，在每一注册有效期内各为 48 学时。

7) 权利和义务

注册监理工程师享有下列权利：

(1) 使用注册监理工程师称谓;
(2) 在规定范围内从事执业活动;
(3) 依据本人能力从事相应的执业活动;
(4) 保管和使用本人的注册证书和执业印章;
(5) 对本人执业活动进行解释和辩护;
(6) 接受继续教育;
(7) 获得相应的劳动报酬;
(8) 对侵犯本人权利的行为进行申诉。

注册监理工程师应当履行下列义务:
(1) 遵守法律、法规和有关管理规定;
(2) 履行管理职责,执行技术标准、规范和规程;
(3) 保证执业活动成果的质量,并承担相应责任;
(4) 接受继续教育,努力提高执业水准;
(5) 在本人执业活动所形成的工程监理文件上签字、加盖执业印章;
(6) 保守在执业中知悉的国家秘密和他人的商业、技术秘密;
(7) 不得涂改、倒卖、出租、出借或者以其他形式非法转让注册证书或者执业印章;
(8) 不得同时在两个或者两个以上单位受聘或者执业;
(9) 在规定的执业范围和聘用单位业务范围内从事执业活动;
(10) 协助注册管理机构完成相关工作。

第三节 建设工程发包与承包法律制度

一、建设工程发包与承包概述

（一）建设工程发包与承包概念

所谓发包与承包是指一方当事人为另一方当事人完成某项工作，另一方当事人接受工作成果并支付工作报酬的行为。其中，把某项工作交给他人完成并有义务接受工作成果，支付工作报酬，是发包；承揽他人交付某项工作，并完成某项工作，是承包。发包与承包构成发包、承包经济活动的不可分割的两个方面、两种行为。

建设工程发包，是指建设单位或者受其委托的招标代理机构通过招标方式或直接发包方式将建筑工程的全部或部分交由他人承包，并支付相应费用的行为。

建设工程承包，是指通过招标方式或直接发包方式取得建筑工程的全部或部分，取得相应费用并完成建筑工程的全部或部分的行为。

建设工程发包与承包制度，是建筑业适应市场经济的产物。建筑工程勘察、设计、施工、安装单位要通过参加市场竞争来承揽建设工程项目。这样，可以激发企业活力，改变计划经济体制下建筑活动僵化的体制，有利于建筑业健康发展，有利于建筑市场的活跃和繁荣。

（二）建设工程发包与承包原则

建设工程发包与承包活动是一项特殊的商品交易活动，同时又是一项重要的法律活动，因此，承发包双方必须共同遵循交易活动的一些基本原则，依法进行，才能确保活动的顺利、高效、公平地进行。《建筑法》将这些基本原则以法律的形式作了如下规定：

1. 建设工程发包与承包实行以招标发包为主、直接发包为辅的原则

工程发包可以分为招标发包与直接发包两种形式。招标发包是一种科学先进的发包方式，也是国际通用的形式，受到社会和国家的重视。因此，《建筑法》规定：建筑工程依法实行招标发包，对不适于招标发包的可以直接发包。由于我国已于2000年1月1日起开始实施《中华人民共和国招标投标法》，因此，对于符合该法要求招标范围的建筑工程，必须依照《招标投标法》实行招标发包。招标投标活动，应该遵循公开、公正、公平的原则，择优选择承包单位。

2. 禁止承发包双方采取不正当竞争手段的原则

发包单位及其工作人员在建筑工程发包中不得收受贿赂、回扣或者索取其他好处。承包单位及其工作人员不得利用向发包单位及其他工作人员行贿、提供回扣或者给予其他好处等不正当手段承揽工程。

3. 建设工程确定合同价款的原则

建设工程合同价款应当按照国家有关规定，由发包单位与承包单位在合同中约定。

全部或者部分使用国有资金投资或者国家融资的建设工程，应当按照国家发布的计价规则和标准编制招标文件、进行评标定标、确定工程承包合同价款。

2001年11月5日中华人民共和国建设部以第107号部令形式，发布了《建筑工程施工发包与承包计价管理办法》（以下简称《计价管理办法》），自2001年12月1日起施行。根据该《计价管理办法》，工程发承包计价包括编制施工预算、招标标底、投标报价、工程结算和签订合同价等活动。该《计价管理办法》还对以上工程发承包计价的原则以及具体方法作出了详细规定。

二、建设工程发包制度

（一）建设工程发包方式

建设工程的发包方式可分为招标发包和直接发包两种。

1. 招标发包

招标发包是指建设单位通过招标确定承包单位的一种发包方式。招标发包又有两种方式：一种是公开招标发包，即由建设单位按照法定程序，在规定的公开的媒体上发布招标公告，公开提供招标文件，使所有潜在的投标人都可以平等参加投标竞争，从中择优选定中标人；另一种方式是邀请招标发包，即招标人根据自己所掌握的情况，预先确定一定数量的符合招标项目基本要求的潜在投标人并发出邀请，从中确定承包单位。全部或者部分使用国有资金投资或者国家融资的建设工程，应当依法采用招标方式发包。

2. 直接发包

直接发包是指发包方直接与承包方签订承包合同的一种发包方式。如建设单位直接同一个有资质证书的建筑施工企业商谈建筑工程的事宜，通过商谈来确定承包单位。采用特定专利技术、专有技术，或者建筑艺术造型有特殊要求的建设工程的勘察、设计、施工，经省、自治区、直辖市建设行政主管部门或有关部门批准，可以直接发包。

建筑工程一般应实行招标发包，不适于招标发包的保密工程、特殊专业工程等可以直接发包。

（二）建设工程发包行为规范

建筑工程发包单位必须依照法律、法规规定的发包要求发包建筑工程。具体要求如下：

1. 发包单位应当将建筑工程发包给合格的承包人

《建筑法》第二十二条规定，实行招标发包的建筑工程，发包人应当将建筑工程发包给依法中标的承包人；实行直接发包的建筑工程，发包人应将建筑工程发包给具有相应资质的承包人。

需要指出的是，所谓依法中标，一是指中标单位是经过《中华人民共和国招标投标法》法定程序评选的；二是中标单位必须符合招标要求且具备建造该工程的相应资质条件。

建筑工程一般均采用公开招标或邀请招标的形式进行发包。对于符合要求，采用直接发包的工程，为保证建筑工程的质量和安全，承包单位必须具备：1)具备建造该工程的相应资质条件；2)所建工程的要求和承包单位的资质证书的级别必须一致。

2. 发包单位应当按照合同的约定，及时拨付工程款项

这是《建筑法》第十八条第二款的规定。拖欠工程款，是目前规范建筑市场的难点问题，它不仅严重地影响了企业的生产经营，制约了企业的发展，而且也影响了工程建设的顺利进行，制约了投资效益的提高。法律对此作出规定，不仅规范了发包单位拖欠工程款的行为，同时也为施工企业追回拖欠工程款提供了法律依据。

3. 发包单位及其工作人员不得在发包过程中收受贿赂、回扣或者索取其他好处

根据《建筑法》第十七条规定，发包人应当公平、公正地进行工程发包，不得利用工程发包机会接受承包人提供的贿赂、回扣或者向承包人索取其他好处。

所谓收受贿赂，是指发包单位及其他工作人员利用自己的特殊地位非法收受他人财物的行为。所谓收受回扣，是指在建筑工程的发包中，发包单位及其工作人员非法收取的从对方的工程款项中扣出的钱财。索取其他好处包括主动要求对方给予一定的贿赂、主动要求对方给予一定的回扣、主动要求对方给予一定的手续费、主动要求对方给予出国名额、主动要求对方给予子女就业等情况。

收受贿赂、回扣或者索取其他好处均属于违法行为。如果允许这些行为存在，对于建筑市场的建立极为不利，特别是不利于保证建筑工程的质量与安全、不利于保护国家利益。因此，对此行为应予以禁止。

4. 发包单位应当依照法律、法规规定的程序和方式进行公开招标并接受有关行政主管部门的监督

《建筑法》第二十条规定，建筑工程实行公开招标的，发包单位应当依照法律程序和方式，发布招标公告，提供载有招标工程的主要技术要求、主要的合同条款、评标的标准和方法以及开标、评标、定标的程序等内容的招标文件。开标应当在招标文件规定的时间、地点公开进行，并接受有关行政主管部门的监督。开标后应当按照招标文件规定的评标标准和程序对标书进行评价、比较，在具备相应资质条件的投标者中，择优选定中标者。

5. 发包人不得将建设工程肢解发包

肢解发包是指发包人将应当由一个承包人完成的建筑工程肢解成若干部分分别发包给几个承包人。肢解发包是我国目前建筑市场混乱的重要诱因，危害公共安全，因此，《建

筑法》第二十四条规定，禁止发包人将建筑工程肢解发包。

　　需要说明的是，禁止肢解发包并不等于禁止分包。比如在工程施工中，总承包单位有能力并有相应资质承担给水排水、供暖、电气、电信、消防工程和清运渣土的，就应由其自行组织施工和清运；若总承包单位需将上述某种工程分包的，根据合同约定在征得建设单位同意后，亦可分包给具有相应资质的企业，但必须由总承包单位统一进行管理，切实承担总包责任。建设单位要加强监督检查，明确责任，保证工程质量和施工安全。

　　6. 发包人不得向承包人指定购入用于建筑工程的建筑材料、建筑构配件和设备或指定生产厂、供应商。

　　如果发包人与承包人在建设工程合同中明确约定由承包人包工包料，那么，承包人按照合同的要求有权自行安排和购买建筑材料、建筑构配件和设备，自由选择生产厂家或者供应商家，发包人无权为承包人进行指定购买，否则就是违反合同约定，侵犯承包人的合法权益。因此《建筑法》第二十五条对此明确规定，按照合同规定，建筑材料、建筑构配件和设备由工程承包单位采购的，发包单位不得指定购入用于工程的建筑材料、建筑构配件和设备或指定生产厂、供应商。

三、建设工程承包制度

（一）承包单位资质管理

《建筑法》第二十六条明确规定："承包建筑工程的单位应当持有依法取得的资质证书，并在其资质等级许可的业务范围内承揽工程。"所谓资质证书，是指承包建筑工程的单位承包建筑工程所必需的凭证。承包建筑工程的单位，包括建筑施工企业、监理单位、勘察设计单位。因其单位性质和技术、设备不同，其资质等级也不完全一样。级别不同，所从事的业务范围也不完全相同。一般情况下，高资质等级的企业可以从事低资质等级企业的业务，但低资质等级的企业不能从事高资质等级企业的业务。如果低资质等级单位从事高资质等级单位的业务，则会因其不具备从事高资质等级单位的业务条件，而给承揽的工作带来质量与安全问题。所以，承包建筑工程的单位应当在其资质等级许可的业务范围内承揽工程。若违反此项规定，则应当承担法律责任。

《建筑法》第二十六条还规定："禁止建筑施工企业超越本企业资质等级许可的业务范围或者以任何形式用其他建筑施工企业的名义承揽工程。"同时还规定："禁止建筑施工企业以任何形式允许其他单位或者个人使用本企业的资质证书、营业执照，以本企业的名义承揽工程。"这一规定要求建筑施工企业必须根据自己所具备的资质等级从事建筑工程的承揽活动，不能以借用其他建筑施工企业的资质或者以挂靠等形式以其他建筑施工企业的名义来承揽工程。另外，建筑施工企业也不得出借或出租自己的资质证书、营业执照，不得允许其他建筑施工企业挂靠在自己企业的名下来承揽工程。这一规定是强制性规定，建筑施工企业必须遵守，否则应承担相应的法律责任。

（二）建设工程承包方式

1. 建设工程总承包

《建筑法》第二十四条规定，国家提倡建筑工程实行总承包制度。即提倡将一个建筑工程由一个承包单位负责组织实施，由其统一指挥协调，并向发包单位承担统一的经济法律责任的承包形式。

在建筑工程总承包中，有以下两种情况：

1) 全部总承包。即建筑工程的发包单位将建筑工程的勘察、设计、施工、设备采购和试运行一并发包给一个工程总承包单位，由总承包单位直接向发包单位负责。总承包单位可以自己负责整个建筑工程的全过程，也可以依法再分包给若干个专业分包单位来完成，但不得将建筑工程主体结构进行分包。

2) 分项总承包。即建筑工程的发包单位将建筑工程勘察、设计、施工、设备采购的一项或者多项发包给一个工程总承包单位。

建筑工程总承包制度是建筑工程承包方式多样化的产物，是我国工程建设领域改革不断深入的结果，也是借鉴国际建筑工程管理经验的结果。它有利于充分发挥那些在建设工程方面具有较强的技术力量、丰富的经验和组织管理能力的大承包商的专业优势，综合协调工程建设中的各种关系，强化对工程建设的统一指挥和组织管理，保证工程质量和进度，缩短建设工期，减少开支，提高投资效益。因此，国家明确提倡工程总承包制度，并予以鼓励和推荐。

2. 建设工程分承包

所谓分承包，是指对建筑工程实行总承包的单位，将其总承包的工程项目的某一部分或某几部分，再发包给其他的承包人，与其签订总承包合同项下的分包合同。2004年2月3日，建设部以第124号令发布了《房屋建筑和市政基础设施工程施工分包管理办法》，对房屋建筑和市政基础设施工程施工分包活动的行为规范作了明确规定。

1) 建筑工程总承包单位可以将承包工程中的部分工程发包给具有相应资质的分包单位。但主体结构工程不能分包出去，必须由总承包单位自行完成。

2) 分包工程承包人必须具有相应的资质，并在其资质等级许可的范围内承揽业务。严禁个人承揽分包工程业务。

3) 专业工程分包除在施工总承包合同中有约定外，必须经建设单位认可。专业分包工程承包人必须自行完成所承包的工程。

4) 劳务作业分包由劳务作业发包人与劳务作业承包人通过劳务合同约定。劳务作业承包人必须自行完成所承包的任务。

5) 分包工程发包人和分包工程承包人应当依法签订分包合同，并按照合同履行约定的义务。分包合同必须明确约定支付工程款和劳务工资的时间、结算方式以及保证按期支付的相应措施，确保工程款和劳务工资的支付。

6) 分包工程发包人应当在订立分包合同后7个工作日内，将合同送工程所在地县级以上地方人民政府建设行政主管部门备案。分包合同发生重大变更的，分包工程发包人应当自变更后7个工作日内，将变更协议送原备案机关备案。

7) 分包工程发包人应当设立项目管理机构，组织管理所承包工程的施工活动。项目管理机构应当具有与承包工程的规模、技术复杂程度相适应的技术、经济管理人员。其中，项目负责人、技术负责人、项目核算负责人、质量管理人员、安全管理人员必须是本单位的人员。具体要求由省、自治区、直辖市人民政府建设行政主管部门规定。

8) 分包工程发包人可以就分包合同的履行，要求分包工程承包人提供分包工程履约担保；分包工程承包人在提供担保后，要求分包工程发包人同时提供分包工程付款担保的，分包工程发包人应当提供。

9) 分包工程发包人对施工现场安全负责，并对分包工程承包人的安全生产进行管理。

专业分包工程承包人应当将其分包工程的施工组织设计和施工安全方案报分包工程发包人备案,专业分包工程发包人发现事故隐患,应当及时作出处理。

分包工程承包人就施工现场安全向分包工程发包人负责,并应当服从分包工程发包人对施工现场的安全生产管理。

10) 建筑工程总承包单位按照总承包合同的约定对建设单位负责,分包单位按照分包合同的约定对总承包单位负责。

11) 分包工程承包人应当按照分包合同的约定对其承包的工程向分包工程发包人负责。分包工程发包人和分包工程承包人就分包工程对建设单位承担连带责任。

3. 建筑工程联合承包

联合承包是指由两个以上的单位共同组成非法人的联合体,以该联合体的名义承包某项建筑工程的承包形式。至于由两个以上的单位共同投资组成一个法人实体,由该法人实体承包工程项目,与发包方订立承包合同,则属于该法人实体的单独承包,不属于联合承包。

《建筑法》第二十七条规定:"大型建筑工程或者结构复杂的建筑工程,可以由两个以上的承包单位联合承包。联合承包的各方对承包合同的履行承担连带责任。""两个以上不同资质等级的单位实行联合共同承包的,应当按照资质等级低的单位的业务许可范围承揽工程。"

1) 联合承包的前提条件

承包单位联合承包的前提是大型建筑工程或者是结构复杂的建筑工程。也就是说,一些中小型工程以及结构不复杂的不可以采取联合承包工程的方式。对于什么是大型建筑工程和结构复杂的建筑工程应以国务院、地方政府或者国务院有关部门确定的标准为准。大型建筑工程的划分应当以建筑面积或者总造价来划分为宜;结构复杂的建筑工程一般应是结构的专业性较强的建筑工程。大型建筑工程或者结构复杂的建筑工程,工程任务量大、技术要求复杂、建设周期较长,需要承包方有较强的经济、技术实力的抗风险的能力。由多家单位组成联合体共同承包,可以集中各方的经济、技术力量,发挥各自的优势,大大增强投标竞争的实力;对发包方来说,也有利于提高投资效益,保证工程建设质量。

2) 联合承包的责任承担

联合承包的各方对承包合同的履行应承担连带责任。所谓连带责任,是指一方不能履行义务时,由另一方来承担责任。连带责任是对他方讲的,对于联合共同承包的内部各方来讲应当根据自己各自的过错承担责任。联合承包既然是共同施工、共同承包、共享利润,相应地必须共担风险,共负亏损。这样,联合承包才可以既能发挥企业互补优势的好处,又能通过连带民事责任的规定加强联合承包各企业的责任感,防患于未然,从而使建筑工程联合承包能健康、活跃地进行和发展。

3) 高资质与低资质联合承包

《建筑法》第二十七条第二款规定:"两个以上不同资质等级的单位实行联合共同承包的,应当按照资质等级低的单位的业务许可范围承揽工程。"这一规定是为了防止低资质企业通过联合承包形式进行投机行为,确保业主的利益。这一规定是一个义务性规定,联合承包各方应当履行这一义务。

4) 不同类别资质联合承包

两个以上资质类别不同的承包单位实行联合承包的,应当按照联合体的内部分工,各自按资质类别及等级的许可范围承担工程。

(三) 建筑工程承包行为规范

1. 建设单位不得直接指定分包工程承包人。任何单位和个人不得对依法实施的分包活动进行干预。

2. 承包单位及其工作人员不得利用向发包单位及其工作人员行贿、提供回扣或者给予其他好处等不正当手段承揽工程。

3. 禁止转让、出借企业资质证书或者以其他方式允许他人以本企业名义承揽工程。分包工程发包人没有将其承包的工程进行分包,在施工现场所设项目管理机构的项目负责人、技术负责人、项目核算负责人、质量管理人员、安全管理人员不是工程承包人本单位人员的,视同允许他人以本企业名义承揽工程。

4. 禁止将承包的工程进行违法分包。违法分包行为:

1) 分包工程发包人将专业工程或者劳务作业分包给不具备相应资质条件的分包工程承包人的;

2) 施工总承包合同中未有约定,又未经建设单位认可,分包工程发包人将承包工程中的部分专业工程分包给他人的。禁止总承包单位将工程分包给不具备相应资质条件的单位。

5. 禁止建筑工程转包。所谓转包,是指承包单位不行使承包者的管理职能,将所承包的工程完全转手给他人承包的行为。转包的形式有两种:一种是承包单位将其承包的全部建筑工程转包给他人;另一种是承包单位将其承包的全部工程肢解以后以分包的名义发包给他人即变相的转包。分包工程发包人将工程分包后,未在施工现场设立项目管理机构和派驻相应人员,并未对该工程的施工活动进行组织管理的,视同转包行为。

转包工程容易使建设单位失去对其承包人的控制和监督,造成投机行为,引起建筑工程质量与安全事故等,是一种违反双方合同的行为。因此,《建筑法》第二十八条明确规定禁止转包工程,禁止以分包名义将工程肢解后分别转包给他人。

第四节 建设工程监理法律制度

一、建设工程监理制度的推行

早在 100 多年前,工业发达国家的资本占有者进行工程项目建设决策时,就开始雇请有关的专家进行机会分析,之后又委托专家对工程项目建设的实施进行管理,从而产生了建设监理,并逐渐推广开来,成为国际惯例。

改革开放以来,尤其是自 20 世纪 80 年代开始,我国利用外资和国外贷款进行工程建设,根据外方要求,这些工程项目建设都实行了建设监理,并取得了良好的效果,如云南鲁布格水电站引水工程,就是实行了工程建设监理并取得了明显成效的最早的例证。由此引发了我国工程项目建设管理体制的重大改革,即开始实行建设监理制。

我国推行工程监理制度自 1988 年以来,经过了三个阶段,即工程监理试点阶段(1988~1993 年)、工程监理稳步推进阶段(1993~1995 年)、工程监理全面推进阶段(1996 至今)。

(一) 工程监理试点阶段

1988年新组建的建设部就把建立专业化、社会化的社会建设监理制度提了出来，并把它列为其负责组织实施的一项重要工作，得到了国务院的认可和支持。经过认真研究，积极筹划，建设部于1988年7月25日制定印发了《关于开展建设监理工作的通知》。同年11月28日，建设部又印发了《关于开展建设监理试点工作的若干意见》，确定北京、上海、天津、南京、宁波、沈阳、哈尔滨、深圳八市和能源、交通两部的水电和公路系统作为全国开展建设监理工作的试点单位，又在征求有关部门和专家意见的基础上，颁发了一系列有关工程建设监理的法规，1989年7月28日颁发了《建设监理试行规定》，这是我国开展建设监理工作以来第一个法规性文件，它比较全面系统地规范了建设监理各方面的行为。

（二）工程监理稳步推进阶段

1993年5月，根据全国建设监理发展的需要，在天津召开了第5次全国建设监理工作会议。这是一次承前启后的重要会议。会议全面总结、交流了建设监理试点阶段取得的进展、成效以及做法和经验，研究分析了现阶段的监理形势，适时地做出了结束监理试点阶段，转向稳步发展阶段的工作部署，并提出了具体的工作要求。建设监理稳步发展阶段的主要任务是：建立健全监理法规和监理的管理机构，形成比较完善的监理法规体系和行政管理体系，新开工的大中型工程项目和重点工程项目都要求实行监理，监理队伍的规模和监理水平基本上能满足国内监理任务的需要等。

（三）工程监理全面推进阶段

从1996年起，随着《建设监理规定》的颁布与实施，我国的建设监理开始进入全面推进阶段。之后，建设部于2001年颁布《建设工程监理范围和规模标准规定》，2006年颁布《注册监理工程师管理规定》，2007年颁布《工程监理企业资质管理规定》，建设监理法规进一步健全完善，大中城市和新开工的大中型工程都逐步实行建设监理，监理工作逐步达到规范化，监理队伍的总量逐渐满足监理业务总量的需要，而且形成了一定规模的产业化队伍。

二、建设工程监理合同

《合同法》第二百六十七条规定："建设工程实行监理的，发包人应当与监理人采取书面形式订立委托监理合同。监理人与发包人的权利和义务及法律责任，应当依照本法委托合同以及其他有关法律、行政法规的规定。"《建筑法》第三十一条也规定："实行监理的建设工程，由建设单位委托具有相应资质条件的工程监理单位监理。建设单位与其委托的工程监理单位应当订立书面委托监理合同。"

（一）建设工程监理合同概念

建设工程监理合同是指建设单位（业主）与监理单位为完成某项建设监理任务签订的，旨在明确双方权利和义务的有法律效力的协议。监理合同是一种委托合同，委托方为建设单位（业主），受托方为具有相应资质条件的工程监理单位。

（二）建设工程监理合同形式

根据相关法律规定，建设工程监理合同必须采用书面形式，其具体形式如下：

1. 简单的信件式合同。该合同文本通常由监理单位制定，由委托方签署备案，交给咨询监理单位执行。

2. 委托通知单。这是由委托方发出的执行任务的委托通知单，委托方通过通知单的形式,把监理单位在争取委托合同时提出的建议中所列出的工作内容委托给对方,成为对方所接受的协议。

3. 监理委托合同示范文本。1995年10月建设部、国家工商行政管理局联合制定颁布了《工程建设监理合同》示范文本,后又于2000年2月17日颁布了新的《建设工程委托监理合同》(GF—2000—0202)示范文本,这就进一步使合同文本符合中国实际情况和有利于与国际通行的FIDIC合同文件《业主/咨询工程师标准服务协议书》接轨。

4. 国际标准委托合同格式。通常采用国际咨询工程师联合会(FIDIC)颁布的《雇主与咨询工程师项目管理协议书国际范本与国际通用规则》(简称 IGRAl900PM),是国际上普遍采用的一种标准委托合同格式,受到了世界银行等国际金融组织机构和许多国家有关部门认可,值得我国研究借鉴。

(三)建设工程监理单位的权利和义务

1. 监理单位的权利

根据我国《工程建设监理合同》示范文本的规定,监理单位可以享有监理权、变更权、调解与作证权,具体权利如下:

1)在业主委托的工程范围内,监理单位应有以下监理权:

(1)选择工程总设计单位和施工总承包单位的建议权。

(2)选择工程分包设计单位和施工分包单位的确定权与否定权。

(3)工程建设有关事项包括工程规模、设计标准、规划设计、生产工艺设计和使用功能要求,向业主的建议权。

(4)工程结构设计和其他专业设计中的技术问题,按照安全和优化的原则,自主向设计单位提出建议,并向业主提出书面报告;如果由于拟提出的建议会提高工程造价,或延长工期,应当事先取得业主的同意。发现工程设计不符合建设工程质量标准或者合同约定的质量要求的,有权报告建设单位要求设计单位改正。

(5)工程施工组织设计和技术方案,按照保质量、保工期和降低成本的原则,自主向承包商提出建议,并向业主提出书面报告;如果由于拟提出的建议会提高工程造价,或延长工期,应当事先取得业主的同意。

(6)工程建设有关的协作单位的组织协调的主持权,重要协调事项应当事先向业主报告。

(7)报经业主同意后,发布开工令、停工令、复工令。

(8)工程上使用的材料和施工质量的检验权。对于不符合设计要求及国家质量标准的材料设备,有权通知承包商停止使用;不符合规范和质量标准的工序、分部分项工程和不安全的施工作业,有权通知承包商停工整改、返工。承包商取得监理机构复工令后才能复工。发布停、复工令应当事先向业主报告,如在紧急情况下未能事先报告时,则应在24小时内向业主作出书面报告。

(9)工程施工进度的检查、监督权,以及工程实际竣工日期提前或超过工程承包合同规定的竣工期限的签认权。

(10)在工程承包合同约定的工程价格范围内,工程款支付的审核和签认权,以及结算工程款的复核确认权与否定权。未经监理机构签字确认,业主不支付工程款。

2)在业主授权下,可对任何第三方合同规定的义务提出变更权。

如果由此严重影响了工程费用，或质量、进度，则这种变更须经业主事先批准。在紧急情况下未能事先报业主批准时，监理机构所作的变更也应尽快通知业主。在监理过程中如发现承包商工作不力，监理机构可提出调换有关人员的建议。

3）在委托工程范围内的调解与作证权。

在委托的工程范围内，业主或第三方对对方的任何意见和要求（包括索赔要求），均必须首先向监理机构提出，由监理机构研究处置意见，再同双方协商确定。当业主和第三方发生争议时，监理机构应根据自己的职能，以独立的身份判断，公正地进行调解。当其双方的争议由政府建设行政主管部门或仲裁机关进行调解和仲裁时，监理单位有提供事实材料的作证权。

2. 监理单位的义务

根据《工程建设监理合同》示范文本，监理单位应承担的义务如下：

1）向业主报送委派的总监理工程师及其监理机构主要成员名单、监理规划，完成监理合同专用条件中约定的监理工程范围内的监理业务。

2）监理机构在履行本合同的义务期间，应运用合理的技能，为业主提供与其监理机构水平相适应的咨询意见，认真、勤奋地工作。帮助业主实现合同预定的目标，公正地维护各方的合法权益。

3）监理机构使用业主提供的设施和物品属于业主的财产。在监理工作完成或中止时，应将其设施和剩余的物品库存清单提交给业主，并按合同约定的时间和方式移交此类设施和物品。

4）在本合同期内或合同终止后，未征得有关方同意，不得泄露与本工程、本合同业务活动有关的保密资料。

5）监理单位不得转让该合同约定的权利和义务。

6）除业主书面同意外，监理单位及职员不应接受监理合同约定以外的与监理工程项目有关的报酬。监理单位不能参与可能与合同规定的与业主的利益相冲突的任何活动。

7）工程监理单位应当在其资质等级许可的监理范围内，承担工程监理业务。

8）工程监理单位与被监理工程的承包单位以及建筑材料、建筑构配件和设备供应单位不得有隶属关系或者其他利害关系。

三、建设工程监理范围、依据和内容

（一）建设工程监理范围

建设工程监理是基于业主的委托才可实施的建设活动，所以，建设工程实施监理应是建立在业主自愿的基础上的。但在国家投资工程中，国家有权以业主的身份要求工程建设项目法人实施监理，对于外资投资建设工程及一些与社会公共利益关系重大的工程，为确保工程质量和社会公众的生命财产安全，国家也可要求其业主必须实施工程监理，即对这些工程建设活动强制实行监理。我国《建筑法》规定：实行强制监理的建筑工程的范围由国务院规定。国务院于2000年1月30日颁发的《建设工程质量管理条例》及建设部2000年1月17日颁发的《建设工程监理范围和规模标准规定》中规定，现阶段我国必须实行工程建设监理的工程项目范围为：

1. 国家重点建设工程

国家重点建设工程是指依据《国家重点建设项目管理办法》所确定的对国民经济和社

会发展有重大影响的骨干项目。

2．大、中型公用事业工程

具体包括项目总投资额在3000万元以上的下列工程项目：

1）供水、供电、供气、供热等市政工程项目；

2）科技、教育、文化等项目；

3）体育、旅游、商业等项目；

4）卫生、社会福利等项目；

5）其他公用事业项目。

3．成片开发建设的住宅小区工程

建筑面积在5万平方米以上的住宅建设工程必须实行监理；5万平方米以下的住宅建设工程，可以实行监理，具体范围和规模标准，由省、自治区、直辖市人民政府建设行政主管部门规定。

为了保证住宅质量，对高层住宅及地基、结构复杂的多层住宅应当实行监理。

4．利用外国政府或者国际组织贷款、援助资金的工程具体包括：

1）使用世界银行、亚洲开发银行等国际组织贷款资金的项目；

2）使用国外政府及其机构贷款资金的项目；

3）使用国际组织或者国外政府援助资金的项目。

5．国家规定必须实行监理的其他工程

包括项目总投资额在3000万元以上关系社会公共利益、公众安全的下列基础设施项目：

1）煤炭、石油、化工、天然气、电力、新能源等项目；

2）铁路、公路、管道、水运、民航以及其他交通运输业等项目；

3）邮政、电信枢纽、通信、信息网络等项目；

4）防洪、灌溉、排涝、发电、引（供）水、滩涂治理、水资源保护、水土保持等水利建设项目；

5）道路、桥梁、地铁和轻轨交通、污水排放及处理、垃圾处理、地下管道、公共停车场等城市基础设施项目；

6）生态环境保护项目；

7）其他基础设施项目。

至于学校、影剧院、体育场馆项目，不管总投资额多少，都必须实行监理。

（二）建设工程监理依据

1．国家或部门制定颁布的法律、法规、规章

目前有关工程监理方面的法律法规主要有：《建筑法》、《建设工程质量管理条例》、《建设工程安全生产管理条例》、《工程建设监理规定》、《工程监理企业资质管理规定》、《注册监理工程师管理规定》等。

2．国家现行的技术规范、技术标准、规程和工程质量验评标准

2001年5月1日开始实施的《建设工程监理规范》是监理单位和监理工作人员进行监理工作的行为规范。技术标准是工程建设标准的一种。工程建设标准可分为强制性标准和推荐性标准。强制性标准是必须执行的标准。推荐性标准是自愿采用的标准，经过双方签订合同予以确认。经合同确认的推荐性标准也必须严格执行。

3. 经审查批准的建设文件、设计文件和设计图纸

设计文件和设计图纸是施工的依据,同时也是监理的依据。施工单位应该按设计文件和图纸进行施工。监理单位应按照设计文件和设计图纸对施工活动进行监督管理。

4. 依法签订的各类工程合同文件等

工程合同是建设单位和施工单位根据国家规定的程序、批准的投资计划以及有关设计文件,为完成商定的某项建筑工程,明确相互权利和义务关系的协议。工程合同依法订立,即具有法律约束力,当事人必须全面履行合同规定的义务,任何一方不得擅自变更或解除合同。监理单位应当依据工程承包合同监督施工单位是否全面履行建筑工程承包合同规定的义务。

(三) 建设工程监理内容

监理工作的任务按照工程建设的先后程序可划分为四个阶段:建设前期阶段;设计阶段;施工阶段;交付使用后的保修阶段。每个阶段、各个环节都有具体的"三控制"、"三管理"、"一协调"的内容。各阶段的监理内容有所不同。

1. 建设前期阶段监理内容

该阶段的监理内容有:1)建设项目的可行性研究;2)参与设计任务书的编制。

2. 设计阶段监理内容

该阶段的监理内容有:1)提出设计要求,组织评选设计方案;2)协助选择勘察、设计单位,商签勘察设计合同文件,并组织实施;3)审查设计和概(预)算。

3. 施工阶段监理内容

该阶段的监理内容有:1)协助建设单位与承建单位编写开工报告,确认承建单位选择的分包单位;2)审查承建单位提出的施工组织设计,施工技术方案和施工进度计划,提出改进意见;3)审查承建单位提出的材料和设备清单及其所列的规格与质量;4)督促、检查承建单位严格执行工程承包合同和工程技术标准;5)调解建设单位与承建单位之间的争议;6)检查工程使用的材料、构件和设备的质量,检查安全防护措施;7)检查工程进度和施工质量,验收分部分项工程,签署工程付款凭证;8)督促整理合同文件和技术档案资料;9)组织设计单位和施工单位进行工程竣工的初步验收,写出竣工验收报告;10)审查工程结算。

4. 保修阶段监理内容

该阶段的监理内容有:在规定的保修期限内,负责检查工程质量状况,鉴定质量问题责任,督促责任单位修理。

我国的建设监理制尚处于初级阶段,目前所进行的建设监理主要是施工阶段的监理,因此我国建设监理的法律制度也是先从施工监理法律规范入手,今后将逐步走向完善,做到对建设工程项目真正意义的全过程、全方位的监理。

四、建设工程监理单位的法律要求

为了保证建筑工程质量和安全,强化监理责任,《建筑法》对监理单位作了如下规定:

1. 工程监理单位应当依法取得相应等级的资质证书,并在其资质等级许可的范围内承担工程监理业务。

2. 禁止工程监理单位超越本单位资质等级许可的范围或者以其他工程监理单位的名义承担工程监理业务。禁止工程监理单位允许其他单位或者个人以本单位的名义承担工程

监理业务。

3. 工程监理单位不得转让工程监理业务。

4. 工程监理单位与被监理工程的施工承包单位以及建筑材料、建筑构配件和设备供应单位有隶属关系或者其他利害关系的，不得承担该项建设工程的监理业务。

5. 工程监理单位应当依照法律、法规以及有关技术标准、设计文件和建设工程承包合同，代表建设单位对施工质量实施监理，并对施工质量承担监理责任。

6. 工程监理单位应当选派具备相应资格的总监理工程师和监理工程师进驻施工现场。

7. 未经监理工程师签字，建筑材料、建筑构配件和设备不得在工程上使用或者安装，施工单位不得进行下一道工序的施工。未经总监理工程师签字，建设单位不拨付工程款，不进行竣工验收。

8. 监理工程师应当按照工程监理规范的要求，采取旁站、巡视和平行检验等形式，对建设工程实施监理。

五、建设工程监理单位违反监理合同的法律责任

根据我国《工程建设监理合同》示范文本，建设工程监理单位违反监理合同的责任有：

1. 监理单位在责任期内，应当履行监理合同中约定的义务。如果因监理单位过失而造成了经济损失，应当承担相应的赔偿责任。工程监理单位与承包商串通，为承包单位谋取非法利益，给建设单位造成损失的，应当与承包单位承担连带赔偿责任。

2. 监理单位如需另聘专家咨询或协助，在监理业务范围内其费用由监理单位承担，其他费用由业主承担。

3. 监理单位向业主提出赔偿要求不能成立时，监理单位应当补偿由于该索赔所导致业主的各种费用支出。

监理单位对第三方违反合同规定的质量要求和完工(交图、交货)时限，不承担责任。因不可抗力导致监理合同不能全部或部分履行，监理单位不承担责任。

第五节 建筑法律责任

一、建筑法律责任概述

建筑法律责任是指从事建筑活动的单位违反建筑法规定后应当承担的法律后果。建筑法律责任分为建筑民事法律责任、建筑行政法律责任和建筑刑事法律责任三种形式。

（一）建筑民事法律责任

根据不同当事人承担民事法律责任的形式不同，《民法通则》第一百三十五条将承担民事责任的方式划分为十种，分别是：停止侵害，排除障碍，消除危险，返还财产，恢复原状，修理、重作、更换，赔偿损失，支付违约金，消除影响、恢复名誉，赔礼道歉。

《建筑法》中有九条规定了赔偿责任(第六十六条、第六十七条、第六十九条、第七十三条、第七十四条、第七十五条、第七十六条、第七十九条、第八十条)，其中第七十四条还规定了返工、修理责任。同时，在实体部分，也规定了赔偿、排除障碍、消除危险等责任形式(第三十五条、第四十一条、第五十五条、第六十条)。

（二）建筑行政法律责任

为了规范建筑活动，纠正各种建筑违法行为，加强监管力度，形成良好的建筑市场秩序，促进建筑业的健康发展，《建筑法》对最普遍、最大量的建筑行政违法行为作出了严格而明确的处罚规定。

1. 关于行政处分方面的规定

《建筑法》第六十八条、第七十七条、第七十九条规定了行政处分这种处罚方式。主要是在工程发包与承包中索贿、受贿、行贿的行政处分和有关部门颁发资质证书、施工许可证、工程质量合格证中玩忽职守、滥用职权、徇私舞弊的行政处分。

2. 关于行政处罚方面的规定

《建筑法》第六十四条至第七十九条共有16条对行政处罚作出了规定。具体明确了建筑行政法律责任中行政处罚的种类，应当处罚的违法行为，以及执行行政处罚的机关等。

（三）建筑刑事法律责任

为了加强对建筑活动的监督管理，维护市场秩序，消除建筑市场的腐败现象和不正之风，保证建筑工程质量和安全，减少工程质量和安全事故，《建筑法》共有11条规定了依法追究刑事法律责任的内容，主要体现在：第六十五条规定诈骗的刑事责任；第六十八条规定索贿、受贿、行贿构成犯罪的刑事责任；第六十九条规定降低工程质量标准的刑事责任；第七十条和第七十一条规定安全事故的刑事责任；第七十二条规定建设单位违反建筑工程质量和安全标准，降低工程质量的刑事责任；第七十三条规定建筑设计单位质量事故的刑事责任；第七十四条规定施工企业质量事故的刑事责任；第七十七条和第七十九条规定有关主管部门滥用职权或玩忽职守、徇私舞弊的刑事责任；第七十八条规定政府及有关主管部门限定招标单位的刑事责任。

二、建设单位违反《建筑法》的法律责任

1. 建设单位未取得施工许可证或者开工报告未经批准擅自施工的，责令改正。对不符合开工条件的责令停止施工，可以处以罚款；

2. 发包单位将工程发包给不具有相应资质条件的承包单位的，或者违反本法规定将建筑工程肢解发包的，责令改正，处以罚款；

3. 建设单位要求建筑设计单位或者建筑施工企业违反建筑工程质量、安全标准，降低工程质量的，责令改正，可以处以罚款；构成犯罪的，依法追究刑事责任。

三、勘察设计单位违反《建筑法》的法律责任

建筑设计单位不按照建筑工程质量、安全标准进行设计的，责令改正，处以罚款，造成工程质量事故的，责令停业整顿，降低资质等级或者吊销资质证书，没收违法所得，并处罚款；造成损失的，承担赔偿责任；构成犯罪的，依法追究刑事责任。

四、施工单位违反《建筑法》的法律责任

1. 施工单位超越本单位资质等级承揽工程的，责令停止违法行为，处以罚款，可以责令停业整顿，降低资质等级；情节严重的，吊销资质证书；有违法所得的，予以没收；未取得资质证书承揽工程的，予以取缔，并处罚款；有违法所得的，予以没收；以欺骗手段取得资质证书的，吊销资质证书，处以罚款；构成犯罪的，依法追究刑事责任。

2. 建筑施工企业转让、出借资质证书或者以其他方式允许他人以本企业的名义承揽工程的，责令改正，没收违法所得，并处罚款，可以责令停业整顿，降低资质等级；情节严重的，吊销资质证书。对因该项承揽工程不符合规定的质量标准造成的损失，建筑施工企业与使用本企业名义的单位或者个人承担连带赔偿责任。

3. 承包单位将承包的工程转包的，或者违反本法规定进行分包的，责令改正，没收违法所得，并处罚款，可以责令停业整顿，降低资质等级，情节严重的，吊销资质证书。

4. 建筑施工企业对建筑安全事故隐患不采取措施予以消除的，责令改正，可以处以罚款；情节严重的，责令停业整顿，降低资质等级或者吊销资质证书；构成犯罪的，依法追究刑事责任。

5. 建筑施工企业的管理人员违章指挥、强令职工冒险作业，因而发生重大伤亡事故或者造成其他严重后果的，依法追究刑事责任。

6. 建筑施工企业在施工中偷工减料的，使用不合格的建筑材料、建筑构配件和设备的，或者有其他不按照工程设计图纸或者施工技术标准施工的行为的，责令改正，处以罚款；情节严重的，责令停业整顿，降低资质等级或者吊销资质证书；造成建筑工程质量不符合规定的质量标准的，负责返工、修理，并赔偿因此造成的损失；构成犯罪的，依法追究刑事责任。

7. 建筑施工企业不履行保修义务或者拖延履行保修义务的，责令改正，可以处以罚款，并对在保修期内因屋顶、墙面渗漏、开裂等质量缺陷造成的损失，承担赔偿责任。

五、工程监理单位违反《建筑法》的法律责任

工程监理单位与建设单位或者建筑施工企业串通，弄虚作假、降低工程质量的，责令改正，处以罚款，降低资质等级或吊销资质证书；有违法所得的，予以没收；造成损失的，承担连带赔偿责任；构成犯罪的，依法追究刑事责任；转让监理业务的，责令改正，没收违法所得，可以责令停业整顿，降低资质等级；情节严重的，吊销资质证书。

六、建设行政主管部门违反《建筑法》的法律责任

1. 责令停业整顿、降低资质等级和吊销资质证书的行政处罚，由颁发资质证书的机关决定；其他行政处罚，由建设行政主管部门或者有关部门依照法律和国务院规定的职权范围决定。依照规定被吊销资质证书的，由工商行政管理部门吊销其营业执照。

2. 对不具备相应资质等级条件的单位颁发该等级资质证书的，由其上级机关责令收回所发的资质证书，对直接负责的主管人员和其他直接责任人员给予行政处分；构成犯罪的，依法追究刑事责任。

3. 政府及其所属部门的工作人员违反本法规定，限定发包单位将招标发包的工程发包给指定的承包单位的，由上级机关责令改正，构成犯罪的，依法追究刑事责任。

4. 负责颁发建筑工程施工许可证的部门及其工作人员对不符合施工条件的建筑工程颁发施工许可证的，负责工程质量监督检查或者竣工验收的部门及其工作人员对不合格的建筑工程出具质量合格文件或者按合格工程验收的，由上级机关责令改正，对责任人员给予行政处分；构成犯罪的，依法追究刑事责任，造成损失的，由该部门承担相应的赔偿责任。

七、其他主体违反《建筑法》的法律责任

1. 在工程发包与承包中索贿、受贿、行贿，构成犯罪的，依法追究刑事责任；不构成犯罪的，分别处以罚款，没收贿赂的财物，对直接负责的主管人员和其他直接责任人员给予处分。

对在工程承包中行贿的承包单位，除依照前款规定处罚外，可以责令停业整顿，降低

资质等级或者吊销资质证书。

2. 涉及建筑主体或者承重结构变动的装修工程擅自施工的，责令改正，处以罚款；造成损失的，承担赔偿责任；构成犯罪的，依法追究刑事责任。

3. 在建筑物的合理使用寿命内，因建筑工程质量不合格受到损害的，有权向责任者要求赔偿。

【本章小结】

本章主要对建筑法概述、建筑许可法律制度、建设工程发包与承包制度、建设工程监理法律制度、违反《建筑法》的法律责任等内容进行了阐述。

在建筑法概述中，介绍了建筑法的概念及调整对象、建筑法立法宗旨和适用范围、建筑法规的表现形式及其作用、《建筑法》基本制度等内容，要求学生重点掌握建筑法的概念与建筑法规的表现形式、《建筑法》基本制度等。

在建筑许可法律制度中，主要介绍了建筑工程报建制度、建筑工程施工许可、从业单位资格许可、专业技术人员执业资格许可等内容，重点掌握建筑工程施工许可、从业单位资格许可、专业技术人员执业资格许可等内容。

建设工程发包与承包法律制度中，主要介绍了建设工程发包与承包概述、建筑工程发包、建筑工程承包内容，重点掌握建设工程发包与承包的概念、条件以及发包与承包中的法律禁止性规定。

在建设工程监理法律制度中，主要介绍建设工程监理制的推行、建设工程委托监理合同、建设工程监理范围、依据和内容、对工程监理单位的法律要求、建设工程监理单位违反监理合同的责任。要使学生了解建设工程监理工作的任务是按照工程建设的先后程序可划分为四个阶段，即：建设前期阶段；设计阶段；施工阶段；交付使用后的保修阶段。每个阶段、各个环节都有具体的"三控制"、"三管理"、"一协调"的内容。

在违反《建筑法》的法律责任中，主要介绍建筑法律责任概述；建设单位、勘察设计单位、施工单位、工程监理单位、建设行政主管部门等违反《建筑法》后应承担的法律责任。

【复习思考】

1. 简述申领施工许可证的主体、时间与范围。
2. 建筑工程施工许可证领取的条件有哪些？
3. 从业单位需要具备哪些条件？
4. 房屋建筑工程施工总承包企业资质标准如何？
5. 房屋建筑工程施工总承包企业承包工程范围如何？
6. 《注册建造师管理规定》对建造师执业范围作了哪些规定？
7. 不予注册的情形有哪些？
8. 注册证书和执业印章失效的情形有哪些？
9. 什么情形下收回注册证书和执业印章？
10. 注册建造师的权利与义务有哪些？
11. 什么情形下，注册机关依据职权或者根据利害关系人的请求，可以撤销注册建造师的注册？
12. 建筑工程发包的行为规范有哪些？
13. 禁止建筑施工企业从事的行为有哪些？
14. 建筑工程承包的行为规范有哪些？
15. 《建筑法》对联合承包是如何规定的？
16. 建设工程监理范围如何？

17. 从事建设活动的单位违反《建筑法》应承担什么样的法律责任？

【课后练习】

- 单项选择

1. 某医院欲新建一办公大楼，该办公大楼由某城建集团承包建造，则施工许可证应由( )申领。
   A. 医院　　　　　　　　　　　　B. 城建集团
   C. 城建集团分包商　　　　　　　D. 医院或城建集团
2. 欣欣公司新建一职工宿舍，合同工期6个月，工程合同价1000万元人民币，原则上资金应到位( )方能领取施工许可证。
   A. 1000万元人民币　　　　　　　B. 500万元人民币
   C. 300万元人民币　　　　　　　 D. 100万元人民币
3. 某写字楼项目于2005年3月1日领取了施工许可证，若因故未能按期开工，应向发证机关申请延期，最多可延期( )次。
   A. 1　　　　B. 2　　　　C. 3　　　　D. 4
4. 某写字楼项目于2005年3月1日领取了施工许可证，若因故未能按期开工，应向发证机关申请延期，最多可延期至( )。
   A. 2005年6月1日　B. 2005年9月1日　C. 2005年12月1日　D. 2006年3月1日
5. 根据《建筑法》的规定，在建的建筑工程因故中止施工的，( )应当及时向施工许可证发证机关报告，并按照规定做好建筑工程的维护管理工作。
   A. 施工单位　　　B. 建设单位　　　C. 监理单位　　　D. 设计单位
6. 根据《建筑法》的规定，在建的建筑工程因故中止施工的，中止施工满一年的工程恢复施工前，( )应当报施工许可证发证机关核验施工许可证。
   A. 施工单位　　　B. 建设单位　　　C. 监理单位　　　D. 设计单位
7. 从事建筑工程活动的企业或单位，应当向( )申请设立登记。
   A. 工商行政管理部门　　　　　　B. 建设行政主管部门
   C. 县级以上人民政府　　　　　　D. 市级以上人民政府
8. 从事建筑工程活动的企业或单位，由( )审查，颁发资格证书。
   A. 工商行政管理部门　　　　　　B. 建设行政主管部门
   C. 县级以上人民政府　　　　　　D. 市级以上人民政府
9. 下列人员中，( )不属于建筑工程的从业人员。
   A. 注册建筑师　　　　　　　　　B. 注册结构工程师
   C. 注册资产评估师　　　　　　　D. 注册建造师
10. 建设单位必须在建设工程( )，向建设行政主管部门或其授权的部门办理工程报建登记手续。
    A. 立项批准后，工程发包前
    B. 工程发包后，正式开工前
    C. 施工图审查通过后，获得施工许可证之前
    D. 开工之后15天内
11. 甲、乙、丙三家为同一专业的承包单位，甲、乙、丙的资质等级依次为一级、二级、三级。当三家单位实行联合共同承包时，应按( )的业务许可范围承揽工程。
    A. 甲　　　　B. 乙　　　　C. 丙　　　　D. 甲或丙
12. 实行施工总承包的，建筑工程( )的施工必须由总承包单位自行完成。
    A. 基础工程　　　B. 主体工程　　　C. 装饰工程　　　D. 安装工程
13. 有关总包分包的责任承担表述不正确的是( )。

A. 总承包单位按照总承包合同的约定对建设单位负责
   B. 分包单位按照分包合同的约定对总承包单位负责
   C. 总承包单位和分包单位就分包工程对建设单位承担连带责任
   D. 总承包单位和分包单位就分包工程对建设单位承担各自的责任
14. 根据《建筑法》，下列有关监理的说法正确的是( )。
   A. 建设工程监理企业可以将监理业务部分转让给别的监理企业
   B. 由于监理工作的失误给建设单位造成的损失由承包商承担
   C. 建设工程监理企业可以与承包商隶属于一家单位的不同部门
   D. 监理的权限要视建设单位的委托而定
15. 根据《建筑法》的规定，工程监理单位( )转让工程监理业务。
   A. 可以   B. 经建设单位允许可以
   C. 不得   D. 经建设行政主管部门允许可以

● 多项选择
1. 某公司改建办公大楼，该工程由某建筑集团承建，根据《建筑法》关于施工许可证的有关规定，下列说法正确的有( )。
   A. 该工程无需领取施工许可证
   B. 应由该公司向建设行政主管部门申请领取施工许可证
   C. 应由该建筑集团向建设行政主管部门申请领取施工许可证
   D. 即使未领取施工许可证，该工程也可以开工
   E. 未领取施工许可证，该工程不得开工
2. 大华公司新建某商业中心项目，选址在市中心商业区，建设工期约两年。根据《建筑工程施工许可管理办法》，大华公司领取施工许可证必须( )。
   A. 已办理建筑工程用地批准手续   B. 已经取得建设工程规划许可证
   C. 已经确定施工企业   D. 建设资金到位合同价的50%
   E. 建设资金到位合同价的25%
3. 恒源进出口贸易公司的办公楼建设项目已于2004年6月1日领取施工许可证。根据《建筑法》关于施工许可的有关规定，下列说法正确的有( )。
   A. 该项目应在2004年7月1日前开工
   B. 该项目应在2004年8月1日前开工
   C. 该项目应在2004年9月1日前开工
   D. 若因故未能按期开工，恒源公司应向发证机关申请延期
   E. 若恒源公司申请延期，则每次延期可达半年
4. 下面的条件中不属于申请施工许可证必须具备的条件的是( )。
   A. 已经办理该建筑工程用地批准手续   B. 需要拆迁的，拆迁工作已经全部完成
   C. 有满足施工需要的施工图纸   D. 按规定已经委托了监理
   E. 建设资金已全部到位
5. 下列关于施工许可证的说法正确的是( )。
   A. 施工许可证由建设单位去申请领取   B. 施工许可证由施工单位去申请领取
   C. 应当自领取施工许可证后3个月内开工 D. 应当自领取施工许可证后1个月内开工
   E. 因故不能按期开工的，施工单位应该向建设单位申请延期
6. 下列做法中( )不符合建筑法关于建筑工程发承包的规定。
   A. 发包单位将应当由一个承包单位完成的建筑工程肢解成若干部分发包给几个承包单位

B. 某建筑施工企业超越本企业资质等级许可的业务范围承揽工程
C. 某建筑施工企业将其承包的全部建筑工程肢解以后,以分包的名义分别转包给他人
D. 发包单位将建筑工程的勘察、设计、施工、设备采购一并发包给一个工程总承包单位
E. 某建筑施工企业将所承包工程主体结构的施工分包给其他单位

7. (　　)建筑工程,可以由两个以上的承包单位联合共同承包。
   A. 大型　　　　　B. 大中型　　　　　C. 中小型　　　　　D. 结构复杂的
   E. 结构特别的

【案例分析】

A公司因建生产厂房与B公司签订了工程总承包合同。其后,经A公司同意,B将工程勘查设计任务和施工任务分别发包给C设计单位和D建筑公司,并各自签订书面合同。合同约定由D根据C提供的设计图纸进行施工,工程竣工时依据国家有关规定、设计图纸进行质量验收。合同签订后,C按时交付设计图纸,D依照图纸进行施工。工程竣工后,A会同有关质量监督部门对工程进行验收,发现工程存在严重质量问题,是由于C未对现场进行仔细勘查,设计不符合规范所致。A公司遭受重大损失,但C称与A不存在合同关系拒绝承担责任,B以自己不是设计人为由也拒绝赔偿。

【问题】
(1) A、B、C、D各单位在承发包合同中各自身份是什么?
(2) B公司发包工程项目的做法是否符合法律规定?
(3) B公司、C公司拒绝承担责任的理由是否充分?为什么?

【解析】
(1) 本案中,A是公司发包人,B公司是总承包人,C、D公司是分包人。
(2) 本案中B公司作为总承包人不自行施工,而将工程全部转包他人,虽经发包人同意,但违反《建筑法》第28条的禁止性规定,其分别与C单位、D公司所签订的两个分包合同是无效的。
(3) 对工程质量问题,B公司作为总承包人应承担责任,C单位、D公司也应该依法分别向发包人A公司承担责任。B公司、C公司拒绝承担责任的理由违反了《建筑法》第二十九条的规定,因此B公司与C公司应承担连带责任。

第三章 建设工程招标投标法律制度

学习目标
1. 熟悉招标投标活动应遵循的基本原则
2. 了解招标、投标、开标、评标程序
3. 熟悉招标方式及招标公告的发布方式和开标方式
4. 熟悉工程建设项目招标代理机构的资格认定
5. 掌握自行招标的概念、条件及代理招标的概念与条件
6. 区分各方主体招标投标的法律责任

学习重点
1. 重点掌握招标人、投标人的资格条件
2. 重点掌握公开招标与邀请招标的区别
3. 掌握中标人、联合体投标的概念
4. 掌握中标通知书的发出及法律效力

第一节 招标投标与招标投标法概述

一、招标投标与招标投标法的概念

1. 招标投标的概念

招标投标,是指在市场经济条件下进行大宗货物、工程以及服务的采购与提供时,招标人提出招标条件,投标人投标竞争获得交易资格的行为。货物是指各种形态和种类的物品,包括原材料、燃料、设备、产品等。工程是指建设工程,包括建筑物和构筑物的新建、改建、扩建、装修、拆除、修缮等。服务是指为他人利益或为某种事业进行的工作,如工程监理、科研服务、保险、金融、出版等。

2. 招标投标法的概念

广义的招标投标法是调整在招标投标过程中产生的各种关系的法律规范的总称。狭义的招标投标法是1999年8月30日第九届全国人民代表大会常务委员会第十一次会议通过《中华人民共和国招标投标法》(以下简称《招标投标法》)。《招标投标法》是规范市场活动的重要法律之一,是招标投标法律体系中的基本法律,共六章六十八条,《招标投标法》于2000年1月1日施行。

目前我国有关招标投标的法律、法规和规章主要有:1999年4月17日财政部发布的《政府采购管理暂行办法》,1999年8月30日第九届全国人民代表大会常务委员会第十一次会议通过的《中华人民共和国招标投标法》,2000年5月1日国家发展计划委员会发布的《工程建设项目招标范围和规模标准规定》,2001年6月1日建设部颁布的《房屋建

筑和市政基础设施工程施工招标投标管理办法》，2000年7月1日国家计委颁布的《工程建设项目自行招标试行办法》，2001年7月5日国家计委、国家经贸委、建设部、铁道部、交通部、信息产业部、水利部联合颁布的《评标委员会和评标方法暂行规定》，2002年6月29日第九届全国人民代表大会常务委员会通过的《中华人民共和国政府采购法》，2003年3月8日国家计委、建设部、铁道部、交通部、信息产业部、水利部、中国民用航空总局联合颁布的《工程建设项目施工招标投标办法》，2007年1月11日建设部颁布2007年3月1日起施行的《工程建设项目招标代理机构资格认定办法》等。

二、招标投标活动的基本原则

《招标投标法》第五条规定了招标投标活动必须遵循的基本原则，即"公开、公平、公正和诚实信用"的原则。这是招标投标活动必须遵循的最基本的原则，违反了这一基本原则，招标投标活动就失去了本来的意义。招标投标法有关招标投标的各项规定，都是为了保证这一基本原则的实现而制定的。

（一）公开原则

公开原则，就是要求招标投标活动具有较高的透明度，实行招标信息、招标程序、招标结果公开。

1. 信息公开

采用公开招标方式的，招标方应通过国家指定的报刊、信息网络或者其他公共媒介发布招标公告；采取邀请招标方式的，招标方应当向三个以上具备承担招标项目的能力、资信良好的特定的法人或其他组织发出投标邀请书。

2. 开标公开

开标应当公开进行，开标的时间和地点应当与招标文件中预先确定的相一致。开标由招标人主持，邀请所有投标人和有关单位代表参加。招标人在招标文件要求提交投标文件的截止时间前收到的所有投标文件，开标时都应当众予以拆封、宣读，并作好记录，存档备查。

3. 评标公开

评标的标准和办法应当在提供给所有投标人的招标文件中载明，评标应严格按照招标文件确定的标准和办法进行，不得采用招标文件未列明的任何标准。招标人不得与投标人就投标价格、投标方案等实质性内容进行谈判。

4. 中标结果公开

确定中标人后，招标人应当向中标人发出通知书，同时将中标结果通知所有未中标的投标人。中标通知书对招标人和中标人都具有法律效力。中标通知书发出后，招标人改变中标结果的，或者中标人放弃中标项目的，均应当承担法律责任。对于未中标的其他投标人对招标投标活动中不符合《招标投标法》有关规定的，或对中标结果有异议的，有权向招标人提出或向有关行政监督部门投诉。

（二）公平原则

公平原则要求给予所有投标人平等的机会，使其享有同等的权利，履行同等的义务。不能有意排斥、歧视任何一方。而投标人不得采用不正当竞争手段参加投标竞争。

对于招标人，应向所有的潜在投标人提供相同的招标信息；招标人不得以不合理的条件限制或者排斥潜在投标人，不得对潜在投标人实行歧视待遇；招标文件不得要求或者标明特定的生产供应者以及含有倾向或者排斥潜在投标人的其他内容；招标人不得向他人透露已获取招标文件的潜在投标人的名称、数量以及可能影响公平竞争的有关招标投标的其他情况；招标人不得限制投标人之间的竞争；所有投标人都有权参加开标会；所有在投标截止时间前收到的投标文件都应当在开标时当众拆封、宣读。

对于投标人，不得相互串通投标报价，不得排斥其他投标人的公平竞争，损害招标人或者其他投标人的合法权益；投标人不得与招标人串通投标，损害国家利益、社会公共利益或者他人的合法权益。

对于招投标双方来说，在采购活动中双方的地位平等，任何一方不得向另一方提出不合理的要求，不得将自己的意志强加给对方。

（三）公正原则

公正原则就是要求在招标投标活动中，评标结果要公正。评标时对所有投标者一视同仁，严格按照事先公布的标准和规则统一对待各方。

值得注意的是公正原则与公平原则有共同点也有不同点：招标投标活动的公正原则与公平原则的共同之处在于创造一个公平合理、平等竞争的投标机会。其不同之处在于二者的着重点不同，公平原则更侧重于从投标者的角度出发，考察是不是所有的投标人都处于同一个起跑线上。而公正原则更侧重于从招标人和评标委员会的角度出发，考察是不是对每一个投标人都给予了公正的待遇。

（四）诚实信用原则

诚实信用原则就是要求招标投标当事人应以诚实、守信的态度行使权利，履行义务，处理自身利益与社会利益的平衡。在当事人之间的利益关系中，诚信原则要求尊重他人利益，在当事人与社会的利益关系中，诚信原则要求当事人不得通过自己的活动损害第三人和社会的利益，必须在法律范围内以符合其社会经济目的的方式行使自己的权利。

三、工程建设项目招标范围和规模标准

《招标投标法》、《工程建设项目招标范围和规模标准规定》等法律法规和规章都对强制招标的范围和规模作了明确规定，同时，《招标投标法》、《工程建设项目施工招标投标办法》等法律、法规和规章对可以不招标的项目也作了明确的规定。因此，我国招标投标是采用强制招标与自愿招标相结合的原则。

（一）工程建设项目招标范围

1. 大型基础设施、公用事业等关系社会公共利益、公众安全的项目

根据国家发展计划委员会 2000 年 5 月 1 日发布的第 3 号令《工程建设项目招标范围和规模标准规定》，关系社会公共利益、公众安全的基础设施项目的范围包括：①煤炭、石油、天然气、电力、新能源等能源项目；②铁路、公路、管道、水运、航空以及其他交通运输业等交通运输项目；③邮政、电信枢纽、通信、信息网络等邮电通信项目；④防洪、灌溉、排涝、引（洪）水、滩涂治理、水土保持、水利枢纽等水利项目；⑤道路、桥梁、地铁和轻轨交通、污水排放及处理、垃圾处理、地下管道、公共停车场等城市设施项目；⑥生态环境保持项目；⑦其他基础设施项目。

根据国家发展计划委员会 2000 年 5 月 1 日发布的第 3 号令《工程建设项目招标范围和规模标准规定》，关系社会公共利益、公共安全的公用事业项目的范围包括：①供水、供电、供气、供热等市政工程项目；②科技、教育、文化等项目；③体育、旅游等项目；

④卫生、社会福利等项目；⑤商品住宅，包括经济适用住房；⑥其他公用事业项目。

2. 全部或者部分使用国有资金投资或者国家融资的项目

根据《工程建设项目招标范围和规模标准规定》，使用国有资金投资项目的范围包括：①使用各级财政预算资金的项目；②使用纳入财政管理的各种政府性专项建设基金的项目；③使用国有企业事业单位自有资金，并且国有资产投资者实际拥有控制权的项目。

根据《工程建设项目招标范围和规模标准规定》，国家融资项目的范围包括：①使用国家发行债券所筹资金的项目；②使用国家对外借款或者担保所筹资金的项目；③使用国家政策性贷款的项目（例如，使用国家开发银行、中国农业发展银行、中国进出口银行等政策性银行贷款）；④国家授权投资主体融资对象；⑤国家特许的融资项目。

3. 使用国际组织或者外国政府资金的项目

根据《工程建设项目招标范围和规模标准规定》，使用国际组织或者外国政府资金的项目的范围包括：①使用世界银行、亚洲开发银行等国际组织贷款的项目；②使用外国政府及其机构贷款的项目；③使用国际组织和外国政府资金的项目。

（二）工程建设项目招标规模标准

《工程建设项目招标范围和规模标准规定》规定的上述各类工程建设项目，包括项目的勘察、设计、施工、监理以及与工程建设有关的重要设备、材料等的采购，达到下列标准之一的，必须进行招标：

1. 施工单项合同估算价在 200 万元人民币以上的；
2. 重要设备、材料等货物的采购，单项合同估算价在 100 万元人民币以上的；
3. 勘察、设计、监理等服务的采购，单项合同估算价在 50 万元人民币以上的；
4. 单项合同估算价低于第 1、2、3 项规定的标准，但项目总投资额在 3000 万元人民币以上的。

（三）可以不进行招标的项目

2003 年 3 月 8 日国家计委（现国家发改委）、建设部、铁道部、交通部、信息产业部、水利部、中国民用航空总局联合颁布的《工程建设项目施工招标投标办法》，进一步明确了可以不进行施工招标的项目：

1. 涉及国家安全、国家秘密或者抢险救灾而不适宜招标的；
2. 属于利用扶贫资金实行以工代赈需要使用农民工的；
3. 施工主要技术采用特定的专利或者专有技术的；
4. 施工企业自建自用的工程，且该施工企业资质等级符合工程要求的；
5. 在建工程追加的附属小型工程或者主体加层工程，原中标人仍具备承包能力的；
6. 法律、行政法规规定的其他情形。但需要审批的工程建设项目，仍需要审批部门批准后，才可不进行施工招标。

第二节 建设工程招标

建设工程招标是整个工程招标投标过程的第一个环节，也是对建设工程投标、评标、定标有直接影响的环节，所以在《招标投标法》中对这个环节确立了一系列的明确的规范。

一、招标人

《招标投标法》第八条规定："招标人是指依照招标投标法的规定提出招标项目、进行招标的法人或其他组织。"建筑工程招标发包的招标人，通常为该项建筑工程的投资人即业主；对于国家投资的经营性基本建设项目，由依法设立的项目法人作为招标人，非经营性基本建设项目，则由项目的建设单位作为招标人。正确理解法律意义上的招标人的含义，应当把握以下几点：

1. 招标人应当是法人或者其他组织，而自然人则不能成为该法意义上的招标人。根据我国《民法通则》的有关规定，法人是指具有民事权利能力和民事行为能力，依法独立享有民事权利和承担民事义务的组织。其他组织，是指除法人以外的不具备法人条件的其他实体，包括合伙企业、个人独资企业和外国企业以及企业的分支机构等。

2. 依法提出招标项目。这里有两层含义：一是要提出招标项目，即根据招标人的实际情况以及《招标投标法》的有关规定确定需要招标的具体项目，办理有关审批手续，落实项目的资金来源等。二是进行招标，即根据《招标投标法》规定的程序和实质内容确定招标方式，编制招标文件，发布招标公告，审查潜在投标人资格，进行开标、评标、确定中标人及订立书面合同等。

二、招标条件

根据《招标投标法》第九条、《房屋建筑和市政基础设施工程施工招标投标管理办法》第九条和《工程建设项目施工招标投标办法》第八条的规定，依法必须招标的工程建设项目，应当具备下列条件才能进行施工招标：

1. 招标人已经依法成立；
2. 初步设计及概算应当履行审批手续的，已经批准；
3. 招标范围、招标方式和招标组织形式等应当履行核准手续的，已经核准；
4. 有相应资金或资金来源已经落实；
5. 有招标所需的设计图纸及技术资料；
6. 法律法规规定的其他条件。

三、自行招标与代理招标

从招标行为实施主体的自主性来看，招标有自行招标和代理招标两种。

1. 自行招标

自行招标指的是招标人独自进行的招标活动。国家发展计划委员会（现国家发展与改革委员会）于2000年7月1日发布了《工程建设项目自行招标试行办法》。该《办法》第四条对自行招标必须具备的条件做出了规定：①具有项目法人资格（或者法人资格）；②具有与招标项目规模和复杂程度相适应的工程技术、概预算、财务和工程管理等方面专业技术力量；③有从事同类工程建设项目招标的经验；④设有专门的招标机构或者拥有3名以上专职招标业务人员；⑤熟悉和掌握招标投标法及有关法规规章。

招标人符合法律规定的自行招标条件的，可以自行办理招标事宜。任何单位和个人不得强制其委托招标代理机构办理招标事宜。

2. 代理招标和工程招标代理机构

招标人不具备自行招标能力的，必须委托相应招标代理机构代为办理招标事宜。这既是保证工程招标质量和效率的客观需要,也是符合国际惯例的通行做法。《招标投标法》、《工程建设项目招标代理机构资格认定办法》对工程招标代理机构应当具备的条件、资格认定及其管理等做出了规定。

所谓代理招标,是指招标代理机构接受招标人的委托,代为办理招标事宜。

工程招标代理机构,是指接受招标人的委托,从事工程的勘察、设计、施工、监理以及与工程建设有关的重要设备(进口机电设备除外)、材料采购招标的代理业务的社会中介组织。

1) 工程招标代理机构的资格认定

国务院建设主管部门负责全国工程招标代理机构资格认定的管理。省、自治区、直辖市人民政府建设主管部门负责本行政区域内的工程招标代理机构资格认定的管理。从事工程招标代理业务的机构,应当依法取得国务院建设主管部门或者省、自治区、直辖市人民政府建设主管部门认定的工程招标代理机构资格,并在其资格许可的范围内从事相应的工程招标代理业务。

工程招标代理机构资格分为甲级、乙级和暂定级。甲级工程招标代理机构资格由国务院建设主管部门认定。乙级、暂定级工程招标代理机构资格由工商注册所在地的省、自治区、直辖市人民政府建设主管部门认定。

2) 工程招标代理机构必须具备的条件

根据《工程建设项目招标代理机构资格认定办法》(以下简称《资格认定办法》)第八条的规定,申请工程招标代理资格的机构应当具备下列条件:

① 是依法设立的中介组织,具有独立法人资格;
② 与行政机关和其他国家机关没有行政隶属关系或者其他利益关系;
③ 有固定的营业场所和开展工程招标代理业务所需设施及办公条件;
④ 有健全的组织机构和内部管理的规章制度;
⑤ 具备编制招标文件和组织评标的相应专业力量;
⑥ 具有可以作为评标委员会成员人选的技术、经济等方面的专家库;
⑦ 法律、行政法规规定的其他条件。

工程招标代理机构分为甲级、乙级与暂定级。

(1) 甲级工程招标代理机构的条件

根据《资格认定办法》第九条规定,申请甲级工程招标代理资格的机构,除具备《资格认定办法》第八条规定的条件外,还应当具备下列条件:

① 取得乙级工程招标代理资格满3年;
② 近3年内累计工程招标代理中标金额在16亿元人民币以上(以中标通知书为依据,下同);
③ 具有中级以上职称的工程招标代理机构专职人员不少于20人,其中具有工程建设类注册执业资格人员不少于10人(其中注册造价工程师不少于5人),从事工程招标代理业务3年以上的人员不少于10人;
④ 技术经济负责人为本机构专职人员,具有10年以上从事工程管理的经验,具有高级技术经济职称和工程建设类注册执业资格;
⑤ 注册资本金不少于200万元。

(2) 乙级工程招标代理机构的条件

根据《资格认定办法》第十条规定，申请乙级工程招标代理资格的机构，除具备《资格认定办法》第八条规定的条件外，还应当具备下列条件：

① 取得暂定级工程招标代理资格满1年；

② 近3年内累计工程招标代理中标金额在8亿元人民币以上；

③ 具有中级以上职称的工程招标代理机构专职人员不少于12人，其中具有工程建设类注册执业资格人员不少于6人(其中注册造价工程师不少于3人)，从事工程招标代理业务3年以上的人员不少于6人；

④ 技术经济负责人为本机构专职人员，具有8年以上从事工程管理的经历，具有高级技术经济职称和工程建设类注册执业资格；

⑤ 注册资本金不少于100万元。

(3) 暂定级工程招标代理机构的条件

根据《资格认定办法》第十一条规定，新设立的工程招标代理机构具备第八条和第十条第③、④、⑤项条件的，可以申请暂定级工程招标代理资格。

3) 工程招标代理机构的业务范围

工程招标代理机构可以跨省、自治区、直辖市承担工程招标代理业务。任何单位和个人不得限制或者排斥工程招标代理机构依法开展工程招标代理业务。

甲级工程招标代理机构可以承担各类工程的招标代理业务。乙级工程招标代理机构只能承担工程总投资1亿元人民币以下的工程招标代理业务。暂定级工程招标代理机构，只能承担工程总投资6000万元人民币以下的工程招标代理业务。

招标代理机构可以在其资格等级范围内承担下列招标事宜：拟订招标方案，编制和出售招标文件、资格预审文件；审查投标人资格；编制标底；组织投标人踏勘现场；组织开标、评标，协助招标人定标；草拟合同；招标人委托的其他事项。

工程招标代理机构应当与招标人签订书面合同，在合同约定的范围内实施代理，并按照国家有关规定收取费用；超出合同约定实施代理的，依法承担民事责任。

4) 工程招标代理机构的管理

工程招标代理机构在工程招标代理活动中不得有下列行为：

(1) 与所代理招标工程的招投标人有隶属关系、合作经营关系以及其他利益关系；

(2) 从事同一工程的招标代理和投标咨询活动；

(3) 超越资格许可范围承担工程招标代理业务；

(4) 明知委托事项违法而进行代理；

(5) 采取行贿、提供回扣或者给予其他不正当利益等手段承接工程招标代理业务；

(6) 未经招标人书面同意，转让工程招标代理业务；

(7) 泄露应当保密的与招标投标活动有关的情况和资料；

(8) 与招标人或者投标人串通，损害国家利益、社会公共利益和他人合法权益；

(9) 对有关行政监督部门依法责令改正的决定拒不执行或者以弄虚作假方式隐瞒真相；

(10) 擅自修改经招标人同意并加盖了招标人公章的工程招标代理成果文件；

(11) 涂改、倒卖、出租、出借或者以其他形式非法转让工程招标代理资格证书；

(12) 法律、法规和规章禁止的其他行为。

国务院建设主管部门和省、自治区、直辖市建设主管部门应当通过核查工程招标代理机构从业人员、经营业绩、市场行为、代理质量状况等情况，加强对工程招标代理机构资格的管理。

建设主管部门应当建立工程招标代理机构信用档案，并向社会公示。

工程招标代理机构应当按照有关规定，向资格许可机关提供真实、准确、完整的企业信用档案信息。工程招标代理机构的信用档案信息应当包括机构基本情况、业绩、工程质量和安全、合同违约等情况。其违反规定的行为、被投诉举报处理的违法行为、行政处罚等情况应当作为不良行为记入其信用档案。

5) 工程招标代理资格的撤回、撤销与注销

(1) 工程招标代理资格的撤回

工程招标代理机构取得工程招标代理资格后，不再符合相应条件的，建设主管部门根据利害关系人的请求或者依据职权，可以责令其限期改正；逾期不改的，资格许可机关可以撤回其工程招标代理资格。被撤回工程招标代理资格的，可以按照其实际达到的条件，向资格许可机关提出重新核定工程招标代理资格的申请。

(2) 工程招标代理资格的撤销

有下列情形之一的，资格许可机关或者其上级机关，根据利害关系人的请求或者依据职权，可以撤销工程招标代理资格：

① 资格许可机关工作人员滥用职权、玩忽职守作出准予资格许可的；
② 超越法定职权作出准予资格许可的；
③ 违反法定程序作出准予资格许可的；
④ 对不符合许可条件的申请作出资格许可的；
⑤ 依法可以撤销工程招标代理资格的其他情形。

以欺骗、贿赂等不正当手段取得工程招标代理资格证书的，应当予以撤销。

(3) 工程招标代理资格的注销

有下列情形之一的，资格许可机关应当依法注销工程招标代理机构资格，并公告其资格证书作废，工程招标代理机构应当及时将资格证书交回资格许可机关：

① 资格证书有效期届满未依法申请延续的；
② 工程招标代理机构依法终止的；
③ 资格证书被撤销、撤回，或者吊销的；
④ 法律、法规规定的应当注销资格的其他情形。

四、招标方式

《招标投标法》中规定的招标方式一般有两种：公开招标与邀请招标。

(一) 公开招标

公开招标也称无限竞争性招标，是指招标人以招标公告的方式邀请不特定的法人或者其他组织招标的方式。

采用这种招标方式可为所有的承包商提供一个平等竞争的机会，业主有较大的选择余地，有利于降低工程造价，提高工程质量和缩短工期。不过，这种招标方式可能导致招标人对资格预审和评标工作量增大，招标费用支出增加；同时也使投标人中标几率减小，从

而增加其投标前期风险。

（二）邀请招标

邀请招标又称为有限竞争性招标，是指招标人根据自己的经验和所掌握的信息资料以投标邀请书的方式邀请特定的法人或者其他组织投标。采用这种招标方式，由于被邀请参加竞争的投标者人数有限、目标集中，不仅可以节省招标费用，而且能提高每个招标者的中标几率，所以对于招标、投标双方都有利。但由于选择范围小，致使竞争性较差。

《工程建设项目施工招标投标办法》第十一条规定：国务院发展计划部门确定的国家重点建设项目和各省、自治区、直辖市人民政府确定的地方重点建设项目，以及全部使用国有资金投资或者国有资金投资占控股或者主导地位的工程建设项目，应当公开招标；有下列情形之一的，经批准可以进行邀请招标：

1）项目技术复杂或有特殊要求，只有少量几家潜在投标人可供选择的；
2）受自然地域环境限制的；
3）涉及国家安全、国家秘密或者抢险救灾，适宜招标但不宜公开招标的；
4）拟公开招标的费用与项目的价值相比，不值得的；
5）法律、法规规定不宜公开招标的。

国家重点建设项目的邀请招标，应当经国务院发展计划部门批准；地方重点建设项目的邀请招标，应当经各省、自治区、直辖市人民政府批准。

全部使用国有资金投资或者国有资金投资占控股或者主导地位的并需要审批的工程建设项目的邀请招标，应当经项目审批部门批准，但项目审批部门只审批立项的，由有关行政监督部门批准。

（三）公开招标与邀请招标的区别

1．发布信息的方式不同。公开招标是发布招标公告，邀请招标是发布投标邀请书。

2．选择承包人的范围不同。公开招标是面向全社会的，一切潜在的对招标项目感兴趣的法人和其他经济组织都可参加投标竞争，其竞争性体现得最为充分，招标人拥有绝对的选择余地，但他事先不能掌握投标人的数量。邀请招标所针对的对象是事先已了解的法人或其他经济组织，投标人的数目有限，其竞争性是不完全充分的，招标人的选择范围相对较小，它可能漏掉在技术上或报价上更有竞争力的承包商或供应商。

3．公开的程度不同。公开招标中，所有的活动都必须严格按照预先指定并为大家所知的程序及标准公开进行，其作弊的可能性大大减小；而邀请招标的公开程度就相对逊色一些，产生不法行为的机会也就多一些。

4．时间和费用不同。由于公开招标程序比较复杂，投标人的数量没有限定，所以其时间和费用都相对较多。而邀请招标只在有限的投标人中进行，所以其时间可大大缩短，费用也可有所减少。

五、招标程序

根据《招标投标法》和《工程建设项目施工招标投标办法》的规定，招标程序如下：

1．成立招标组织，由招标人自行招标或委托招标；

2. 编制招标文件和标底(如果有);

3. 发布招标公告或发出投标邀请书;

4. 对潜在投标人进行资质审查,并将审查结果通知各潜在投标人;

5. 发售招标文件;

6. 组织投标人踏勘现场,并对招标文件答疑;

7. 确定投标人编制投标文件所需要的合理时间;

8. 接受投标书;

9. 开标;

10. 评标;

11. 定标、签发中标通知书;

12. 签订合同。

六、编制招标文件和标底

(一) 编制招标文件

《招标投标法》第十九条规定,招标人应当根据招标项目的特点和需要编制招标文件。招标文件应当包括招标项目的技术要求、对投标人资格审查的标准和评标标准等所有实质性要求和条件以及拟签订合同的主要条款。国家对招标项目的技术、标准有规定的,招标人应当按照其规定在招标文件中提出相应要求。招标项目需要划分标段、确定工期的,投标人应当合理划分标段、确定工期,并在招标文件中载明。

《工程建设项目施工招标投标办法》第二十四条规定,招标人根据施工招标项目的特点和需要编制招标文件。《标准施工招标文件》(2007年版)中规定,招标文件包括:

1. 招标公告(或投标邀请书);

2. 投标人须知;

3. 评标办法;

4. 合同条款及格式;

5. 工程量清单;

6. 图纸;

7. 技术标准和要求;

8. 投标文件格式;

9. 投标人须知前附表规定的其他材料。

(二) 编制标底

在招标过程中,建设单位对拟建的工程项目自己或请工程咨询公司事先计算出建成该项目工程所需的全部资金额,这个资金额的数据就称为标底。

根据2001年11月5日建设部令第107号发布的《建筑工程施工发包与承包计价管理办法》(2001年12月1日起施行),结合有关标准范本和工程实践,编制工程标底应遵守如下规定:

1. 标底的价格编制原则

1) 标底价应由具有编制招标文件能力的招标人或其委托的具有相应资质的工程造价咨询机构、招标代理机构编制。

2) 招标标底编制的依据为:国务院和省、自治区、直辖市人民政府建设行政主管部门制定的工程造价计价办法以及其他有关规定；市场价格信息。

3）标底的计价内容、计价依据应与招标文件的规定完全一致。

4）标底价格作为招标单位的期望计划价，应力求与市场的实际变化吻合，要有利于竞争和保证工程质量。

5）标底价格应由成本（直接费、间接费）、利润、税金等组成，一般应控制在批准的总概算（或修正概算）及投资包干的限额内。

6）一个工程只能有一个标底。

2. 标底的保密

《招标投标法》第二十二条第二款规定："招标人设有标底的，标底必须保密。"我国工程建设领域，标底仍然得到普遍的应用。在实践中，投标价格是否接近标底价格仍然是投标人能否中标的一个重要的条件。这是由于标底在投标中的重要作用，使一些投标人为了中标，想方设法地打听标底，由此产生的违法问题也屡见不鲜。因此，招标人必须依照法律规定，对标底进行保密。

经济发达国家广泛使用无标底招标，目前在我国上海、深圳、杭州、沈阳等地也开始试行无标底招标。

七、发布招标公告

1. 招标公告的概念

招标公告是招标人以公告方式邀请不特定的潜在投标人就招标项目参加投标的意思表示。公开招标的招标信息必须通过公告的途径予以通知，使所有合格的投标人都有同等机会了解招标要求。招标公告是公开招标的第一步，也是决定竞争的广泛程度，保证招标质量的关键性一步。招标公告的作用是让潜在投标人获得招标信息，以便进行项目筛选，确定是否参与竞争。因此，对公告发布的方式做出法律规定是十分必要的。

2. 招标公告的发布方式

依法必须进行招标的项目的招标公告，应当通过国家指定的报刊、信息网络或者其他媒介发布。国内招标公告应使用中国文字，国际招标公告还应同时使用英文或相关国家的文字。国际招标还可以在发布招标公告的同时，向有关国家的使馆或驻招标国的外国机构发出通知。"国家指定"主要是指由法律、行政法规做出的规定。2000年7月1日国家发展计划委员会第4号令发布了《招标公告发布暂行办法》，同时指定《中国日报》、《中国经济导报》、《中国建设报》、《中国采购与招标网》（http：//www.Chinabidding.com.cn）为发布依法必须招标项目的招标公告的媒介。其中，依法必须招标的国际招标项目的招标公告应在《中国日报》发布。随着科学技术的发展，可能还会出现一些新的发布方式，为此，《招标投标法》第十六条规定了"其他媒介"，作为报刊和信息网络的补充。

3. 招标公告的主要内容

招标公告的主要目的是发布招标项目的有关信息，使那些有兴趣的潜在投标人知道与项目有关的主要情况，来决定其是否参加投标。因此，招标公告的内容对潜在投标人是至关重要的。

1）施工招标公告的主要内容

根据《工程建设项目施工招标投标办法》第十四条的规定，施工招标的招标公告或者投标邀请书应当至少载明下列内容：①招标人的名称和地址；②招标项目的内容、规模、资金来源；③招标项目的实施地点和工期；④获取招标文件或者资格预审文件的地点和时间；⑤对招标文件或者资格预审文件收取的费用；⑥对投标人的资质等级的要求。

2) 设计招标公告的主要内容

根据《建筑工程设计招标投标管理办法》第八条的规定，设计招标的招标公告或者投标邀请书应当载明招标人的名称和地址、招标项目的基本要求、投标人的资质以及获取招标文件的办法等事项。

八、进行资格审查

招标人可以根据招标项目本身的特点和需要，要求潜在投标人或者投标人提供满足其资格要求的文件，对潜在投标人或者投标人进行资格审查；法律、行政法规对潜在投标人或者投标人的资格条件有规定的，依照其规定。

1. 资格审查的类型

资格审查分为资格预审和资格后审。

1) 资格预审

资格预审，是指在投标前对潜在投标人进行的资格审查。采取资格预审的，招标人可以发布资格预审公告，并在资格预审文件中载明资格预审的条件、标准和方法。经资格预审后，招标人应当向资格预审合格的潜在投标人发出资格预审合格通知书，告知获取招标文件的时间、地点和方法，并同时向资格预审不合格的潜在投标人告知资格预审结果。资格预审不合格的潜在投标人不得参加投标。

2) 资格后审

资格后审，是指在开标后对投标人进行的资格审查。进行资格预审的，一般不再进行资格后审，但招标文件另有规定的除外。采取资格后审的，招标人应当在招标文件中载明对投标人资格要求的条件、标准和方法。经资格后审不合格的投标人的投标应作废标处理。

2. 资格审查的内容

资格审查应主要审查潜在投标人或者投标人是否符合下列条件：

1) 具有独立订立合同的权利；

2) 具有履行合同的能力，包括专业、技术资格和能力，资金、设备和其他物质设施状况，管理能力，经验、信誉和相应的从业人员；

3) 没有处于被责令停业，投标资格被取消，财产被接管、冻结，破产状态；

4) 在最近三年内没有骗取中标和严重违约及重大工程质量问题；

5) 法律、行政法规规定的其他资格条件。

资格审查时，招标人不得以不合理的条件限制、排斥潜在投标人或者投标人，不得对潜在投标人或者投标人实行歧视待遇。任何单位和个人不得以行政手段或者其他不合理方式限制投标人的数量。

九、发售招标文件

根据《招标投标法》、《工程建设项目施工招标投标办法》和有关法律、法规和规章的规定，招标人在发售招标文件时应遵守如下法律规定：

1. 招标文件的发售

招标文件、图纸和有关基础资料发放给通过资格预审或投标资格的投标单位。不进行资格预审的,发放给愿意参加投标的单位。投标单位收到招标文件、图纸和有关资料后,应当认真核对,核对无误后以书面形式予以确认。

在工程实践中,经常会出现招标人以不合理的高价发售招标文件的现象。对此,《工程建设项目施工招标投标办法》第十五条规定,对招标文件或者资格预审文件的收费应当合理,不得以盈利为目的。对于所附的设计文件,招标人可以向投标人酌收押金;对于开标后投标人退还设计文件的,招标人应当向投标人退还押金。根据该项规定,借发售招标文件的机会谋取不正当利益的行为是法律所禁止的。

2. 招标人的保密义务

在招投标实践中,常常会发生招标人泄漏招标事宜的事情。如果潜在投标人得到了其他潜在投标人的名称、数量及其他可能影响公平竞争的招标情况,可能会采用不正当竞争手段影响招投标活动的正当竞争,使招标投标的公平性失去意义。对此,《招标投标法》第二十二条第一款规定,招标人不得向他人透露已获取招标文件的潜在投标人的名称、数量以及可能影响公平竞争的有关招标投标的其他情况。

3. 招标文件的澄清和更改

招标文件对招标人具有法律约束力,一经发出,不得随意更改。

根据《招标投标法》第二十三条的规定,招标人对已发出的招标文件进行必要的澄清或者修改的,应当在招标文件要求提交的投标文件截止时间至少15日前,以书面形式通知所有招标文件收受人。该澄清或者修改的内容为招标文件的组成部分。

4. 投标截止时间

在工程实践中,利用投标截止时间也是规避招标的常用手段之一。对此,《招标投标法》第二十四条规定,招标人应当确定投标人编制投标文件所需要的合理时间;但是,依法必须进行招标的项目,投标截止日期距招标文件开始发出之日,不得少于20日。

十、组织现场踏勘

招标人根据招标项目的具体情况,可以组织潜在投标人踏勘项目现场。设置这一程序的目的,一方面是让投标人了解工程项目的现场条件、自然条件、施工条件以及周围环境条件,以便于编制投标报价;另一方面也是要求投标人通过自己的实地考察,来确定投标原则和决定投标策略,避免合同履行过程中投标人以不了解现场情况为由推卸应承担的合同责任。

《工程建设项目施工招标投标办法》第三十二条规定,招标人根据招标项目的具体情况,可以组织潜在投标人踏勘项目现场,向其介绍工程场地和相关环境的有关情况。潜在投标人依据招标人介绍情况作出的判断和决策,由投标人自行负责。招标人不得单独或者分别组织任何一个投标人进行现场踏勘。

十一、召开标前会议

《工程建设项目施工招标投标办法》第三十三条规定,对于潜在投标人在阅读招标文件和现场踏勘中提出的疑问,招标人可以书面形式或召开投标预备会的方式解答,但需同时将解答以书面方式通知所有购买招标文件的潜在投标人。该解答的内容为招标文件的组成部分。

标前会议上招标单位负责人除了介绍工程概况外,还可对招标文件中的某些内容加以修改(需报经招标投标管理机构核准)或予以补充说明,并对投标人书面提出的问题和会议上即席提出的问题给予解答。会议结束后,招标人应将会议记录用书面通知的形式发给每一位投标人。补充文件作为招标文件的组成部分,具有同等的法律效力。

第三节　建设工程投标

建设工程投标是指投标人在同意招标人拟订好的招标文件的前提下,对招标项目提出自己的报价和相应条件,通过竞争以求获得招标项目的行为。

一、投标人

1. 投标人的概念

《招标投标法》第二十五条规定:"投标人是响应招标,参加投标竞争的法人或其他组织。""依法招标的科研项目允许个人参加投标的,投标的个人适用本法有关投标人的规定。"招标公告或者投标邀请书发出后,所有对招标公告或投标邀请书感兴趣并有可能参加投标的人,称为潜在投标人。那些响应招标并购买招标文件,参加投标的潜在投标人称为投标人。按照法律规定,投标人必须是法人或者其他组织,不包括自然人。但是,考虑到科研项目的特殊性,法律条文中增加了个人对科研项目投标的规定,个人可以作为投标主体参加科研项目投标活动。这是对科研项目投标的特殊规定。

2. 投标人的资格要求

1)投标人应当具备承担招标项目的能力;

2)国家有关规定对投标人资格条件或者招标文件对投标人资格条件有规定的,投标人应当具备规定的资格条件。

3. 联合体投标

1)联合体投标的概念

联合体投标是两个以上法人或者其他组织可以组成一个联合体,以一个投标人的身份共同投标。

2)联合体投标的条件

联合体各方均应当具备承担招标项目的相应能力,国家有关规定或者招标文件对投标人资格条件有规定的,联合体各方均应当具备规定的相应资格条件。由同一专业的单位组成的联合体,按照资质等级较低的单位确定资质等级。

3)联合体各方的关系

联合体各方应当签订共同投标协议,明确约定各方拟承担的工作和责任,并将共同投标协议连同投标文件一并提交招标人。联合体各方必须指定牵头人,授权其代表所有联合体成员负责投标和合同实施阶段的主办、协调工作,并应当向招标人提交由所有联合体成员法定代表人签署的授权书。联合体投标的,应当以联合体各方或者联合体中牵头人的名义提交投标保证金。以联合体中牵头人名义提交的投标保证金,对联合体各成员具有约束力。

联合体中标的,联合体各方应当共同与招标人签订合同,就中标项目向招标人承担连带责任。招标人不得强制投标人组成联合体共同投标,不得限制投标人之间的竞争。

4. 投标人数量的要求

《招标投标法》规定:"投标人少于三个的,招标人应当依照本法重新招标。"当投标人少于三个时，就会缺乏有效竞争，投标人可能会提高承包条件，损害招标人利益，从而与招标目的相违背，所以必须重新组织招标，这也是国际上的通行做法。在国外，这种情况称之为"流标"。

5. 投标行为的要求

对于投标中各方的行为，《招标投标法》也有明确的规范要求。

(1) 保密要求。由于投标是一次性的竞争行为，为保证其公正性，就必须对当事人各方提出严格的保密要求：投标文件及其修改、补充的内容都必须以密封的形式送达，招标人签收后必须原样保存，不得开启。对于标底和潜在投标人的名称、数量以及可能影响公平竞争的其他有关招投标的情况，招标人都必须保密，不得向他人透露。

(2) 合理报价。《招标投标法》规定："投标人不得以低于成本的价格报价、竞标。"投标人以低于成本的价格报价，是一种不正当的竞争行为，他一旦中标，必然会采取偷工减料、以次充好等非法手段来避免亏损，以求得生存。这将严重破坏社会主义市场经济秩序，给社会带来隐患，必须予以禁止。但投标人从长远利益出发，放弃近期利益，不要利润，仅以成本价投标，这是合法的竞争手段，法律是予以保护的。这里所说的成本，是以社会平均成本和企业个别成本来计算的，并要综合考虑各种价格差别因素。

(3) 诚实信用。从诚实信用的原则出发，《招标投标法》还规定：投标人不得相互串通投标；也不得与招标人串通投标，损害国家利益、社会公共利益和他人合法利益；还不得向招标人或评标委员会成员行贿以谋取中标；同时，还不得以他人名义投标或以其他方式弄虚作假、骗取中标。

二、投标程序

1. 申请投标；
2. 领取招标文件，交纳投标保证金；
3. 研究招标文件，调查工程环境，确定投标策略；
4. 编制投标文件；
5. 将投标文件盖章、密封后，于指定时间送交至指定地点。

三、投标文件的编制

(一) 基本要求

根据《招标投标法》第二十七条第一款的规定，编制投标文件应当符合下述两项要求：

1. 按照招标文件的要求编制投标文件。投标人应认真研究、正确理解招标文件的全部内容；并按照招标文件的要求来编制自己的投标文件，方有中标的可能。

2. 对招标文件提出的实质性要求和条件做出响应。这里"实质性要求和条件"，是指招标文件中有关招标项目的技术要求、投标报价要求和评标标准、合同的主要条款等，投标人必须严格按招标文件的要求，一一作答，不得对招标文件进行修改，不得遗漏或回避招标文件中的问题，更不能提出任何附带条件。否则将有可能失去中标机会。

(二) 特殊要求

投标人应根据招标文件的内容和要求编制投标文件，即标书。编制标书时，除满足招标文件的基本要求外，还应当符合下列特殊要求：

1. 拟派出的项目负责人和主要技术人员的简历；
2. 近年来完成工程项目的业绩；
3. 拟用于完成招标项目的机械设备；
4. 保证工程质量、安全、进度的主要技术组织措施；
5. 在中标后分包的说明；
6. 其他，如工程进度、拟开工、竣工的日期等。

（三）投标文件的主要内容

投标文件一般包括下列内容：
1. 投标函；
2. 投标报价；
3. 施工组织设计；
4. 商务和技术偏差表。

投标人根据招标文件载明的项目实际情况，拟在中标后将中标项目的部分非主体、非关键性工作进行分包的，应当在投标文件中载明。

（四）施工投标报价

1. 施工投标报价的组成

施工投标报价，是指投标人完成招标项目施工任务的合理费用。施工投标报价由投标人自主确定，一般应包括直接费、间接费、利润和税金。直接费，是指在工程施工中直接用于工程实体上的各种费用总和，由人工费、材料费、施工机械费、措施费等组成；间接费，是指组织和管理工程施工所需的各项费用，主要由企业管理费和规费组成。利润，是指建筑施工企业承担施工任务时应获取的利润；税金，是指按国家有关部门的规定应计入建筑安装工程造价内的营业税、城市建设维护税及教育费附加。

2. 施工投标报价方式

施工投标报价方式分为工料单价方式和综合单价方式两种。投标人可根据招标文件的要求，选择其中的一种方式，并根据本企业的具体情况确定完成招标项目的合理费用，计算单价，汇总投标总价。

（五）对投标文件的补充、修改和撤回

《招标投标法》第二十九条规定：投标人在招标文件要求提交投标的截止时间前，可以补充、修改或者撤回已提交的投标文件，并书面通知招标人。补充、修改内容为投标文件的组成部分。

补充是指对投标文件中遗漏和不足的部分进行增补。修改是指对投标文件中已有的内容进行修订。撤回是指收回全部投标文件，或者放弃投标，或者以新的投标文件重新投标。

四、关于投标禁止性规定

（一）投标人之间串通投标

《招标投标法》第三十二条第一款规定："投标人不得相互串通投标报价，不得排挤其他投标人的公平竞争，损害招标人或者其他投标人的合法权益。"《关于禁止串通招标投标行为的暂行规定》列举了以下几种表现形式：

1. 投标者之间相互约定，一致抬高或者压低投标报价；

2. 投标者之间相互约定，在招标项目中轮流以高价位或低价位中标；

3. 投标者之间进行内部竞价，内定中标人，然后再参加投标；

4. 投标者之间其他串通投标行为。

(二) 投标人与招标人之间串通招标投标

《招标投标法》第三十二条第二款规定："投标人不得与招标人串通投标，损害国家利益、社会公共利益或者他人的合法权益。"《关于禁止串通招标投标行为的暂行规定》列举了下列几种表现形式：

1. 招标者在公开开标前，开启标书，并将投标情况告知其他投标者，或者协助投标者撤换标书，更改报价；

2. 招标者向投标者泄露标底；

3. 投标者与招标者商定，在招标投标时压低或者抬高标价，中标后再给投标者或者招标者额外补偿；

4. 招标者预先内定中标者，在确定中标者时以此决定取舍；

5. 招标者和投标者之间其他串通招标投标行为（如通过贿赂等不正当手段），使招标人在审查、评选投标文件时，对投标文件实行歧视待遇；招标人在要求投标人就其投标文件澄清时，故意作引导性提问，以使其中标等。

(三) 投标人以行贿的手段谋取中标

《招标投标法》第三十二条第三款规定："禁止投标人以向招标人或者评标委员会成员行贿的手段谋取中标。"投标人以行贿的手段谋取中标是违背招标投标法基本原则的行为，对其他投标人是不公平的。投标人以行贿手段谋取中标的法律后果是中标无效，有关责任人和单位应当承担相应的行政责任或刑事责任，给他人造成损失的，还应当承担民事赔偿责任。

(四) 投标人以低于成本的报价竞标

《招标投标法》第三十三条规定："投标人不得以低于成本的报价竞标。"投标人以低于成本的报价竞标，其目的主要是为了排挤其他对手。这里的成本应指个别企业的成本。投标人的报价一般由直接费、间接费、利润和税金三部分组成。当报价为成本价时，企业利润为零。如果投标人以低于成本的报价竞标，就很难保证工程的质量，各种偷工减料、以次充好等现象也随之产生，因此，投标人以低于成本的报价竞标的手段是法律所不允许的。

(五) 投标人以非法手段骗取中标

《招标投标法》第三十三条规定："投标人不得以他人名义投标或者以其他方式弄虚作假，骗取中标。"在工程实践中，投标人以非法手段骗取中标的现象大量存在，主要表现在如下几方面：

1. 非法挂靠或借用其他企业的资质证书参加投标；

2. 投标文件中故意在商务上和技术上采用模糊的语言骗取中标，中标后提供低档劣质货物、工程或服务；

3. 投标时递交虚假业绩证明、资格文件；

4. 假冒法定代表人签名，私刻公章，递交虚假委托书等。

第四节　建设工程开标、评标与中标

一、开标

（一）开标概念

开标是由投标截止之后，招标人按招标文件所规定的时间和地点，开启投标人提交的投标文件，公开宣布投标人的名称、投标价格及投标文件中的其他主要内容的活动。

（二）开标时间

开标时间应当在招标文件确定的提交投标文件截止时间的同一时间立即进行。法律做出这样规定，目的在于：第一，使每一个投标人都能事先知道开标的准确时间，以便届时参加，确保开标过程的公开、透明；第二，防止有人利用截止后至开标前的时间对已提交的投标文件做手脚，进行暗箱操作。比如，有些投标人利用这段时间与招标人或招标代理机构串通，对投标文件的实质性内容进行更改等。

（三）开标地点

按照《招标投标法》的规定，开标地点应当是招标文件中预先确定的地点。这样规定，目的在于使所有投标人都能事先知道开标的地点，事先做好充分准备。若开标地点有变，则应按照《招标投标法》第二十三条的规定，对招标文件做出修改，作为招标文件的补充文件，书面通知每一个提交投标文件的投标人。

如果招标人不公开开标，或者违反开标的时间和地点的规定，投标人或其他利害关系人有权向招标人提出异议或者向有关行政监督部门投诉，甚至可以向法院起诉。

（四）开标主持人与参加人

开标由招标人负责主持。招标人自行办理招标事宜的，自行主持开标；招标人委托招标代理机构办理招标事宜的，可以由招标代理机构按照委托招标合同的约定负责主持开标事宜。

既然公开开标，开标过程就应当对所有投标人和社会公开。招标人应邀请所有投标人的法定代表人或其委托代理人准时参加，确保开标在所有投标人参与、监督下进行。参加开标是每一投标人的法定权利，招标人不得以任何理由排斥、限制任何投标人参加开标。当然，投标人既可以参加也可以不参加。已通知而放弃参加开标的投标人不得对开标会的有效性提出异议。

（五）开标程序

根据《标准施工招标文件》规定，主持人按下列程序进行开标：

1. 宣布开标纪律；

2. 公布在投标截止时间前递交投标文件的投标人名称，并点名确认投标人是否派人到场；

3. 宣布开标人、唱标人、记录人、监标人等有关人员姓名；

4. 按照投标人须知前附表规定检查投标文件的密封情况；

开标时，由投标人或者其推选的代表检查投标文件的密封情况，也可以由招标人委托的公证机构检查并公证。

5. 按照投标人须知前附表的规定确定并宣布投标文件开标顺序；

6. 设有标底的，公布标底；

7. 按照宣布的开标顺序当众开标，公布投标人名称、标段名称、投标保证金的递交情况、投标报价、质量目标、工期及其他内容，并记录在案；

8. 投标人代表、招标人代表、监标人、记录人等有关人员在开标记录上签字确认；

9. 开标结束。

（六）不予受理的投标文件与废标

投标文件有下列情形之一的，招标人不予受理：

1. 逾期送达的或者未送达指定地点的；

2. 未按招标文件要求密封的。

投标文件有下列情形之一的，由评标委员会初审后按废标处理：

1. 无单位盖章并无法定代表人或法定代表人授权的代理人签字或盖章的；

2. 未按规定的格式填写，内容不全或关键字迹模糊、无法辨认的；

3. 投标人递交两份或多份内容不同的投标文件，或在一份投标文件中对同一招标项目报有两个或多个报价，且未声明哪一个有效，按招标文件规定提交备选投标方案的除外；

4. 投标人名称或组织结构与资格预审时不一致的；

5. 未按招标文件要求提交投标保证金的；

6. 联合体投标未附联合体各方共同投标协议的。

二、评标

（一）评标概念

评标就是依据招标文件的要求和规定，对投标文件进行审查、评审和比较。评标由招标人组建的评标委员会负责。

（二）评标委员会

1. 评标委员会的组成

1）评标委员会由招标人依法组建，负责评标活动，向招标人推荐中标候选人或者根据招标人的授权直接确定中标人。

评标委员会成员名单一般应于开标前确定。评标委员会成员的名单在中标结果确定前应当保密。

2）评标委员会由招标人的代表或其委托的招标代理机构熟悉相关业务的代表，以及有关技术、经济等方面的专家组成，成员人数为5人以上单数，其中技术、经济等方面的专家不得少于成员总数的2/3。

评标委员会设负责人的，评标委员会负责人由评标委员会成员推举产生或者由招标人确定。评标委员会负责人与评标委员会的其他成员有同等的表决权。

2. 评标委员会专家的确定

评标委员会专家应当具备以下条件：

1）从事相关领域工作满8年并具有高级职称或者具有同等专业水平；

2）熟悉有关招标投标的法律法规，并具有与招标项目相关的实践经验；

3）能够认真、公正、诚实、廉洁地履行职责；

4）身体健康，能够承担评标工作。

评标委员会的专家成员应当从省级以上人民政府有关部门提供的专家名册或招标代理机构的专家名册中确定。

确定评标专家,可以采取随机抽取或者直接确定的方式。一般项目,可以采取随机抽取的方式;技术特别复杂、专业性要求特别高或者国家有特殊要求的招标项目,采取随机抽取方式确定的专家难以胜任的,可以由招标人直接确定。

3. 评标委员会成员的回避

评标委员会成员有下列情形之一的,不得担任评标委员会成员:

1) 招标人或投标人的主要负责人的近亲属;

2) 项目主管部门或者行政监督部门的人员;

3) 与投标人有经济利益关系,可能影响对投标公正评审的;

4) 曾因在招标、评标以及其他与招标投标有关活动中从事违法行为而受过行政处罚或刑事处罚的。

评标委员会成员有上述规定情形之一的,应当主动提出回避。

4. 评标委员会成员的行为准则

1) 评标委员会成员应当客观、公正地履行职责,遵守职业道德,对所提出的评审意见承担个人责任。

2) 评标委员会成员不得与任何投标人或者与招标结果有利害关系的人进行私下接触,不得收受投标人、中介人、其他利害关系人的财物或者其他好处。

3) 评标委员会成员和与评标活动有关的工作人员不得透露对投标文件的评审和比较、中标候选人的推荐情况以及与评标有关的其他情况。

(三) 评标标准和评标方法

为保证招标投标活动符合公开、公平和公正的原则,评标委员会对各投标竞争者提交的投标文件进行评审、比较的唯一标准和评审方法,只能是在事先已提供给每一个投标人的招标文件中已载明的评标标准和方法,而不能以别的理由为依据。招标文件中规定的评标标准和评标方法应当合理,不得含有倾向或者排斥潜在投标人的内容,不得妨碍或者限制投标人之间的竞争。

1. 评标标准

评标的标准一般有以下几个方面:

1) 先进性。具体表现为本行业或本地区处于先进水平的、成功的、成熟可靠的设计方案、工艺、设备选型、生产组织、技术经济指标等。

2) 适应性。采用先进技术要考虑当地市场、资源、技术水平、技术政策等的适应性,应与生产要素的现有条件相适应。否则,即使是世界上最先进的技术,因不适合当地的具体情况,也很难发挥应有的水平。

3) 系统性。所有的技术方案都不是孤立存在的,其本身由许多小系统组成,而且与环境有着密切的联系。因此,方案内部诸要素之间以及方案与更大系统保持协调和匹配,是确立方案有效功能的基础。

4) 效益性。作为招标人总希望找到一个技术上最先进可靠,同时费用又最低的报价,但这两种要求往往是相互对立的。评标委员会就要从这个矛盾的对立中找出一个最佳的平衡点,即经过技术、经济全面鉴别、比较以后得出的对招标人最经济合理和最有成效的投标方案。所谓最经济合理和最有成效的投标是指设备、工程或货物在整套服务期内效益最佳的投标方案。

2. 评标方法

评标方法的科学性对于实施平等的竞争，公平合理地选择中标者是极端重要的。评标涉及的因素很多，应在分门别类、有主有次的基础上，结合工程的特点确定科学的评标方法。

2001年7月5日国家计委、建设部等七部委联合发布了《评标委员会和评标方法暂行规定》。根据该暂行规定及有关规定，评标应遵守如下法律规定：评标方法一般有经评审的最低投标价法、综合评估法或者法律、行政法规允许的其他评标方法。

1) 经评审的最低投标价法

经评审的最低投标价法一般适用于具有通用技术、性能标准或者招标人对其技术、性能没有特殊要求的招标项目。

采用经评审的最低投标价法的，评标委员会应当根据招标文件中规定的评标价格调整方法，将所有投标人的投标报价以及投标文件的商务部分作必要的价格调整。

采用经评审的最低投标价法的，中标人的投标应当符合招标文件规定的技术要求和标准，但评标委员会无需对投标文件的技术部分进行价格折算。

采用经评审的最低投标价法的，应当在投标文件能够满足招标文件实质性要求的投标人中，评审出投标价格最低的投标人，但投标价格低于其企业成本的除外。

根据经评审的最低投标价法完成详细评审后，评标委员会应当拟定一份"标价比较表"，连同书面评标报告提交招标人。"标价比较表"应当载明投标人的投标报价、对商务偏差的价格调整和说明以及经评审的最终投标价。

2) 综合评估法

不宜采用经评审的最低投标价法的招标项目，一般应当采取综合评估法进行评审。采用综合评估法的，应当对投标文件提出的工程质量、施工工期、投标价格、施工组织设计或者施工方案、投标人及项目经理业绩等，能否最大限度地满足招标文件中规定的各项要求和评价标准进行评审和比较。以评分方式进行评估的，对于各种评比奖项不得额外计分。

根据综合评估法完成评标后，评标委员会应当拟定一份"综合评估比较表"，连同书面评标报告提交招标人。"综合评估比较表"应当载明投标人的投标报价、所作的任何修正、对商务偏差的调整、对技术偏差的调整、对各评审因素的评估以及对每一投标的最终评审结果。

(四) 投标评审

1. 评标的准备

评标委员会成员应当编制供评标使用的相应表格，认真研究招标文件，至少应了解和熟悉以下内容：

1) 招标的目标；
2) 招标项目的范围和性质；
3) 招标文件中规定的主要技术要求、标准和商务条款；
4) 招标文件规定的评标标准、评标方法和在评标过程中考虑的相关因素。

招标人或者其委托的招标代理机构应当向评标委员会提供评标所需的重要信息和数据。

招标人设有标底的，标底应当保密，并在评标时作为参考。

2. 初步评审

评标委员会应当根据招标文件规定的评标标准和方法，对投标文件进行系统地评审和比较。招标文件中没有规定的标准和方法不得作为评标的依据。

评标委员会应当按照投标报价的高低或者招标文件规定的其他方法对投标文件排序。以多种货币报价的，应当按照中国银行在开标日公布的汇率中间价换算成人民币。招标文件应当对汇率标准和汇率风险作出规定。未作规定的，汇率风险由投标人承担。

评标委员会可以书面方式要求投标人对投标文件中含义不明确、对同类问题表述不一致或者有明显文字和计算错误的内容作必要的澄清、说明或者补正。澄清、说明或者补正应以书面方式进行并不得超出投标文件的范围或者改变投标文件的实质性内容。

投标文件中的大写金额和小写金额不一致的，以大写金额为准；总价金额与单价金额不一致的，以单价金额为准，但单价金额小数点有明显错误的除外；对不同文字文本投标文件的解释发生异议的，以中文文本为准。

1）废标处理的情形

在评标过程中，评标委员会发现投标人以他人的名义投标、串通投标、以行贿手段谋取中标或者以其他弄虚作假方式投标的，该投标人的投标应作废标处理。

在评标过程中，评标委员会发现投标人的报价明显低于其他投标报价或者在设有标底时明显低于标底，使得其投标报价可能低于其个别成本的，应当要求该投标人作出书面说明并提供相关证明材料。投标人不能合理说明或者不能提供相关证明材料的，由评标委员会认定该投标人以低于成本报价竞标，其投标应作废标处理。

评标委员会应当审查每一投标文件是否对招标文件提出的所有实质性要求和条件作出响应。未能在实质上响应的投标，应作废标处理。

2）否决投标的情形

投标人资格条件不符合国家有关规定和招标文件要求的，或者拒不按照要求对投标文件进行澄清、说明或者补正的，评标委员会可以否决其投标。

3）投标偏差

评标委员会应当根据招标文件，审查并逐项列出投标文件的全部投标偏差。投标偏差分为重大偏差和细微偏差。

下列情况属于重大偏差：

（1）没有按照招标文件要求提供投标担保或者所提供的投标担保有瑕疵；

（2）投标文件没有投标人授权代表签字和加盖公章；

（3）投标文件载明的招标项目完成期限超过招标文件规定的期限；

（4）明显不符合技术规格、技术标准的要求；

（5）投标文件载明的货物包装方式、检验标准和方法等不符合招标文件的要求；

（6）投标文件附有招标人不能接受的条件；

（7）不符合招标文件中规定的其他实质性要求。

投标文件有上述情形之一的，为未能对招标文件作出实质性响应，应作为废标处理。

招标文件对重大偏差另有规定的，从其规定。

细微偏差是指投标文件在实质上响应招标文件要求，但在个别地方存在漏项或者提供了不完整的技术信息和数据等情况，并且补正这些遗漏或者不完整不会对其他投标人造成不公平的结果。细微偏差不影响投标文件的有效性。

评标委员会应当书面要求存在细微偏差的投标人在评标结束前予以补正。拒不补正的，在详细评审时可以对细微偏差作不利于该投标人的量化，量化标准应当在招标文件中规定。

3. 详细评审

经初步评审合格的投标文件，评标委员会应当根据招标文件确定的评标标准和方法，对其技术部分和商务部分作进一步评审、比较。

评标委员会对各个评审因素进行量化时，应当将量化指标建立在同一基础或者同一标准上，使各投标文件具有可比性。

对技术部分和商务部分进行量化后，评标委员会应当对这两部分的量化结果进行加权，计算出每一投标的综合评估价或者综合评估分。

根据招标文件的规定，允许投标人投备选标的，评标委员会可以对排名中标人所投的备选标进行评审，以决定是否采纳备选标。不符合中标条件的投标人的备选标不予考虑。

对于划分有多个单项合同的招标项目，招标文件允许投标人为获得整个项目合同而提出优惠的，评标委员会可以对投标人提出的优惠进行审查，以决定是否将招标项目作为一个整体合同授予中标人。将招标项目作为一个整体合同授予的，整体合同中标人的投标应当最有利于招标人。

评标和定标应当在投标有效期结束日30个工作日前完成。不能在投标有效期结束日30个工作日前完成评标和定标的，招标人应当通知所有投标人延长投标有效期。拒绝延长投标有效期的投标人有权收回投标保证金。同意延长投标有效期的投标人应当相应延长其投标担保的有效期，但不得修改投标文件的实质性内容。因延长投标有效期造成投标人损失的，招标人应当给予补偿，但因不可抗力需延长投标有效期的除外。

招标文件应当载明投标有效期。投标有效期从提交投标文件截止日起计算。

（五）评标报告

评标报告是指评标委员会经过对各投标书评审后向招标人提出的结论性报告，作为定标的主要依据。评标委员会完成评标后，应当向招标人提出书面评标报告，并抄送有关行政监督部门。

评标报告应包括以下内容：

（1）基本情况和数据表；

（2）评标委员会成员名单；

（3）开标记录；

（4）符合要求的投标一览表；

（5）废标情况说明；

（6）评标标准、评标方法或者评标因素一览表；

（7）经评审的价格或者评分比较一览表；

（8）经评审的投标人排序；

（9）推荐的中标候选人名单与签订合同前要处理的事宜；

(10) 澄清、说明、补正事项纪要。

评标报告由评标委员会全体成员签字,对评标结论持有异议的评标委员会成员可以书面方式阐述其不同意见和理由,评标委员会成员拒绝在评标报告上签字且不陈述不同意见和其理由的,视为同意评标结论,评标委员会应当对此作出书面并记录在案。向招标人提交书面评标报告后,评标委员会解散。

三、中标

(一) 推荐中标候选人

根据经评审的最低投标价法,能够满足招标文件的实质性要求,并且经评审的最低投标价的投标,应当推荐为中标候选人。招标人应当接受评标委员会推荐的中标候选人,不得在评标委员会推荐的中标候选人之外确定中标人。

根据综合评估法,最大限度地满足招标文件中规定的各项综合评价标准的投标,应当推荐为中标候选人。

评标委员会推荐的中标候选人应当限定在一至三人,并标明排列顺序。

(二) 中标条件

中标人的投标应当符合下列条件之一:

1) 能够最大限度地满足招标文件中规定的各项综合评价标准;

2) 能够满足招标文件的实质性要求,并且经评审的投标价格最低,但是投标价格低于成本的除外。

在确定中标人之前,招标人不得与投标人就投标价格、投标方案等实质性内容进行谈判。

(三) 中标人的确定

依法必须进行招标的项目,招标人应当确定排名第一的中标候选人为中标人。排名第一的中标候选人放弃中标、因不可抗力提出不能履行合同,或者招标文件规定应当提交履约保证金而在规定的期限内未能提交的,招标人可以确定排名第二的中标候选人为中标人。排名第二的中标候选人因前款规定的同样原因不能签订合同的,招标人可以确定排名第三的中标候选人为中标人。

招标人可以授权评标委员会直接确定中标人。国务院对中标人的确定另有规定的,从其规定。

(四) 中标通知书

中标通知书,是指招标人在确定中标人之后向中标人发出的告知其中标的书面通知。《招标投标法》第四十五条第一款规定:"中标人确定后,招标人应当向中标人发出中标通知书,并同时将中标结果通知所有未中标的投标人。"

中标通知书对招标人和中标人都具有法律效力。《招标投标法》第四十五条第二款规定:"中标通知书对招标人和中标人具有法律效力。中标通知书发出后,招标人改变中标结果,或者中标人放弃中标项目的,应当依法承担法律责任。"

招投标过程就是订立合同的过程,投标是投标人发出的要约,中标通知书则是招标人作出的承诺。在中标通知书发出后,招标人改变中标结果,或是中标人放弃中标项目的,都要承担相应的法律责任,即缔约过失责任。

(五) 签订合同

中标通知书发出的另一个法律后果是招标人和中标人应当在法律规定的时间内订立书

面合同。《招标投标法》第四十六条规定:"招标人和中标人应当自中标通知书发出之日起三十日内,按照招标文件和中标人的投标文件订立书面合同。招标人与中标人不得再行订立背离合同实质性内容的其他协议。"

(六) 提交履约保证金

招标文件要求中标人提交履约保证金或者其他形式履约担保的,中标人应当提交;拒绝提交的,视为放弃中标项目。招标人要求中标人提供履约保证金或其他形式履约担保的,招标人应当同时向中标人提供工程款支付担保。招标人不得擅自提高履约保证金,不得强制要求中标人垫付中标项目建设资金。招标人与中标人签订合同后5个工作日内,应当向中标人和未中标的投标人退还投标保证金。

(七) 履行合同义务

中标人应当按照合同约定履行义务,完成中标项目。中标人不得向他人转让中标项目,也不得将中标项目肢解后分别向他人转让。中标人按照合同约定或者经招标人同意,可以将中标项目的部分非主体、非关键性工作分包给他人完成。接受分包的人应当具备相应的资格条件,并不得再次分包。中标人应当就分包项目向招标人负责,接受分包的人就分包项目承担连带责任。

第五节 招标投标法律责任

一、招标代理机构的法律责任

招标代理机构违反本法规定,泄露应当保密的与招标投标活动有关的情况和资料的,或者与招标人、投标人串通损害国家利益、社会公共利益或者他人合法权益的,处5万元以上25万元以下的罚款,对单位直接负责的主管人员和其他直接责任人员处单位罚款数额5%以上10%以下的罚款;有违法所得的,并处没收违法所得;情节严重的,暂停直至取消招标代理资格;构成犯罪的,依法追究刑事责任。给他人造成损失的,依法承担赔偿责任。上述所列行为影响中标结果的,中标无效。

二、招标人的法律责任

1. 招标人以不合理的条件限制或者排斥潜在投标人的,对潜在投标人实行歧视待遇的,强制要求投标人组成联合体共同投标的,或者限制投标人之间竞争的,责令改正,可以处1万元以上5万元以下的罚款。

2. 依法必须进行招标的项目的招标人向他人透露已获取招标文件的潜在投标人的名称、数量或者可能影响公平竞争的有关招标投标的其他情况的,或者泄露标底的,给予警告,可以并处1万元以上10万元以下的罚款;对单位直接负责的主管人员和其他直接责任人员依法给予处分;构成犯罪的,依法追究刑事责任。上述所列行为影响中标结果的,中标无效。

3. 依法必须进行招标的项目,招标人违反招标投标法规定,与投标人就投标价格、投标方案等实质性内容进行谈判的,给予警告,对单位直接负责的主管人员和其他直接责任人员依法给予处分。上述所列行为影响中标结果的,中标无效。

4. 招标人在评标委员会依法推荐的中标候选人以外确定中标人的,或依法必须进行招标的项目在所有投标被评标委员会否决后自行确定中标人的,中标无效。责令改正,可以处中标项目金额5‰以上10‰以下的罚款；对单位直接负责的主管人员和其他直接责任人员依法给予处分。

5. 违反《招标投标法》的规定，必须进行招标的项目而不招标的，将必须进行招标的项目化整为零或者以其他任何方式规避招标的，责令限期改正，可以处项目合同金额5‰以上10‰以下的罚款；对全部或者部分使用国有资金的项目，可以暂停项目执行或者暂停资金拨付；对单位直接负责的主管人员和其他直接责任人员依法给予处分。

三、投标人的法律责任

1. 投标人相互串通投标或者与招标人串通投标的，投标人以向招标人或者评标委员会成员行贿的手段谋取中标的，中标无效，处中标项目金额5‰以上10‰以下的罚款，对单位直接负责的主管人员和其他直接责任人员处单位罚款数额5%以上10%以下的罚款；有违法所得的，并处没收违法所得；情节严重的，取消其1年至2年内参加依法必须进行招标的项目的投标资格并予以公告，直至由工商行政管理机关吊销营业执照；构成犯罪的，依法追究刑事责任。给他人造成损失的，依法承担赔偿责任。

2. 投标人以他人名义投标或者以其他方式弄虚作假，骗取中标的，中标无效，给招标人造成损失的，依法承担赔偿责任；构成犯罪的，依法追究刑事责任。依法必须进行招标的项目的投标人有上述所列行为尚未构成犯罪的，处中标项目金额5‰以上10‰以下的罚款，对单位直接负责的主管人员和其他直接责任人员处单位罚款数额5%以上10%以下的罚款；有违法所得的，并处没收违法所得；情节严重的，取消其1年至3年内参加依法必须进行招标的项目的投标资格并予以公告，直至由工商行政管理机关吊销营业执照。

四、评标委员会的法律责任

评标委员会成员收受投标人的财物或者其他好处的，评标委员会成员或者参加评标的有关工作人员向他人透露对投标文件的评审和比较、中标候选人的推荐以及与评标有关的其他情况的，给予警告，没收收受的财物，可以并处3000元以上5万元以下的罚款，对有所列违法行为的评标委员会成员取消担任评标委员会成员的资格，不得再参加任何依法必须进行招标的项目的评标；构成犯罪的，依法追究刑事责任。

五、中标人的法律责任

1. 中标人将中标项目转让给他人的，将中标项目肢解后分别转让给他人的，违反本法规定将中标项目的部分主体、关键性工作分包给他人的，或者分包人再次分包的，转让、分包无效，处转让、分包项目金额5‰以上10‰以下的罚款；有违法所得的，并处没收违法所得；可以责令停业整顿；情节严重的，由工商行政管理机关吊销营业执照。

2. 中标人不履行与招标人订立的合同的，履约保证金不予退还，给招标人造成的损失超过履约保证金数额的，还应当对超过部分予以赔偿；没有提交履约保证金的，应当对招标人的损失承担赔偿责任。

3. 中标人不按照与招标人订立的合同履行义务，情节严重的，取消其2年至5年内参加依法必须进行招标的项目的投标资格并予以公告，直至由工商行政管理机关吊销营业执照。

六、行政监督机关的法律责任

对招标投标活动依法负有职责的国家机关工作人员徇私舞弊、滥用职权或者玩忽职守，构成犯罪的，依法追究刑事责任；不构成犯罪的，依法给予行政处分。

【本章小结】

本章对招标投标与招标投标法概述，招标，投标，开标、评标和中标，招标投标法律责任等内容进行了阐述。

招标投标法是调整在招标投标过程中产生的各种关系的法律规范的总称。招标投标活动应遵循公开、公平、公正和诚实信用原则。

招标人是指依照招标投标法的规定提出招标项目、进行招标的法人或其他组织。招标方式一般有两种：公开招标、邀请招标。公开招标也称无限竞争性招标，是指招标人以招标公告的方式邀请不特定的法人或者其他组织招标的方式。邀请招标又称为有限竞争性投标，是指招标人根据自己的经验和所掌握的信息资料以投标邀请书的方式邀请特定的法人或者其他组织投标。

投标是指符合招标文件规定资格的投标人根据招标人的招标条件，向招标人提交其依照招标文件的要求所编制的投标文件，即向招标人提出自己的报价，以期承包到该招标项目的行为。投标人不得相互串通投标报价，不得排挤其他投标人的公平竞争，损害招标人或者其他投标人的合法权益；投标人不得与招标人串通投标，损害国家利益、社会公共利益或者他人的合法权益；禁止投标人以向招标人或者评标委员会成员行贿的手段谋取中标；投标人不得以低于成本的报价竞标；投标人不得以他人名义投标或者以其他方式弄虚作假，骗取中标。

开标就是招标人依据招标文件的时间、地点，当众开启所有投标人提交的投标文件，公开宣布投标人的姓名、投标报价和其他主要内容。评标就是依据招标文件的要求和规定，对投标文件进行审查、评审和比较，评标由评标委员会负责。评标结束后，评标委员会应向投标人提交书面评标报告，并推荐中标候选人。中标人确定后，招标人应当向中标人发出中标通知书，同时将中标结果通知所有未中标的投标人。招标人和中标人应当自中标通知书发出之日起30日内，按照招标文件和中标人的投标文件订立书面合同。招标人与中标人不得再行订立背离合同实质性内容的其他协议。

在招标投标过程中，各方主体应当各自承担违反《招标投标法》相应的法律责任。

【复习思考】

1. 什么是招标投标？目前已颁布的招标投标法规有哪些？
2. 《招标投标法》对强制招标范围和规模标准有哪些规定？招标投标活动应遵循哪些基本原则？
3. 具备哪些条件才能自行招标？工程建设项目招标代理机构的资格如何认定？
4. 我国《招标投标法》规定了哪几种招标方式？它们有哪些区别？
5. 招标文件一般应载明哪些内容？招标公告的发布方式和主要内容有哪些？
6. 什么是投标人？什么是自行招标和代理招标？
7. 什么是联合体投标？联合体应具备的条件是什么？它们的内外关系如何确定？
8. 招标人与中标人为什么要签订书面合同？何时签订书面合同？
9. 中标通知书的法律效力如何？

【课后练习】

● 单项选择

1. 某工程建设项目招标人在招标文件中规定了只有获得过本省工程质量奖项的潜在投标人才有资格参加该项目的投标。根据《招标投标法》，这个规定违反了（　　）原则。
   A. 公开　　　　　B. 公平　　　　　C. 公正　　　　　D. 诚实信用
2. 根据《招标投标法》的规定，下列施工项目不属于必须招标范围的是（　　）。
   A. 企业投资的体育场

B. 企业投资的廉租住房
C. 企业投资的商品住房
D. 在资质等级许可范围内施工企业建设的自用办公楼

3. 诚实信用是民事活动的一项基本原则，招标投标活动是以（　　）为目的的民事活动，当然也适用这一原则。
   A. 承揽工程任务　　B. 签订承包合同　　C. 确定中标企业　　D. 订立采购合同

4. 在投标的过程中，如果投标人假借别的企业的资质，弄虚作假来投标即违反了（　　）这一原则。
   A. 公开　　　　　B. 公平　　　　　C. 诚实信用　　　D. 公正

5. 按照《中华人民共和国合同法》的规定，如果一方在订立合同的过程中违背了诚实信用的原则并给对方造成了实际的损失，责任方将承担（　　）的责任。
   A. 赔偿　　　　　B. 缔约过失　　　C. 降低资质等级　　D. 吊销资质证书

6. 下列不属于《工程建设项目招标范围和规模标准规定》的关系社会公共利益、公众安全的基础设施项目的是（　　）。
   A. 煤炭、石油、天然气、电力、新能源等能源项目
   B. 铁路、公路、管道、水运、航空等交通运输项目
   C. 商品住宅，包括经济适用住房
   D. 生态环境保护项目

7. 下列不属于《工程建设项目招标范围和规模标准规定》的关系社会公共利益、公众安全的公用事业项目的是（　　）。
   A. 邮政、电信枢纽、通信、信息网络等邮电通信项目
   B. 供水、供电、供气、供热等市政工程项目
   C. 商品住宅，包括经济适用住房
   D. 科技、教育、文化等项目

8. 《工程建设项目招标范围和规模标准规定》中规定施工单项合同估算价在（　　）万元人民币以上的，必须进行招标。
   A. 200　　　　　B. 100　　　　　C. 150　　　　　D. 250

9. 《工程建设项目招标范围和规模标准规定》中规定勘察、设计、监理等服务的采购，单项合同估算价在（　　）万元人民币以上的，必须进行招标。
   A. 20　　　　　B. 100　　　　　C. 150　　　　　D. 50

10. 《工程建设项目招标范围和规模标准规定》中规定项目总投资额在（　　）万元人民币以上的，必须进行招标。
    A. 2000　　　　B. 3000　　　　C. 1000　　　　D. 4000

11. 依法必须进行招标的项目的（　　），必须通过国家指定的报刊、信息网络或者其他公共媒介发布。
    A. 资格预审公告　　B. 投标邀请书　　C. 招标公告　　　D. 评标标准

12. 《招标投标法》规定："招标人采用邀请招标方式，应当向（　　）个以上具备承担招标项目的能力、资信良好的特定的法人或者其他组织发出投标邀请书。"
    A. 二　　　　　B. 三　　　　　C. 四　　　　　D. 五

13. 根据《招标投标法》，两个以上法人或者其他组织组成一个联合体，以一个投标人的身份共同投标是（　　）。
    A. 联合体投标　　B. 共同投标　　　C. 合作投标　　　D. 协作投标

14. 联合体中标的，联合体各方应当（　　）。
    A. 共同与招标人签订合同，就中标项目向招标人承担连带责任

B. 分别与招标人签订合同，但就中标项目向招标人承担连带责任
C. 共同与招标人签订合同，但就中标项目各自独立向招标人承担责任
D. 分别与招标人签订合同，就中标项目各自独立向招标人承担责任

15. 关于投标文件的补充、修改与撤回，下列说法正确的是(　　)。
    A. 对投标文件的补充、修改与撤回，应该在投标截止日期之前进行
    B. 对投标文件的补充、修改与撤回，应该在投标有效期之前进行
    C. 在投标有效期内进行的补充、修改的内容作为投标文件的组成部分
    D. 在投标截止日期前，投标人可以打电话通知招标人撤回投标文件

16. 下列不可以做投标保证金的是(　　)。
    A. 现金　　　　　　　　　　　　B. 银行保函
    C. 银行汇票　　　　　　　　　　D. 其他单位的信用担保

17. 某工程投标总价为500万元，则投标保证金最高不得超过(　　)万元。
    A. 10　　　　B. 20　　　　C. 50　　　　D. 80

18. 不符合我国招标投标法关于联合体各方资格的规定是(　　)。
    A. 联合体各方均应当具备承担招标项目必备的相应能力
    B. 招标文件对投标人资格条件有特殊要求的，联合体各方均应当具备规定的相应资格条件
    C. 由同一专业的单位组成的联合体，按照资质等级较低的单位确定联合体的资质等级
    D. 由同一专业的单位组成的联合体，按照资质等级较高的单位确定联合体的资质等级

19. 下列选项中关于开标的说法正确的是(　　)。
    A. 开标应当在招标文件确定的提交投标文件截止时间的同一时间公开进行
    B. 开标地点由招标人在开标前通知
    C. 开标地点应当根据行政主管部门指定的地点确定
    D. 开标由建设行政主管部门主持，邀请所有投标人参加

20. 根据《招标投标法》，在一般招标项目中，下面评标委员会成员中符合法律规定的是(　　)
    A. 某甲，由投标人从省人民政府有关部门提供的专家名册的专家中确定
    B. 某乙，现任某公司法定代表人，该公司常年为某投标人提供建筑材料
    C. 某丙，从事招标工程项目领域工作满10年并具有高级职称
    D. 某丁，在开标后，中标结果确定前将自己担任评标委员会成员的事告诉了某投标人

21. 根据《招标投标法》的有关规定，招标人和中标人应当自中标通知书发出之日起(　　)日内，按照招标文件和中标人的投标文件订立书面合同。
    A. 10　　　　B. 15　　　　C. 30　　　　D. 60

22. 在评标时，(　　)应当明确、严格，对所有在投标截止日期以后送到的投标书都应拒收，与投标人有利害关系的人员都不得作为评标委员会的成员。
    A. 评标程序　　B. 评标时间　　C. 评标标准　　D. 评标方法

23. 开标地点应当为(　　)。
    A. 招投标双方确认的地点　　　　B. 建设行政主管部门指定的场所
    C. 招标文件中预先确定的地点　　D. 投标人共同认可的地点

24. 评标委员会为(　　)人以上的单数
    A. 5　　　　B. 7　　　　C. 9　　　　D. 3

● 多项选择
1. 《招标投标法》第五条规定："招标投标活动应当遵循(　　)的原则。"
    A. 公开　　　　　　　　　　　　B. 公平

C. 诚实信用 D. 公正
E. 平等

2. 采用公开招标方式，（　　）等都应当公开。
    A. 评标的程序
    B. 评标人的名单
    C. 开标的程序
    D. 评标的标准
    E. 中标的结果

3. 招标投标活动的公平原则体现在（　　）等方面。
    A. 要求招标人或评标委员会严格按照规定的条件和程序办事
    B. 平等地对待每一个投标竞争者
    C. 不得对不同的投标竞争者采用不同的标准
    D. 投标人不得假借别的企业的资质，弄虚作假来投标
    E. 招标人不得以任何方式限制或者排斥本地区、本系统以外的法人或者其他组织参加投标

4. 工程建设项目招标范围包括（　　）。
    A. 全部或者部分使用国有资金投资或者国家融资的项目
    B. 施工单项合同估算价在 100 万元人民币以上的
    C. 关系社会公共利益、公众安全的大型基础设施项目
    D. 使用国际组织或者外国政府资金的项目
    E. 关系社会公共利益、公众安全的大型公用事业项目

5. 《招标投标法》第六十六条规定：（　　）等特殊情况，不适宜进行招标的项目，按照国家规定可以不进行招标。
    A. 涉及国家安全、国家秘密
    B. 使用国际组织或者外国政府资金的项目
    C. 抢险救灾
    D. 利用扶贫资金实行以工代赈需要使用农民工
    E. 生态环境保护项目

6. 下列选项中（　　）是关于投标的禁止性规定。
    A. 投标人之间串通投标
    B. 招标者预先内定中标者，在确定中标者时以此决定取舍
    C. 投标人以高于成本的报价竞标
    D. 投标者之间进行内部竞价，内定中标人，然后再参加投标
    E. 招标者向投标者泄露标底

【案例分析】

某高速公路招标项目共十二个标段，其中有两个标段低于 3000 万元，其他标段都在 5000 万元以上。一个乙级招标代理机构承揽了该招标项目。有人投诉该招标代理不具备承揽项目招标代理业务的资格。该招标代理机构辩称，本项目中各标段都小于 1 亿元，只要具备代理一个标段的能力，就能代理整个项目。

【问题】 该招标代理机构说法是否成立，为什么？

【解析】 该招标代理机构的说法不能成立，十二个标段属于一个招标项目，该项目总投资远在 1 亿元以上，显然乙级招标代理机构不能承担其招标代理业务。否则，属于超越资质承揽，应承担相应的责任。根据 2007 年建设部 154 号令《工程建设项目招标代理机构资格认定办法》第五条第三款规定："乙级工程招标代理机构只能承担工程总投资 1 亿元人民币以下的工程招标代理业务。"

第四章 建设工程质量管理法律制度

学习目标
1. 掌握建设工程质量管理基本制度
2. 掌握建设工程质量责任体系
3. 熟悉建设工程质量的管理体系

学习重点
1. 建设工程质量管理基本制度
2. 建设工程质量责任体系

第一节 建设工程质量管理概述

一、建设工程质量概念

建设工程质量有广义和狭义之分。狭义的建设工程质量仅指工程实体质量,即指在国家现行的有关法律、法规、技术标准、设计文件和合同中,对工程的安全、适用、经济、美观等特性的综合要求。而广义的建设工程质量还包括工程建设参与者的服务质量和工作质量。它反映在他们的服务是否及时、主动,态度是否诚恳、守信,管理水平是否先进,工作效率是否很高等方面。应该说,工程实体质量的好坏是决策、计划、勘察、设计、施工等单位各方面、各环节工作质量的综合反映。目前,国内外都趋向于从广义上来理解建设工程质量,但本书中的建设工程质量主要还是指工程本身的质量,即狭义上的建设工程质量。

二、建设工程质量管理体系

建设工程质量管理体系,包括纵向管理和横向管理两个方面。

纵向管理是国家对建设工程质量所进行的监督管理,它具体由建设行政主管部门及其授权机构实施,这种管理贯穿在工程建设的全过程和各个环节之中,它既对工程建设从计划、规划、土地管理、环保、消防等方面进行监督管理,又对工程建设的主体从资质认定和审查,到成果质量检测、验证和奖惩等方面进行监督管理,还对工程建设中各种活动如工程建设招投标、工程施工、验收、维修等进行监督管理。

横向管理包括两个方面:一是建设单位对所建工程的质量管理,如委托社会监理单位对工程建设的质量进行监理;二是承包单位对所建工程的质量管理,如勘察单位、设计单位、施工单位自己对所承担工作的质量管理。它们要按要求建立专门质检机构,配备相应的质检人员,建立相应的质量保证制度,如审核校对制、培训上岗制、质量抽检制、各级质量责任制和部门领导质量责任制等等。现在,世界上大多数国家都推行工程监理制,我国也在推行和完善这一制度。

三、建设工程质量管理立法概况

建设工程质量管理一直是国家建设工程管理的重要方面，因此《建筑法》将"建设工程质量管理"专门另章规定。为了更好地贯彻《建筑法》的规定，2000年1月30日国务院制定了与《建筑法》相配套的《建设工程质量管理条例》，它对建筑市场主体的质量责任和义务作了明确而具体规定。国务院建设行政主管部门及相关部门也曾先后颁发了许多调整建设工程质量管理的建设行政部门规章及一般规范性文件，如《建筑工程质量监督条例（试行）》(1983年)、《建筑工程质量建筑工程质量检验工作规定》(1985年)、《关于确保工程质量的几项措施》(1986年)、《建设工程质量监督管理规定》(1990年)、《关于提高住宅工程质量的规定》(1992年)、《关于建筑企业加强质量管理工作的意见》(1995年)、《房屋建筑工程质量保修办法》(2000年)、《建设工程勘察质量管理办法》(2002年)、《建筑工程质量保证金管理办法(暂行)》(2005年)等。

第二节 建设工程质量责任体系

一、建设单位的质量责任和义务

1. 依法对工程进行发包的责任

建设单位应当将工程发包给具有相应资质等级的单位，建设单位不得将建设工程肢解发包。

2. 依法对材料设备进行招标的责任

建设单位应当依法对工程建设项目的勘察、设计、施工、监理以及与工程建设有关的重要设备、材料等的采购进行招标。

3. 提供原始资料的责任

建设单位必须向有关的勘察、设计、施工、工程监理等单位提供与建设工程有关的原始资料。原始资料必须真实、准确、齐全。

4. 不得干预投标人的责任

建设工程发包单位，不得迫使承包方以低于成本的价格竞标，不得任意压缩合理工期。

建设单位不得明示或者暗示设计单位或者施工单位违反工程建设强制性标准，降低建设工程质量。

5. 送审施工图纸的责任

建设单位应当将施工图设计文件报县级以上人民政府建设行政主管部门或者其他有关部门审查。施工图设计文件未经审查批准的，不得使用。

6. 委托监理的责任

实行监理的建设工程，建设单位应当委托具有相应资质等级的工程监理单位进行监理，也可以委托具有工程监理相应资质等级并与被监理工程的施工承包单位没有隶属关系或者其他利害关系的该工程的设计单位进行监理。

7. 确保提供的物资符合要求的责任

按照合同约定，由建设单位采购建筑材料、建筑构配件和设备的，建设单位应当保证建筑材料、建筑构配件和设备符合设计文件和合同要求。建设单位不得明示或者暗示施工单位使用不合格的建筑材料、建筑构配件和设备。

8. 不得擅自改变主体和承重结构进行装修的责任

涉及建筑主体和承重结构变动的装修工程，建设单位应当在施工前委托原设计单位或者具有相应资质等级的设计单位提出设计方案；没有设计方案的，不得施工。

9. 依法组织竣工验收的责任

建设单位收到建设工程竣工报告后，应当组织设计、施工、工程监理等有关单位进行竣工验收。

10. 移交建设项目档案的责任

建设单位应当严格按照国家有关档案管理的规定，及时收集、整理建设项目各环节的文件资料，建立健全建设项目档案，并在建设工程竣工验收后，及时向建设行政主管部门或者其他有关部门移交建设项目档案。

二、勘察、设计单位的质量责任和义务

1. 勘察、设计单位共同的责任

1) 依法承揽工程的责任

从事建设工程勘察、设计的单位应当依法取得相应等级的资质证书，并在其资质等级许可的范围内承揽工程。禁止勘察、设计单位超越其资质等级许可的范围或者以其他勘察、设计单位的名义承揽工程。禁止勘察、设计单位允许其他单位或者个人以本单位的名义承揽工程。勘察、设计单位不得转包或者违法分包所承揽的工程。

2) 执行强制性标准的责任

勘察、设计单位必须按照工程建设强制性标准进行勘察、设计，并对其勘察、设计的质量负责。注册建筑师、注册结构工程师等注册执业人员应当在设计文件上签字，对设计文件负责。

2. 勘察单位的质量责任

勘察单位提供的地质、测量、水文等勘察成果必须真实、准确。

3. 设计单位的质量责任

1) 科学设计的责任

设计单位应当根据勘察成果文件进行建设工程设计。设计文件应当符合国家规定的设计深度要求，注明工程合理使用年限。

2) 选择材料设备的责任

设计单位在设计文件中选用的建筑材料、建筑构配件和设备，应当注明规格、型号、性能等技术指标，其质量要求必须符合国家规定的标准。

除有特殊要求的建筑材料、专用设备、工艺生产线等外，设计单位不得指定生产厂、供应商。

3) 解释设计文件的责任

设计单位应当就审查合格的施工图设计文件向施工单位作出详细说明。

4) 参与质量事故分析的责任

设计单位应当参与建设工程质量事故分析，并对因设计造成的质量事故，提出相应的技术处理方案。

三、施工单位的质量责任和义务

1. 依法承揽工程的责任

施工单位应当依法取得相应等级的资质证书,并在其资质等级许可的范围内承揽工程。

禁止施工单位超越本单位资质等级许可的业务范围或者以其他施工单位的名义承揽工程。禁止施工单位允许其他单位或者个人以本单位的名义承揽工程。施工单位不得转包或者违法分包工程。

2. 建立质量保证体系的责任

施工单位对建设工程的施工质量负责。施工单位应当建立质量责任制,确定工程项目的项目经理、技术负责人和施工管理负责人。

建设工程实行总承包的,总承包单位应当对全部建设工程质量负责;建设工程勘察、设计、施工、设备采购的一项或者多项实行总承包的,总承包单位应当对其承包的建设工程或者采购的设备的质量负责。

3. 分包单位保证工程质量的责任

总承包单位依法将建设工程分包给其他单位的,分包单位应当按照分包合同的约定对其分包工程的质量向总承包单位负责,总承包单位与分包单位对分包工程的质量承担连带责任。

4. 按图施工的责任

施工单位必须按照工程设计图纸和施工技术标准施工,不得擅自修改工程设计,不得偷工减料。施工单位在施工过程中发现设计文件和图纸有差错的,应当及时提出意见和建议。

5. 对建筑材料、构配件和设备进行检验的责任

施工单位必须按照工程设计要求、施工技术标准和合同约定,对建筑材料、建筑构配件、设备和商品混凝土进行检验,检验应当有书面记录和专人签字;未经检验或者检验不合格的,不得使用。

6. 对施工质量进行检验的责任

施工单位必须建立健全施工质量的检验制度,严格工序管理,作好隐蔽工程的质量检查和记录。隐蔽工程在隐蔽前,施工单位应当通知建设单位和建设工程质量监督机构。

7. 见证取样的责任

施工人员对涉及结构安全的试块、试件以及有关材料,应当在建设单位或者工程监理单位监督下现场取样,并送具有相应资质等级的质量检测单位进行检测。

8. 保修的责任

施工单位对施工中出现质量问题的建设工程或者竣工验收不合格的建设工程,应当负责返修。

9. 教育培训的责任

施工单位应当建立、健全教育培训制度,加强对职工的教育培训;未经教育培训或者考核不合格的人员,不得上岗作业。

四、工程监理单位的质量责任和义务

1. 依法承揽业务的责任

工程监理单位应当依法取得相应等级的资质证书,并在其资质等级许可的范围内承担工程监理业务。

禁止工程监理单位超越本单位资质等级许可的范围或者以其他工程监理单位的名义承担工程监理业务。禁止工程监理单位允许其他单位或者个人以本单位的名义承担工程监理业务。工程监理单位不得转让工程监理业务。

2. 独立监理的责任

工程监理单位与被监理工程的施工单位以及建筑材料、建筑构配件和设备供应单位有隶属关系或者其他利害关系的,不得承担该项建设工程的监理业务。

3. 依法监理的责任

工程监理单位应当依照法律、法规以及有关技术标准、设计文件和建设工程承包合同,代表建设单位对施工质量实施监理,并对施工质量承担监理责任。

监理工程师应当按照工程监理规范的要求,采取旁站、巡视和平行检验等形式,对建设工程实施监理。

4. 确认工程质量的责任

工程监理单位应当选派具备相应资格的总监理工程师和监理工程师进驻施工现场。

未经监理工程师签字,建筑材料、建筑构配件和设备不得在工程上使用或者安装,施工单位不得进行下一道工序的施工。未经总监理工程师签字,建设单位不拨付工程款,不进行竣工验收。

第三节 建设工程质量管理制度

一、工程质量标准化管理制度

工程建设标准是指对基本建设中各类工程的勘察、规划、设计、施工、安装、验收等需要协调统一的事项所制定的标准。它是由政府或立法机关颁布,是对新建建筑物的最低技术要求,亦是建设法规体系的组成部分。工程建设标准化是国家对建筑技术经济宏观管理的基础工作,它贯穿于整个工程建设全过程,是工程勘察、设计、施工、监理、建材供应等众多领域共同遵守的技术依据和准则。加强工程建设标准化,是贯彻落实《建设工程质量管理条例》,从技术上确保工程质量和安全生产的关键,对于促进建设工程技术进步,提高建设工程经济效益和社会效益等都具有重要意义。

1988年12月29日第七届全国人民代表大会通过了《中华人民共和国标准化法》;1991年5月7日国务院颁布了《中华人民共和国产品质量认证管理条例》;1992年2月30日建设部颁布了《工程建设国家标准管理办法》和《工程建设行业标准管理办法》两部法规;2000年4月20日建设部颁布了《工程建设标准强制性条文》。这一系列法律、法规的颁布实施,使我国工程建设标准化工作进入了法制管理轨道。

工程建设标准从不同的角度可有不同的分类:按照工程建设标准内容不同可以划分为技术标准、经济标准和管理标准;按照工程建设标准的级别不同可以划分为国家标准、行业标准、地方标准和企业标准;按照工程建设标准适用阶段不同可以划分为设计标准和验收标准;按照工程建设标准执行效力不同可以划分为强制性标准和推荐性标准。

二、建筑企业质量体系认证制度

我国《建筑法》规定：国家对从事建筑活动的单位推行质量体系认证制度，从事建筑活动的单位根据自愿原则可以向国务院产品质量监督管理部门或其授权部门认可的认证机构申请企业质量体系认证。经认证合格的，由认证机构向该企业颁发企业质量体系认证书。对重要的建筑材料和设备，推行产品质量认证制度。经认证合格的，由认证机构颁发质量认证证书，准许企业在产品或其包装上使用质量认证标志。使用单位经检验发现认证的产品质量不合格的，有权向产品质量认证机构投诉。

1987年3月ISO正式公布了1SO 9000—9004五个标准，这就是通常所说的"ISO 9000系列标准"。到目前为止，ISO 9000系列标准已发展为一个家族，受到世界各国欢迎，已为各国广泛采用。目前世界上已有100多个国家执行这个标准。据不完全统计全球已有几十万家企业通过了ISO 9000质量体系认证。我国也于1992年发布了等同采用国际标准的GB/T 19000《质量管理和质量保证》系列标准，也由五个标准组成。这些标准，既可作为生产企业质量保证工作的依据，也是企业申请质量体系认证的认证标准。如双方同意，它也可作为供需双方对产品质量的认证标准。

近年来，在国家质量技术监督局的统一指导下，建设部积极引导建筑企业贯彻实施，并组织进行了贯彻ISO 9000标准试点工作。我国等同采用ISO 9000系列标准制定的GB/T 19000系列标准由五个标准组成：

1) GB/T 19000—ISO 9000《质量管理和质量保证——选择和使用指南》；
2) GB/T 19001—ISO 9001《质量体系——设计/开发、生产、安装和服务的质量保证模式》；
3) GB/T 19002—ISO 9002《质量体系——生产和安装的质量保证模式》；
4) GB/T 19003—ISO 9003《质量体系——最终检验和试验的质量保证模式》；
5) GB/T 19004—ISO 9004《质量管理和质量体系要素——指南》。

GB/T 19000—ISO 9000《质量管理和质量保证》系列标准是在总结国际成功经验的基础上，从质量管理的共性出发，阐述了质量管理工作的基本原则、基本规律和质量体系要素的基本构成，它适用于不同体制、不同行业的生产、服务企业开展质量管理工作，同样也适用于建筑业企事业单位的质量管理工作。

实践证明，贯标工作有利于加强建筑企业的基础管理工作，使其步入规范化、法制化的轨道，贯标工作还有利于企业加强工程项目的质量管理，提高员工素质，加强施工过程的控制，提高工程质量。为此，建设部要求各建筑业企业从建立现代企业制度和促进企业发展的高度做好贯彻这一系列标准的工作，积极申请质量体系认证，并将贯标工作纳入企业质量目标管理考核指标之内，使企业的质量体系逐步纳入国际标准化的轨道。《建筑法》对此项制度的确定，在法律上对从事建筑活动的企业建立质量保证体系提供了保障。

三、建设工程质量监督制度

《建筑法》第四十三条规定："国家实行建设工程质量监督管理制度。"第七十九条规定："负责质量监督检查或者竣工验收的部门及其工作人员对不合格的建筑工程出具质量合格文件或者按合格工程验收的，由上级机关责令改正，对责任人员给予行政处分；构成犯罪的，依法追究刑事责任，造成损失的，由该部门承担相应的赔偿责任。"这些条文从法律上明确了政府对建设工程实行质量监督的内容。

国家实行建设工程质量政府监督管理制度。国务院建设行政主管部门对全国的建设工程质量实行统一监督管理，铁路、交通、水利等有关部门按照国务院规定的职能分工，负责全国有关专业建设工程质量的监督管理；县级以上地方人民政府建设行政主管部门对本行政区域内的建设工程质量实施监督管理，县级以上地方人民政府交通、水利等有关部门在各自的职责范围内，负责本行政区域内的专业建设工程质量的监督管理。

由于建设工程质量监督具有专业性强、周期长、程序繁杂等特点，政府部门通常不宜亲自进行日常检查工作。这就需要通过委托由政府认可的第三方，即建设工程质量监督机构，来依法代行工程质量监督职能，并对委托的政府部门负责。

（一）政府的质量监督制度

1. 各级政府主管部门质量监督管理的职责

1）国务院建设行政主管部门的职责

国务院建设行政主管部门对全国的建设工程质量实施统一监督管理。国务院铁路、交通、水利等有关部门按照国务院规定的职责分工，负责对全国的有关专业建设工程质量的监督管理。具体职责为：

（1）贯彻国家有关建设工程质量的法律、法规、政策，制定建设工程质量监督的有关规定和实施细则；

（2）指导全国建设工程质量监督工作；

（3）制定工程质量监督机构和质量监督工程师（以下简称质监工程师）的资格标准、考核、审批和管理办法，制定质监工程师培训教材、考试大纲和证书。

2）省、自治区、直辖市建设行政主管部门的职责

（1）贯彻国家有关建设工程质量的法律、法规、政策，制定本地区建设工程质量监督工作的有关规定和实施细则；

（2）本地区市、区、县质量监督机构考核、认定；

（3）组织对工程质监工程师和质量监督人员的考核，颁发证书。

省、自治区、直辖市建设行政主管部门可根据本地实际情况，将以上建设工程质量监督管理方面的职责委托有关工程质量监督管理机构行使。

3）各市（地区）、县建设行政主管部门的职责

（1）贯彻国家和地方有关建设工程质量管理法律、法规、政策；

（2）委托质量监督机构具体实施工程质量监督；

（3）在工程竣工验收后，接受质量监督机构报送的工程质量监督报告和建设单位申请工程竣工验收备案的有关资料，并决定是否办理备案手续；

（4）对质监机构上报的需实施行政处罚的报告进行审核，并依法对工程建设有关责任主体实施行政处罚。

4）国务院有关部门按照各自的职能对本专业的建设工程行使质量监督职责。

2. 政府对建筑活动主体的监督管理制度

建筑活动主体是指建筑工程的参与者，它包括建设单位、勘察设计单位、监理单位和构配件生产单位及施工单位等单位及其相关人员。政府对建筑工程主体的监督管理的主要任务是对建设单位的能力进行审查。

1）审查其是否具备与发包工程项目相适应的技术、经济管理能力，编制招标文件及

组织开标、评标、定标的能力。如不具备上述能力，则要求它委托招标代理机构代为办理招标事宜。

2) 对勘察、设计、施工、监理、构配件生产、房地产开发单位实行资质等级认证、生产许可证和业务范围的监督管理。

上述单位必须按规定申请并取得相应资格证书后，方能从事其资质等级允许范围内的业务活动。各级建设行政主管部门将严格监督各单位在其资质等级允许的业务范围内从事活动。

3) 实行执业工程师的注册制度。

目前，我国法规规定从事建筑设计、结构设计、工程监理和工程造价的工程技术人员，须经过考试取得资格证书并经注册后方能获得相应执业资格。各级建设行政主管部门将负责考试、注册及执业活动的监督管理。

（二）建设工程质量监督机构的质量监督制度

根据建设部发布的《建设工程质量监督管理规定》，凡新建、扩建、改建的工业、交通和民用、市政公用工程（含实施监理的工程）及构配件生产，均应接受建设工程质量监督机构的监督。

1. 建设工程质量监督机构

建设工程质量监督工作的主管部门，在国家为住房和城乡建设部，在地方为各级人民政府的建设行政主管部门。铁路、交通、水利等有关部门负责本专业建设工程项目的质量监督管理工作。国务院发展计划部门按国务院规定的职责，组织稽查特派员，对国家出资的重大建设项目实施监督检查。国务院经济贸易主管部门按国务院规定的职责，对国家重大技术改造项目实施监督检查。市、县建设工程质量监督站和国务院各工业、交通部门所设的专业建设工程质量监督站（简称为监督站）为建设工程质量监督的实施机构。监督站的主要职责是：检查受监工程的勘察、设计、施工单位和建筑构配件厂是否严格执行技术标准、工程的质量等级和建筑构配件质量；参与评定本地区、本部门的优质工程；参与重大工程质量事故的处理；总结质量监督工作经验，掌握工程质量状况，定期向主管部门汇报。

2. 建设工程质量监督机构的性质和基本条件

（1）工程质量监督机构是经省级以上政府有关部门考核认定，具有独立法人资格的事业单位；

（2）工程质量监督机构接受各级建设行政主管部门或有关部门的委托，在规定地域或专业范围内对工程建设项目进行强制性监督和检查，向委托部门出具质量监督报告，并对其负责；

（3）建设工程质量监督机构必须拥有一定数量的质监工程师，有满足工程质量监督检查工作需要的工具和设备。

四、工程项目竣工验收制度

（一）竣工验收的条件

工程项目的竣工验收是施工全过程的最后一道程序，也是工程项目管理的最后一项工作。它是建设投资成果转入生产或使用的标志，也是全面考核投资效益、检验设计和施工质量的重要环节。根据《建筑法》第六十一条和《建设工程质量管理条例》第十六条的规定，交付竣工验收的建筑工程，应当符合以下要求：
1. 完成建设工程设计和合同约定的各项内容；
2. 有完整的技术档案和施工管理资料；
3. 有工程使用的主要建筑材料、建筑构配件和设备的进场试验报告；
4. 有勘察、设计、施工、工程监理等单位分别签署的质量合格文件；
5. 有施工单位签署的工程保修书。

建设工程竣工经验收合格后，方可交付使用。未经验收或者验收不合格的，不得交付使用。

（二）竣工验收的程序

按国家现行规定，建设项目的验收阶段根据项目规模的大小和复杂程度可分为初步验收和竣工验收两个阶段进行。规模较大、较复杂的建设项目应先进行初验，然后进行全部建设项目的竣工验收。规模较小、较简单的项目，可以一次进行全部项目的竣工验收。

建设项目全部完成，经过各单项工程的验收，符合设计要求，并具备竣工图表、竣工决算、工程总结等必要文件资料，由项目主管部门或建设单位向负责验收的单位提出竣工验收申请报告。

大中型和限额以上项目由国家发改委或由国家发改委委托项目主管部门、地方政府组织验收，小型和限额以下项目，由项目主管部门或地方政府部门组织验收，竣工验收要根据工程规模大小和复杂程度组成验收委员会或验收小组。验收委员会或验收小组由银行、物资、环保、劳动、统计及其他有关部门组成。建设单位、勘察设计单位、监理单位、施工单位、接管单位等参加验收工作。

验收委员会或验收小组负责审查工程建设的各个环节，听取各有关单位的工作，审阅工程档案并实地查验建筑工程和设备安装，并对工程设计、施工和设备质量等方面作出评价。不合格的工程不予验收；对遗留问题提出具体解决意见，限期落实完成。

（三）竣工验收备案

2000年4月7日建设部以部令78号的形式发布了《房屋建筑工程和市政基础设施工程竣工验收备案管理暂行办法》，对房屋建筑工程和市政基础设施工程的竣工验收备案管理作出了具体规定。

国务院建设行政主管部门负责全国房屋建筑工程和市政基础设施工程的竣工验收备案管理工作。县级以上地方人民政府建设行政主管部门负责本行政区域内工程的竣工验收备案管理工作。

1. 备案时间

建设单位应当自工程竣工验收合格之日起15日内，按照规定向工程所在地的县级以上地方人民政府建设行政主管部门备案。

2. 建设单位办理工程竣工验收备案应当提交下列文件：

（1）工程竣工验收备案表；

（2）工程竣工验收报告。竣工验收报告应当包括工程报建日期，施工许可证号，施工图设计文件审查意见，勘察、设计、施工、工程监理等单位分别签署的质量合格文件及验收人员签署的竣工验收原始文件，市政基础设施的有关质量检测和功能性试验资料以及备案机关认为需要提供的有关资料；

(3) 法律、行政法规规定应当有规划、公安消防、环保等部门出具的认可文件或者准许使用文件；

(4) 施工单位签署的工程质量保修书；

(5) 法规、规章规定必须提供的其他文件。如商品住宅还应当提交《住宅质量保证书》和《住宅使用说明书》。

备案机关收到建设单位报送的竣工验收备案文件，验证文件齐全后，应当在工程竣工验收备案表上签署文件收讫。

工程竣工验收备案表一式两份，一份由建设单位保存，一份留备案机关存档。

3. 工程质量监督机构应当在工程竣工验收之日起 5 日内，向备案机关提交工程质量监督报告。备案机关发现建设单位在竣工验收过程中有违反国家有关建设工程质量管理规定行为的，应当在收讫竣工验收备案文件 15 日内，责令停止使用，重新组织竣工验收。

五、建设工程质量保修制度

建设工程质量保修制度是《建筑法》所确定的重要法律制度。健全、完善的建筑工程质量保修制度，对于促进承包方加强质量管理，保护用户及消费者的合法权益有着重要的意义。

建设工程保修制度是指建筑工程办理交工验收手续后，在规定的保修期限内，因施工、材料等原因造成的质量缺陷，应当由施工单位负责维修。建设工程承包单位在向建设单位提交工程竣工验收报告时，应当向建设单位出具质量保修书。质量保修书中应当明确建设工程的保修范围、保修期限和保修责任等。

(一) 建设工程质量保修范围及保修期限

1. 保修范围

根据《建筑法》第六十二条的规定，建筑工程保修范围包括：地基基础工程、主体结构工程、屋面防水工程和其他土建工程，以及电气管线、上下水管线的安装工程，供热、供冷系统工程等项目。

2. 保修期限

《建设工程质量管理条例》第四十条规定，在正常使用条件下，建设工程的最低保修期限为：

(1) 基础设施工程、房屋建筑的地基基础工程和主体结构工程，为设计文件规定的该工程的合理使用年限；

(2) 屋面防水工程、有防水要求的卫生间、房间和外墙面的防渗漏，为 5 年；

(3) 供热与供冷系统，为 2 个采暖期、供冷期；

(4) 电气管线、给排水管道、设备安装和装修工程，为 2 年。

其他项目的保修期限由发包方与承包方约定。

建设工程的保修期，自竣工验收合格之日起计算。

(二) 建设工程质量保修责任

《建设工程质量管理条例》第四十一条规定："建设工程在保修范围内和保修期限内发生质量问题的，施工单位应当履行保修义务，并对造成的损失承担赔偿责任。"

《房屋建筑工程质量保修办法》(2000 年 6 月 30 日建设部令第 80 号发布)规定了不属于保修范围的情况：

1. 因使用不当或者第三方造成的质量缺陷;
2. 不可抗力造成的质量缺陷。

(三) 建设工程质量保证金

1. 质量保证金的含义

建设工程质量保证金(保修金)(以下简称保证金)是指发包人与承包人在建设工程承包合同中约定,从应付的工程款中预留,用以保证承包人在缺陷责任期内对建设工程出现的缺陷进行维修的资金。

缺陷是指建设工程质量不符合工程建设强制性标准、设计文件,以及承包合同的约定。

2. 缺陷责任期

缺陷责任期从工程通过竣(交)工验收之日起计。由于承包人原因导致工程无法按规定期限进行竣(交)工验收的,缺陷责任期从实际通过竣(交)工验收之日起计。由于发包人原因导致工程无法按规定期限进行竣(交)工验收的,在承包人提交竣(交)工验收报告90天后,工程自动进入缺陷责任期。

缺陷责任期一般为6个月、12个月或24个月,具体可由发、承包双方在合同中约定。

缺陷责任期内,由承包人原因造成的缺陷,承包人应负责维修,并承担鉴定及维修费用。如承包人不维修也不承担费用,发包人可按合同约定扣除保证金,并由承包人承担违约责任。承包人维修并承担相应费用后,不免除对工程的一般损失赔偿责任。由他人原因造成的缺陷,发包人负责组织维修,承包人不承担费用,且发包人不得从保证金中扣除费用。

3. 质量保证金的数额

发包人应当在招标文件中明确保证金预留、返还等内容,并与承包人在合同条款中对涉及保证金的下列事项进行约定:

(1) 保证金预留、返还方式;
(2) 保证金预留比例、期限;
(3) 保证金是否计付利息,如计付利息,利息的计算方式;
(4) 缺陷责任期的期限及计算方式;
(5) 保证金预留、返还及工程维修质量、费用等争议的处理程序;
(6) 缺陷责任期内出现缺陷的索赔方式。

建设工程竣工结算后,发包人应按照合同约定及时向承包人支付工程结算价款并预留保证金。

全部或者部分使用政府投资的建设项目,按工程价款结算总额5%左右的比例预留保证金。社会投资项目采用预留保证金方式的,预留保证金的比例可参照执行。

4. 质量保证金的返还

缺陷责任期内,承包人认真履行合同约定的责任,到期后,承包人向发包人申请返还保证金。

发包人在接到承包人返还保证金申请后,应于14日内会同承包人按照合同约定的内容进行核实。如无异议,发包人应当在核实后14日内将保证金返还给承包人,逾期支付的,从逾期之日起,按照同期银行贷款利率计付利息,并承担违约责任。发包人在接到承包人返还保证金申请后 14 日内不予答复,经催告后 14 日内仍不予答复,视同认可承包人的返还保证金申请。

【本章小结】

本章对建设工程质量管理概述、建设工程质量责任体系、建设工程质量管理基本制度等内容进行了阐述。

建设工程质量管理体系,包括纵向管理和横向管理两个方面。纵向管理是由建设行政主管部门及其授权机构对建设工程质量所进行的监督管理,横向管理包括建设单位对所建工程的质量管理和承包单位对所建工程的质量管理建设工程质量责任体系主要从建设单位、勘察设计单位、施工单位、工程监理单位的质量责任和义务等方面进行了分析。

建设工程质量管理基本制度主要讲解建设工程质量标准化管理制度、建筑企业质量体系认证制度、建设工程质量监督制度、工程项目竣工验收制度、建设工程质量保修制度等五项制度。

【复习思考】

1. 哪些建设工程必须实行监理?
2. 建设单位的质量责任和义务如何?
3. 工程监理单位的质量责任和义务如何?
4. 建设工程质量管理基本制度有哪些?
5. 我国等同采用 ISO 9000 系列标准制定的 GB/T 19000 系列标准由哪几个标准组成?
6. 建设工程质量监督机构及其职责如何?

【课后练习】

1. 根据《建设工程质量管理条例》,建设工程承包单位在向建设单位提交竣工验收报告时,应当向建设单位出具(　　)。
   A. 质量保修书　　B. 质量保证书　　C. 质量维修书　　D. 质量保函
2. 根据《建设工程质量管理条例》,建设单位应当在工程竣工验收合格后的(　　)内到县级以上人民政府建设行政主管部门或其他有关部门备案。
   A. 10 日　　B. 15 日　　C. 30 日　　D. 60 日
3. 根据《建设工程质量管理条例》关于质量保修制度的规定,供热与供冷系统的最低保修期为(　　)。
   A. 6 个月　　　　　　　　　　B. 一个采暖期、供冷期
   C. 3 年　　　　　　　　　　　D. 两个采暖期、供冷期
4. 根据《建设工程质量管理条例》,下列选项中(　　)不属于工程质量监督管理部门。
   A. 工程质量监督机构　　　　　B. 建筑业协会
   C. 国家发展与改革委员会　　　D. 建设行政主管部门及有关专业部门
5. 根据《建设工程质量管理条例》关于质量保修制度的规定,电气管线、给排水管道、设备安装和装修工程的最低保修期为(　　)。
   A. 6 个月　　B. 1 年　　C. 2 年　　D. 5 年
6. 根据《建设工程质量管理条例》关于质量保修制度的规定,屋面防水工程、有防水要求的卫生间、房间和外墙面防渗漏的最低保修期为(　　)。
   A. 6 个月　　B. 1 年　　C. 3 年　　D. 5 年
7. (　　)应按照国家有关规定组织竣工验收,建设工程验收合格的,方可交付使用。

A. 建设单位　　　　　　　　　　　B. 工程质量监督机构
C. 建设行政主管部门及有关专业部门　D. 相关利益主体

8. 根据《建设工程质量管理条例》，下列选项中（　　）不符合施工单位质量责任和义务的规定。
   A. 施工单位应当在其资质等级许可的范围内承揽工程
   B. 施工单位不得转包工程
   C. 施工单位不得分包工程
   D. 总承包单位与分包单位对分包工程的质量承担连带责任

【案例分析】

某工程，建设单位与甲施工单位按照《建设工程施工合同（示范文本）》签订了施工合同。经建设单位同意，甲施工单位选择了乙施工单位作为分包单位。在合同履行中，发生了如下事件。

事件1：在合同约定的工程开工日前，建设单位收到甲施工单位报送的《工程开工报审表》后即予处理：考虑到施工许可证已获政府主管部门批准且甲施工单位的施工机具和施工人员已经进场，便审核签认了《工程开工报审表》并通知了项目监理机构。

事件2：在施工过程中，甲施工单位的资金出现困难，无法按分包合同约定支付乙施工单位的工程款。乙施工单位向项目监理机构提出了支付申请。项目监理机构受理并征得建设单位同意后，即向乙施工单位签发了付款凭证。

事件3：专业监理工程师在巡视中发现，乙施工单位施工的某部位存在质量隐患，专业监理工程师随即向甲施工单位签发了整改通知。甲施工单位回函称，建设单位已直接向乙施工单位付款，因而本单位对乙施工单位施工的工程质量不承担责任。

事件4：甲施工单位向建设单位提交了工程竣工验收报告后，建设单位于2003年9月20日组织勘察、设计、施工、监理等单位进行竣工验收，工程竣工验收通过，各单位分别签署了质量合格文件。建设单位于2004年3月办理了工程竣工备案。因使用需要，建设单位于2003年10月初要求乙施工单位按其示意图在已验收合格的承重墙上开车库门洞，并于2003年10月底正式将该工程投入使用。2005年2月该工程给排水管道大量漏水，经监理单位组织检查，确认是因开车库门洞施工时破坏了承重结构所致。建设单位认为工程还在保修期，要求甲施工单位无偿修理。建设行政主管部门对责任单位进行了处罚。

【问题】

（1）指出事件1中建设单位做法的不妥之处，说明理由。
（2）指出事件2中项目监理机构做法的不妥之处，说明理由。
（3）在事件3中甲施工单位的说法是否正确？为什么？
（4）根据《建设工程质量管理条例》，指出事件4中建设单位做法的不妥之处，说明理由。
（5）根据《建设工程质量管理条例》，建设行政主管部门是否应该对建设单位、监理单位、甲施工单位和乙施工单位进行处罚？并说明理由。

第五章 建设工程安全生产管理法律制度

学习目标
1. 熟悉建设工程安全生产管理法律体系
2. 掌握建设工程安全生产管理基本制度
3. 掌握建筑安全生产责任体系
4. 熟悉生产安全事故的应急救援和调查处理
5. 了解安全生产许可证制度

学习重点
1. 建筑安全生产管理法律制度
2. 建筑安全生产责任体系

第一节 建设工程安全生产管理法律体系

目前，我国建设工程安全生产法律体系主要由《建筑法》、《安全生产法》以及相关法律、行政法规、部门规章、工程建设标准等构成。

一、建设工程安全生产法律

1. 建筑法

《建筑法》自1999年3月1日起施行，是我国第一部规范建筑活动的部门法律，它的颁布施行强化了建筑工程质量和安全的法律保障。总计八十五条，通篇贯穿了质量安全问题，具有很强的针对性，对影响建筑工程质量和安全的各个方面因素作了较为全面的规范。《建筑法》确立了安全生产责任制度、群防群治制度、安全教育培训制度、安全生产检查制度和伤亡事故处理报告制度。

《建筑法》确立了安全生产责任制度。安全生产责任制度是建筑生产中最基本的安全管理制度，是所有安全规章制度的核心。安全生产责任制度是指将各种不同的安全责任落实到负责有安全管理责任的人员和具体岗位人员身上的一种制度。这一制度是"安全第一，预防为主"方针的具体体现，建筑安全生产管理的基本制度。

2. 安全生产法

《安全生产法》自2002年11月1日起施行，是安全生产领域的综合性基本法，它是我国第一部规范安全生产的专门法律，是我国安全生产法律体系的主体法，是各类生产经营单位及其从业人员实现安全生产所必须遵循的行为准则，是各级人民政府及其有关部门进行监督管理的行政执法的法律依据，是制裁各种安全生产违法犯罪的有力武器。

《安全生产法》中提供了四种监督途径，即工会民主监督、社会舆论监督、公众举报监督和社区服务监督。通过这些监督途径，使许多安全隐患及时得以发现，也将使许多安全管理工作中的不足得以改善。《安全生产法》中明确了生产经营单位必须做好安全生产的保证工作，既要在安全生产条件上、技术上符合生产经营的要求，也要在组织管理上建立健全安全生产责任并进行有效落实。《安全生产法》不仅明确了从业人员为保证安全生产所应尽的义务，也明确了从业人员进行安全生产所享有的权利。在正面强调从业人员应该为安全生产尽职尽责的同时，赋予从业人员的权利，也从另一方面有效保障了安全生产管理工作的有效开展。《安全生产法》明确规定了生产经营单位负责人的安全生产责任，因为一切安全管理，归根到底是对人的管理，只有生产经营单位的负责人真正认识到安全管理的重要性并认真落实安全管理的各项工作，安全管理工作才有可能真正有效进行。违法必究是我国法律的基本原则，在《安全生产法》中明确了对违法单位和个人的法律责任追究制度。生产安全事故，特别是重特大生产安全事故往往具有突发性、紧迫性，如果事先没有做好充分准备工作，很难在短时间内组织有效的抢救，防止事故的扩大，减少人员伤亡和财产损失。因此《安全生产法》明确了要建立事故应急救援制度，制定应急救援预案，形成应急救援预案体系。

3. 其他法律

《劳动法》、《刑法》、《消防法》、《环境保护法》、《大气污染防治》、《固体废物污染环境防治法》、《环境噪声污染防治法》、《行政处罚法》、《行政复议法》、《行政诉讼法》、《标准化法》、《产品质量法》、《职业病防治法》等国家法律均是建设工程安全生产的法制基础。

二、建设工程安全生产行政法规

《安全生产许可证条例》、《建设工程安全生产管理条例》以及《生产安全事故报告和调查处理条例》等是建筑工程安全生产法规体系中主要的行政法规。

《安全生产许可证条例》以国务院第397号令发布，于2004年1月13日起施行。它确立了建筑施工企业安全生产许可证制度，这是建筑业安全生产管理的一件大事，标志着建筑施工安全法律法规的进一步完善。建筑施工安全生产许可证是一种市场准入条件，也是政府依法行政的具体行为。建筑业实行市场准入对于政府依法加强对安全生产的监管，提高高危行业的市场准入门槛，对于督促建筑企业加强安全生产管理，加大安全投入、改善安全生产条件、提高安全标准，促进安全生产状况的根本好转，具有重大的现实意义。

《建设工程安全生产管理条例》以国务院第393号令公布，自2004年2月1日起施行，这是继《建设工程质量管理条例》颁布后我国制定的又一将对建筑领域产生巨大影响的重要法规。该《条例》是根据《建筑法》和《安全生产法》制定的一部关于建筑工程安全生产的专项法规。它的制定主要遵循了五大基本原则：首先是安全第一、预防为主原则，肯定了安全生产在建筑活动中的首要位置和重要性，体现了控制和防范。其次是以人为本，维护作业人员合法权益原则，对施工单位在提供安全防护设施、安全教育培训、为施工人员办理意外伤害保险、作业与生活环境标准等方面做了明确规定。第三是实事求是原则，在坚持法律制度统一性的前提下，对重要安全施工方案专家审查制度、专职安全人员配备等做了原则性的规定。第四是现实性和前瞻性相结合原则，注重保持法规、政策的连续性和稳定性，符合建设工程安全管理的发展趋势。第五是职权与责任一致的原则，明确了国家有关部门和建设行政主管部门对建设工程安全生产监督管理的主要职能、权限，并明确规定了相应的法律责任；对工作人员不依法履行监督管理职责给予的行政处分及追究刑事责任的范围。《建设工程安全生产管理条例》设总则、建设单位的安全责任、勘察、设计、工程监理及其他有关单位的安全责任、监督管理、生产安全事故的应急救援和调查处理、法律责任、附则共八章七十一条。适用于我国境内从事建设工程的新建、扩建、改建和拆除等有关活动及实施对建设工程安全生产的监督管理。

《生产安全事故报告和调查处理条例》以国务院第493号令公布，自2007年6月1日起施行。这是国家制定的专门解决生产安全事故的报告和调查处理问题的单行行政法规，其立法目的是规范事故的报告和调查处理，落实事故责任追究制度，防止和减少事故。《生产安全事故报告和调查处理条例》中按照人员伤亡的数量、直接经济损失的数额以及社会影响等因素，将安全事故划分为：特别重大事故、重大事故、较大事故、一般事故四级，为事故的调查处理及责任追究机制奠定了科学的依据。《生产安全事故报告和调查处理条例》对于事故调查处理原则在《安全生产法》的基础上做出了进一步规定：及时、准确地查清事故经过、事故原因和事故损失；查明事故性质，认定事故责任；总结事故教训，提出整改措施；对事故责任者依法追究责任。

此外还有《特种设备安全监察条例》，于2003年3月11日中华人民共和国国务院令第373号公布，2009年1月24日对其进行修订。

三、建设工程安全生产部门规章

建设部颁布的关于安全生产方面的规章主要包括：《建筑安全生产监督管理规定》、《建设工程施工现场管理规定》、《建设行政处罚程序暂行规定》、《实施工程建设强制性标准监督规定》等，它们以更详尽、细化的规定为建筑领域的安全生产提供了进一步保障。

四、工程建设标准

1. 建设工程标准体系的发展历程

工程建设标准是指建设工程设计、施工方法和安全保护的统一的技术要求及有关工程建设的技术术语、符号、代号、制图方法的一般原则。我国建设工程安全标准体系是一个逐步发展和自我完善的历程。1956年，国务院颁布了著名的"三大规程"，即《工厂安全卫生规程》、《建筑安全工程安全技术规程》和《工人、职员伤亡事故报告规程》；1988年以后，已经制定、颁发和执行的建筑施工安全标准有13本，其中2本是国标：《建设施工现场安全与卫生标志标准》（国标）、《建设工程施工现场供用电安全规范》（国标），11本为建设部行业标准：《建筑施工安全检查标准》、《建筑机械使用安全技术规程》、《施工现场临时用电安全技术规范》、《液压滑动模板施工安全标准规程》、《施工企业安全生产评价标准》、《建筑施工高处作业安全技术规范》、《建筑施工扣件式钢管脚手架安全技术规范》、《建筑物拆除工程安全技术规程》和《建筑施工现场环境与卫生标准》、《龙门架及井架物料提升机安全技术规范》、《建筑施工门式钢管脚手架安全技术规范》。

2002年11月国家颁布和实施了《中华人民共和国安全生产法》；2003年11月国务院又颁布了《建设工程安全生产管理条例》，目前配套编制的标准共有9本。其中《建筑施工企业安全管理规范》和《建筑施工安全技术统一规范》为国家标准；其余的为建设部行业标准，《建筑模板工程安全技术规范》、《建筑施工木脚手架安全技术规范》、《工具式脚手架安全规范》、《建筑施工碗扣式钢管脚手架安全技术规范》、《建筑施工土石方工程施工安全技术规范》、《竹脚手架安全技术规范》、《起重吊装工程安全技术规范》等。

2. 建设工程标准体系的构成

2003年1月2日，建设部制定了包括城市规划、城镇建设、房屋建筑三个部分的工程建设标准体系，建筑工程施工安全专业标准包括在房屋建筑部分的体系当中。每部分体系分为三个层次，分为基础标准、通用标准和专业标准。基础标准是指在某一专业范围内作为其他标准的基础并普遍使用，具有广泛指导意义的术语、符号、计量单位、图形、模数、基本分类、基本原则等的标准。如城市规划术语标准、建筑结构术语和符号标准等；通用标准是指针对某一类标准化对象制定的覆盖面较大的共性标准。它可作为制订专业标准的依据。如通用的安全、卫生与环保要求，通用的质量要求，通用的设计、施工要求与试验方法以及通用的管道技术等；专业标准是指针对某一具体标准化对象作为通用标准的补充、延伸制订的专项标准。它覆盖面一般不大。如某种工程的勘察、规划、设计、施工、安装及质量验收的要求和方法，某个范围的安全、卫生、环保要求，某项试验方法，某种产品的应用技术以及管理技术等。

五、国际条约

《建筑业安全卫生公约》于1988年6月20日经第75届国际劳工大会通过，并于1991年1月11日生效。其共分五章四十四条，是建筑施工安全卫生的国际标准。为进一步完善我国有关建筑安全卫生的立法，建立健全建筑安全卫生保障体系，提高我国的建筑安全卫生水平，全国人大常委会于2001年10月27日通过了关于批准建筑业安全卫生公约的决定，成为国际上实施此项公约的第15个国家。

第二节　建设工程安全生产管理基本制度

根据《建筑法》、《安全生产法》、《建设工程安全生产管理条例》、《安全生产许可证条例》、《建筑施工企业安全生产许可证管理规定》的规定，对政府部门、有关企业及相关人员的建设工程安全生产和管理行为进行了全面的规范，确立了一系列建设工程安全生产管理制度。

一、涉及政府部门安全生产的监管制度

（一）依法批准开工报告的建设工程和拆除工程备案制度

1. 建设工程备案制度

依法批准开工报告的建设工程，建设单位应当自开工报告批准之日起15日内，将保证安全施工的措施报送建设工程所在地的县级以上地方人民政府建设行政主管部门或者其他有关部门备案。

2. 拆除工程备案制度

建设单位应当将拆除工程发包给具有相应资质等级的施工单位。建设单位应当在拆除工程施工15日前，将下列资料报送建设工程所在地的县级以上地方人民政府建设行政主管部门或者其他有关部门备案：

(1) 施工单位资质等级证明;
(2) 拟拆除建筑物、构筑物及可能危及毗邻建筑的说明;
(3) 拆除施工组织方案;
(4) 堆放、清除废弃物的措施。

实施爆破作业的,应当遵守国家有关民用爆炸物品管理的规定。

(二) 三类人员考核任职制度

施工单位的主要负责人、项目负责人、专职安全生产管理人员应当经建设行政主管部门或者其他有关部门考核合格后方可任职,考核内容主要是安全生产知识和安全管理能力。

(三) 特种作业人员持证上岗制度

特种作业人员是指从事特殊岗位作业的人员,是施工单位作业人员的组成部分,但又不同于一般的作业人员。特种作业人员所从事的岗位,有较大的危险性,容易发生人员伤亡事故,对操作者本人、他人及周围设施的安全有重大危害。因此,特种作业人员工作的好坏直接关系到作业人员的人身安全,也直接关系到施工单位的安全生产工作。我国多年来,一直非常重视特种作业人员的安全教育培训,《安全生产法》第二十三条规定,特种作业人员必须按照国家有关规定经专门的安全作业培训,取得特种作业资格证书,方可上岗作业。

特种作业人员必须按照国家有关规定经过专门的安全作业培训,并取得特种作业操作资格证书后,方可上岗作业。专门的安全作业培训,是指由有关主管部门组织的专门针对特种作业人员的培训,也就是特种作业人员在独立上岗作业前,必须进行与本工种相适应的、专门的安全技术理论学习和实际操作训练。经培训考核合格,取得特种作业操作资格证书后,才能上岗作业。特种作业操作资格证书在全国范围内有效,离开特种作业岗位一定时间后,应当按照规定重新进行实际操作考核,经确认合格后方可上岗作业。对于未经培训考核,即从事特种作业的,《建设工程安全生产管理条例》第六十二条规定对施工单位进行行政处罚;造成重大安全事故,构成犯罪的,对直接责任人员,依照刑法的有关规定追究刑事责任。

(四) 施工起重机械使用登记制度

《建设工程安全生产管理条例》第三十五条规定:"施工单位应当自施工起重机械和整体提升脚手架、模板等自升式架设设施验收合格之日起三十日内,向建设行政主管部门或者其他有关部门登记。登记标志应当置于或者附着于该设备的显著位置。"该条内容规定了施工起重机械使用时必须进行登记的管理制度。

施工起重机械在验收合格之日起三十日内,施工单位应当向建设行政主管部门或者其他有关部门登记。这是对施工起重机械的使用进行监督和管理的一项重要制度,能够有效防止非法设计、非法制造、非法安装的机械和设施投入使用;同时,还可以使建设行政主管部门或者其他有关部门及时、全面了解和掌握施工起重机械和整体提升脚手架、模板等自升式架设设施的使用情况,以利于监督管理。

进行登记应当提交施工起重机械有关资料,包括:

(1) 生产方面的资料,如设计文件、制造质量证明书、监督检验证书、使用说明书、安装证明等;

(2) 使用的有关情况资料,如施工单位对于这些机械和设施的管理制度和措施、使用情况、作业人员的情况等。

建设行政主管部门或者其他有关部门应当对登记的施工起重机械建立相关档案,并及时更新,切实将施工起重机械的使用置于政府的监督之下,从而减少生产安全事故的发生。

施工单位应当将登记标志置于或者附着于该设备的显著位置。由于施工起重机械的情况不同,施工单位掌握的原则就是登记标志是证明该设备已经政府有关部门进行了登记,是合法使用的,所以将标志置于或者附着于设备上一般情况下都能够看到的地方,也便于使用者的监督,保证施工起重机械的安全使用。

施工单位应当自施工起重机械和整体提升脚手架、模板等自升式架设设施验收合格之日起30日内,向建设行政主管部门或者其他有关部门登记。

(五) 政府安全监督检查制度

《建设工程安全生产管理条例》第五章"监督管理"对建设工程安全生产的监督管理做了明确规定,其主要内容:

1. 政府安全监督检查的管理体制

(1) 国务院负责安全生产监督管理的部门依照《中华人民共和国安全生产法》的规定,对全国建设工程安全生产工作实施综合监督管理。

(2) 县级以上地方人民政府负责安全生产监督管理的部门依照《中华人民共和国安全生产法》的规定,对本行政区域内建设工程安全生产工作实施综合监督管理。

(3) 国务院建设行政主管部门对全国的建设工程安全生产实施监督管理。国务院铁路、交通、水利等有关部门按照国务院规定的职责分工,负责有关专业建设工程安全生产的监督管理。

(4) 县级以上地方人民政府建设行政主管部门对本行政区域内的建设工程安全生产实施监督管理。县级以上地方人民政府交通、水利等有关部门在各自的职责范围内,负责本行政区域内的专业建设工程安全生产的监督管理。

2. 政府安全监督检查的职责与权限

(1) 建设行政主管部门和其他有关部门应当将依法批准开工报告的建设工程和拆除工程的有关备案资料主要内容抄送同级负责安全生产监督管理的部门。

(2) 建设行政主管部门在审核发放施工许可证时,应当对建设工程是否有安全施工措施进行审查,对没有安全施工措施的,不得颁发施工许可证。

(3) 建设行政主管部门或者其他有关部门对建设工程是否有安全施工措施进行审查时,不得收取费用。

(4) 县级以上人民政府负有建设工程安全生产监督管理职责的部门在各自的职责范围内履行安全监督检查职责时,有权采取下列措施:

① 要求被检查单位提供有关建设工程安全生产的文件和资料;

② 进入被检查单位施工现场进行检查;

③ 纠正施工中违反安全生产要求的行为;

④ 对检查中发现的安全事故隐患,责令立即排除;重大安全事故隐患排除前或者排除过程中无法保证安全的,责令从危险区域内撤出作业人员或者暂时停止施工。

(5) 建设行政主管部门或者其他有关部门可以将施工现场的监督检查委托给建设工程安全监督机构具体实施。

(6) 国家对严重危及施工安全的工艺、设备、材料实行淘汰制度。具体目录由国务院建设行政主管部门会同国务院其他有关部门制定并公布。

(7) 县级以上人民政府建设行政主管部门和其他有关部门应当及时受理对建设工程生产安全事故及安全事故隐患的检举、控告和投诉。

县级以上人民政府负有建设工程安全生产监督管理职责的部门在各自的职责范围内履行安全监督检查职责时，有权纠正施工中违反安全生产要求的行为，责令立即排除检查中发现的安全事故隐患，对重大隐患可以责令暂时停止施工。建设行政主管部门或者其他有关部门可以将施工现场的安全监督检查委托给建设工程安全监督机构具体实施。

（六）危及施工安全工艺、设备、材料淘汰制度

《建设工程安全生产管理条例》第四十五条规定："国家对严重危及施工安全的工艺、设备、材料实行淘汰制度。具体目录由国务院建设行政主管部门会同国务院其他有关部门制定并公布。"这是关于严重危及施工安全的工艺、设备、材料实行淘汰制度的规定。

严重危及施工安全的工艺、设备、材料是指不符合生产安全要求，极有可能导致生产安全事故发生，致使人民群众生命和财产安全遭受重大损失的工艺、设备和材料。工艺、设备和材料在建设活动中属于物的因素，相对于人的因素来说，这种因素对安全生产的影响是一种"硬约束"。即只要是使用了严重危及施工安全的工艺、设备和材料，即使安全管理措施再严格，人的作用发挥的再充分，也仍然难以避免安全生产事故的发生。因此，工艺、设备和材料和建设施工安全息息相关。为了保障人民群众生命和财产安全，国家对严重危及施工安全的工艺、设备和材料实行淘汰制度，这不仅有利于保障安全生产，也体现了优胜劣汰的市场经济规律，有利于提高生产经营单位的工艺水平，促进设备更新。

对严重危及施工安全的工艺、设备和材料，实行淘汰制度，需要国务院建设行政主管部门会同国务院其他有关部门，在认真分析研究的基础上，确定哪些是严重危及施工安全的工艺、设备和材料，并且以明示的方法予以公布。

对于已经公布的严重危及施工安全的工艺、设备和材料，建设单位和施工单位都应当严格遵守和执行，不得继续使用此类工艺和设备，也不得转让他人使用。否则，就要承担相应的法律责任。

（七）生产安全事故报告制度

《建设工程安全生产管理条例》第五十条对建设工程生产安全事故报告制度的规定为："施工单位发生生产安全事故，应当按照国家有关伤亡事故报告和调查处理的规定，及时、如实地向负责安全生产监督管理的部门、建设行政主管部门或者其他有关部门报告；特种设备发生事故的，还应当同时向特种设备安全监督管理部门报告。接到报告的部门应当按照国家有关规定，如实上报。"

现行的法律规范中对于安全事故发生时的报告程序已有一些规定，比如《安全生产法》第七十条规定："生产经营单位发生生产安全事故后，事故现场有关人员应当立即报告本单位负责人。""单位负责人接到事故报告后，应当迅速采取有效措施，组织抢救，防

止事故扩大，减少人员伤亡和财产损失，并按照国家有关规定立即如实报告当地负有安全生产监督管理职责的部门，不得隐瞒不报、谎报或者拖延不报，不得故意破坏事故现场、毁灭有关证据。"《建筑法》第五十一条规定："施工中发生事故时，建筑施工企业应当采取紧急措施减少人员伤亡和事故损失，并按照国家有关规定及时向有关部门报告。"《生产安全事故报告和调查处理条例》中对事故的报告程序做出了更为详尽的规定，本章第四节有述。

《建设工程安全生产管理条例》第五十条还规定了实行施工总承包的施工单位发生安全事故时的报告义务主体。《建设工程安全生产管理条例》第二十四条规定："建设工程实行施工总承包的，由总承包单位对施工现场的安全生产负总责。"因此，一旦发生安全事故，施工总承包单位应当担负起及时报告的义务。

二、涉及施工企业的安全生产制度

（一）安全生产责任制度

《建筑法》、《安全生产法》、《建设工程安全生产管理条例》、《建筑施工安全检查标准》、《施工企业安全生产评价标准》、《建设工程项目管理规范》等法律、法规、规范、标准都明确要求企业必须建立健全安全生产责任制度，安全生产责任制度不仅是施工企业安全生产管理的核心制度，也是施工企业最基本的安全管理制度，同时也是国家安全生产方针"安全第一，预防为主"的具体体现。因此，建立健全安全生产责任制度，落实各级各部门各人员的安全生产责任制，是保障职工安全与健康，保证安全生产、文明施工，促进企业安全管理工作更上新台阶，树立企业良好社会形象，推动企业进一步发展壮大最有效的途径，也是最根本的手段。因此，正确理解、实施安全生产责任制是确保安全生产、文明施工的第一步，也是最关键的一步，只有全面、具体、详细了解了安全生产责任制，才能更好地实施、落实安全生产责任制，安全生产才会得到更大程度的保障。安全生产责任制的内容：

1. 法律、法规、规范、标准、规程等明确规定应当制定的制度：

（1）《建筑法》、《安全生产法》、《建设工程安全生产管理条例》中明确要求应当制定的制度有：

安全生产责任制度（狭义），群防群治制度，安全生产教育培训制度，安全事故责任追究制度，消防安全责任制度，消防安全管理制度，安全生产规章制度等。

（2）《建筑施工安全检查标准》、《建设工程项目管理规范》中明确要求应当制定的制度有：

各级各部门各人员的安全生产责任制（狭义），安全检查制度，安全教育制度，班前安全活动制度，门卫制度，消防制度，治安保卫制度等。

（3）《施工企业安全生产评价标准》（JGJ/T 77—2003）中明确要求应当制定的制度有：

安全生产责任制（狭义），安全生产奖惩考核制度，安全生产资金保障制度，安全生产教育培训制度，安全检查制度，安全事故报告处理制度，施工组织设计编审制度，大型设备安拆、验收、检测、使用、维修、保养、改造、报废制度等。

2. 法律、法规、规范、标准、规程等虽未明确规定应当制定有关规章制度，但其条文中明确要求应当做好有关工作，作为生产企业，为确保安全生产、文明施工，保证安全管理工作的高效运转，企业就必须保证此项安全管理工作的落实与落实的成效性，因此就必须做到规范化、制度化，制定相应的规章制度：

(1) 依据《建筑法》、《安全生产法》、《建设工程安全生产管理条例》的要求，应当制定的制度有：

安全技术措施(或专项安全施工组织设计、施工方案)编审制度，环保制度(防尘、防"三废"、防噪音、防振动等)，特殊作业申报制度(临时占道、爆破、夜间施工、可能损毁公共设施等作业)，保险制度(包括意外伤害保险制度、职工社会保险制度等)，安全宣传制度，安全资金提留、保管、使用制度，工伤事故报告处理统计制度，持证上岗制度(包括管理人员持证上岗，特种作业人员持证上岗，一般工人持证上岗等)，安全标牌管理制度，安全防护用具、安全设施、机械、设备、施工机具检查、验收、维护、保养、检测制度，准用证(使用证)发放使用制度，重大危险源登记建档、检测、评估、监控制度，应急救援预案报审制度，安全隐患批评、检举、控告制度，工会监督制度，安全技术交底制度等。

(2) 依据《建筑施工安全检查标准》、《建设工程项目管理规范》的要求，应当制定的制度有：

专(兼)职安全员设置制度，管理人员责任制考核制度(规定)，目标管理考核制度，管理人员年度安全培训考核制度，施工现场全封闭施工管理制度，现场管理制度，动火申请、审批、监护制度，卫生责任制度，急救制度，模板拆除申请审批制度，遵章守纪制度，奖罚制度(规定)，施工用电使用制度，各专项安全设施、施工机械检查、验收、维护、保养、检测制度(文明施工制度，脚手架检查、验收、维护制度，基坑支护检查、验收、维护制度，模板检查、验收、维护制度，"三宝""四口"防护检查、验收、维护制度，井架检查、验收、维护、保养制度，塔吊检查、验收、维护、保养制度，施工机械检查、验收、维护、保养制度等)。

3. 安全管理体系、安全管理机构、安全管理人员：

(1) 安全管理体系。科学、严谨的安全管理体系，是安全管理机构高效运行的基本保障，是安全管理人员认真履行职责的基本前提，它直接关系到安全管理目标能否实现，直接关系到广大职工的安全与健康能否得到保证。

(2) 安全管理机构。安全管理机构是组织、制定、执行、修改制度的机构，所有安全管理工作都必须经过该机构的运转方能得到落实，其落实的效率与效果如何，很大程度上取决于该机构的运转情况。因此，组建一个高效精干的安全管理机构是安全管理工作能否顺利进行的关键，是确保安全生产，保障职工安全与健康的基础。

(3) 安全管理人员。必须按照有关规定配备足够的专(兼)职安全管理人员，并持证上岗，安全管理人员应经年度教育培训考核合格，否则不得上岗作业。

(二) 安全生产教育培训制度

1. 安全生产教育培训的特点

安全生产教育培训制度，是指对从业人员进行安全生产的教育和安全生产技能的培训，是安全生产管理工作的一个重要组成部分，是实现安全生产的一项重要的基础性工作。安全教育培训具有以下几个特点：

(1) 安全教育培训的全员性。安全教育培训的对象是施工单位所有从事生产活动的人员，从施工单位的主要负责人、项目经理、专职安全生产管理人员以及一般作业人员，都必须接受安全教育培训。

(2) 安全教育培训的长期性。安全教育培训是一项长期性的工作,这个长期性体现在三个方面:安全教育培训贯穿于每个工作的全过程;安全教育培训贯穿于每个工程施工的全过程;安全教育培训贯穿于施工企业生产的全过程。

(3) 安全教育培训的专业性。安全生产既有管理性要求,也有技术性知识,使得安全教育培训具有专业性要求。教育培训者既要有充实的理论知识,也要有丰富的实践经验,这样才使安全教育培训做到深入浅出,通俗易懂。因此,施工单位加强安全教育培训,提高从业人员素质,是控制和减少安全事故的关键措施。安全教育培训工作是安全管理的重要内容之一,具有其他教育培训不可取代的特殊功能。

2. 安全生产教育培训形式

(1) 管理人员的考核

《建设工程安全生产管理条例》第三十六条规定,"施工单位的主要负责人、项目负责人、专职安全生产管理人员应当经建设行政主管部门或者其他有关部门考核合格后方可任职"。

(2) 作业人员的安全生产教育培训

1) 日常的安全生产教育培训。《建设工程安全生产管理条例》第三十六条还规定,"施工单位应当对管理人员和作业人员每年至少进行一次安全生产教育培训,其教育培训情况记入个人工作档案。安全生产教育培训考核不合格的人员,不得上岗"。

2) 对新岗位、新工人的培训。《建设工程安全生产管理条例》第三十七条规定:"作业人员进入新的岗位或者新的施工现场前,应当接受安全生产教育培训。未经教育培训或者教育培训考核不合格的人员,不得上岗作业。施工单位在采用新技术、新工艺、新设备、新材料时,应当对作业人员进行相应的安全生产教育培训。"这是关于作业人员进入新岗位、新工地或者采用新技术、新工艺、新设备、新材料时的上岗教育培训制度的规定。进入新岗位、新工地的作业人员往往是安全生产的薄弱环节,这是因为各岗位之间、各施工工地之间都是不完全相同的,各有其特殊性。因此,施工单位必须对新录用的职工和转场的职工进入安全教育培训。

① 对新工人实行"三级"安全教育。所谓"三级",即入厂教育、车间教育、班组教育。入厂教育即新工人到厂后由安全技术部门进行安全知识教育后分配到车间(队);车间教育即由车间(队)主任(队长)或主管安全的负责人负责安全教育,再分配到班组;班组教育即由班组长或班安全员负责,进行实际操作安全技术教育。这里所称的新工人,包括新招收的合同工、临时工、学徒工、农民工及实习和代培人员。教育培训的主要内容包括:安全生产的重要意义、施工工地的特点及危险因素、国家有关安全生产的法律法规、施工单位的有关规章制度、安全技术操作规程、机械设备和电气安全及高处作业的安全基本知识、防火、防毒、防尘、防爆知识以及紧急情况安全处置和安全疏散知识、防护用品的使用知识、发生生产安全事故时自救、排险、抢救伤员、保护现场和及时报告等。

② 对转移施工现场的工人进行新的施工现场的安全规章制度、安全技术措施等的教育。

3. 安全生产教育培训内容

(1) 安全生产的方针、政策、法律、法规以及安全生产规章制度的教育培训。对所有从业人员都要进行经常性的教育，对于企业各级领导干部和安全管理干部，更要定期轮训，使其提高政策、思想水平，熟悉安全生产技术及相关业务，做好安全工作。

(2) 安全操作技能的教育与培训。对安全操作技能的教育与培训，我国目前一般采用工厂教育、车间教育和现场教育多环节的方式进行。对于新工人（包括合同工、临时工、学徒工、实习和代培人员）必须进行工厂（公司）安全教育。教育内容包括安全技术知识、设备性能、操作规程、安全制度和严禁事项，并经考试合格后，方可进入操作岗位。

(3) 特种作业人员的安全生产教育和培训。建筑施工特种作业人员是指在房屋建筑和市政工程施工活动中，从事可能对本人、他人及周围设备设施的安全造成重大危害作业的人员。特种作业人员所从事的岗位，有较大的危险性，容易发生人员伤亡事故，对操作者本人、他人及周围设施的安全有重大危害。因此，特种作业人员工作的好坏直接关系到作业人员的人身安全，也直接关系到施工单位的安全生产工作。我国多年来，一直非常重视特种作业人员的安全教育培训。《安全生产法》第二十三条规定，特种作业人员必须按照国家有关规定经专门的安全作业培训，取得特种作业资格证书，方可上岗作业。住房和城乡建设部颁布并于2008年6月1日施行的《建筑施工特种作业人员管理规定》中明确规定了建筑施工特种作业的范围，包括：建筑电工、建筑架子工、建筑起重信号司索工、建筑起重机械司机、建筑起重机械安装拆卸工、高处作业吊篮安装拆卸工，以及经省级以上人民政府建设主管部门认定的其他特种作业。建筑施工特种作业人员必须经建设主管部门考核合格，取得建筑施工特种作业人员操作资格证书，方可上岗从事相应作业。建筑施工特种作业人员的考核内容应当包括安全技术理论和实际操作。规定要求，建筑施工特种作业人员应当参加年度安全教育培训或者继续教育，每年不得少于24小时。用人单位对于首次取得资格证书的人员，应当在其正式上岗前安排不少于3个月的实习操作。

(4) 采用新工艺、新技术、新材料、新设备时的教育与培训。在采用新工艺、新技术、新材料、新设备时，如对其原理、操作规程、存在的危险因素、防范措施及正确处理方法没有清楚的了解，就极易发生安全生产事故，且一旦事故发生也不能有效控制而导致损失扩大。因此，必须进行事先的培训，使相关人员了解和掌握其安全技术特性，以采取有效的安全防护措施，防止和减少安全生产事故的发生。相关法规规定：采用新工艺、新技术、新材料、新设备施工和调换工作岗位时，要对操作人员进行新技术操作和新岗位的安全教育，未经教育不得上岗操作。

4. 专项施工方案专家论证审查制度

《建设工程安全生产管理条例》第二十六条规定：施工单位应当在施工组织设计中编制安全技术措施和施工现场临时用电方案，对达到一定规模的危险性较大的分部分项工程编制专项施工方案，并附具安全验算结果，经施工单位技术负责人、总监理工程师签字后实施，由专职安全生产管理人员进行现场监督。这里讲的危险性较大工程是指依据《建设工程安全生产管理条例》第二十六条所指的七项分部分项工程，并应当在施工前单独编制安全专项施工方案：基坑支护与降水工程、土方开挖工程、模板工程、起重吊装工程、脚手架工程、拆除、爆破工程、其他危险性较大的工程。

对于结构复杂，危险性较大、特性较多的特殊工程，不仅要按照上述要求编制专项施工方案，还应当组织专家进行论证、审查。这些工程包括：深基坑(槽)，是指开挖深度超过5米的基坑(槽)、或深度未超过5米但地质情况和周围环境较复杂的基坑(槽)；地下暗挖工程，是不扰动上部覆盖层面修建地下工程的一种方法；高大模板工程，是指模板支撑系统高度超过8米，或者跨度超过18米，或者施工总荷载大于$10kN/m^2$，或者集中线荷载大于$15kN/m$的模板支撑系统。

5. 施工现场消防安全责任制度

《建设工程安全生产管理条例》第31条规定："施工单位应当在施工现场建立消防安全责任制度，确定消防安全责任人，制定用火、用电、使用易燃易爆材料等各项消防安全管理制度和操作规程，设置消防通道、消防水源，配备消防设施和灭火器材，并在施工现场入口处设置明显标志。"这是关于施工单位消防责任的规定。包含了几层含义：

(1) 施工单位应当在施工现场建立消防安全责任制，确定消防安全责任人

消防安全渗透在人们生产、生活的各个方面，各级政府、政府各部门、各行各业以及每个人在消防安全方面各尽其责，是我国做好消防工作的经验总结，也是从无数火灾中得出的教训。实践证明，实行防火安全责任制行之有效，它有利于增强人们的消防安全意识，调动各方做好消防安全工作的积极性，转变消防工作就是公安消防机构的责任的不正确认识，提高全社会整体抗御火灾的能力。对施工单位来说，首先是单位的主要负责人应当对本单位的消防安全工作全面负责，并在单位内部实行和落实逐级防火责任制、岗位防火责任制。各部门、各班组负责人以及每个岗位人员应当对自己管辖工作范围内的消防安全负责，切实做到"谁主管，谁负责；谁在岗，谁负责"，保证消防法律、法规的贯彻执行，保证消防安全措施落到实处。

(2) 施工单位还应当建立健全各项消防安全管理制度和操作规程

近年来，全国建设工程火灾十分严重，特大恶性火灾时有发生，造成了人员伤亡和财产的重大损失。发生特大火灾的主要教训是消防安全存在严重问题，施工单位的消防制度不健全，有的形同虚设，不符合国家有关建设工程消防法律法规的要求。因此，施工单位必须制定消防安全制度、消防安全操作规程。如制定用火用电制度、易燃易爆危险物品管理制度、消防安全检查制度、消防设施维护保养制度、消防控制室值班制度、员工消防教育培训制度等等。同时要结合本企业的实际，制定生产、经营、储运、科研过程中预防火灾的操作规程，确保消防安全。

用火用电制度是为了预防和减少建筑火灾的发生，保障国家财产和人民生命财产的安全，在建筑设计时就要充分考虑并采取预防火灾的措施，避免建筑物留下先天性火灾隐患。如禁止在具有火灾、爆炸危险的场所使用明火，既包括焊接、切割、热处理、烘烤、熬炼等明火作业，也包括炉灶及灼热的炉体、烟筒、电热器等生活用火及吸烟、明火取暖、明火照明等。建筑物是人们生产、生活，进行各种活动的场所，其中又大都存在可燃物和火源、电源，因此，稍有不慎就会发生火灾。为此，国家制定有许多关于工程建设的消防技术标准，如《建筑设计防火规范》(GBJ 16—87)、《人民防空工程设计防火规范》(GBJ 98—87)、《自动喷水灭火系统设计规范》(GBJ 84—85)等等。但是，如果消防设计不能在施工中得到落实，等于纸上谈兵，一纸空文，消防安全仍然不能得到保障。所以，

擅自降低消防技术标准施工、使用防火性能不符合国家标准的建筑构件和材料施工以及使用不合格的装修、装饰材料施工的行为应当承担相应的法律责任。

易燃易爆危险物品也是施工现场发生生产安全事故的重要原因之一。易燃易爆危险物品，包括易燃易爆化学物品和民用爆炸物品。易燃易爆危险物品具有较大的火灾危险性和破坏性，如果在生产、储存、运输、销售或者使用等过程中不严加管理，极易造成严重灾害事故。易燃易爆化学物品是指国家标准《危险货物品名表》（GB 12265—90）中以燃烧爆炸为主要特性的压缩气体、液化气体、易燃液体、易燃固体、自燃物品、遇湿易燃物品和氧化剂、有机过氧化物以及毒害品、腐蚀品中部分易燃易爆化学物品。这类物品通火或受到摩擦、撞击、震动、高热或其他因素的影响，即可引起燃烧和爆炸，是火灾危险性极大的一类化学危险物品。民用爆炸物品包括各种炸药、雷管、导火索、非电导爆系统、起爆药、岩石混凝土爆破剂、黑色火药、烟火剂、民用信导弹、烟花爆竹以及公安部认为需要管理的其他爆炸物品。对于施工现场的这些物品，必须制定严格的安全管理制度和操作规程，作业人员要按照管理制度和操作规程的要求，进行作业，保证安全施工。

（3）施工单位在施工现场应当设置消防通道、消防水源，配备消防设施和灭火器材

"消防通道"，是指供消防人员和消防车辆等消防装备进入或穿越建筑物或在建筑物内能够通行的道路。规划建设消防通道应当达到：保证道路的宽度、限高和道路的设置，满足消防车通行和灭火作战的需要的基本要求。"消防水源"，是指市政消火栓、天然水源取水设施、消防蓄水池和消防供水管网等消防供水设施。规划建设消防供水设施应当达到：保证消防供水设施的数量、水量、水压等满足灭火需要，保证消防车到达火场后能够就近利用消防供水设施，及时扑救火灾，控制火势蔓延的基本要求。"消防设施"，一般是指固定的消防系统和设备，如火灾自动报警系统、各类自动灭火系统、消火栓、防火门等；"消防器材"，是指移动的灭火器材、自救逃生器材，如灭火器、防烟面罩、缓降器等。

按照国家有关规定配置的消防设施和器材，应当定期组织检验、维修。主要包括两方面内容：一是，任何单位都应按照消防法规和国家工程建筑消防技术标准配置消防设施和器材、设置消防安全标志。各类消防设施、器材和标志均应与建筑物同时验收并投入使用。二是，定期组织对消防设施、器材进行检验、维修，确保完好、有效，这是施工单位的重要职责。建筑消防设施能否发挥预防火灾和扑灭初期火灾的作用，关键是日常的维修保养，应当经常检查，定期维修。

（4）施工单位应当在施工现场入口处设置明显的消防安全标志

"消防安全标志"，是指用以表达与消防有关的安全信息的图形符号或者文字标志，包括火灾报警和手动控制的标志、火灾时疏散途径的标志、灭火设备的标志、具有火灾爆炸危险的物质或场所的标志等。消防安全标志的设置应当按照国家有关标准，主要是：1996年2月1日起施行的《消防安全标志设置要求》（GB 15630—1995）1993年3月1日起施行的《消防安全标志》（GB 13495—1992）。

此外，施工单位还应当结合本单位防火工作的特点，有重点的进行消防安全知识的宣传教育，增强作业人员的消防安全意识，使作业人员了解本岗位的火灾特点，会使用灭火器材扑救初期火灾，会报火警，会自救逃生。

6. 意外伤害保险制度

建筑行业属于高风险行业，为了保护建筑业从业人员合法权益，转移生产安全事故风险，增强施工单位预防和控制生产安全事故的能力，促进安全生产，根据《建筑法》第四十八条的规定，施工单位必须为从事危险作业的人员办理意外伤害保险。《条例》第三十八条也规定：施工单位应当为施工现场从事危险作业的人员办理意外伤害保险。意外伤害保险费由施工单位支付。实行施工总承包的，由总承包单位支付意外伤害保险费。意外伤害保险期限自建设工程开工之日起至竣工验收合格止。

（1）施工单位对施工现场从事危险作业的人员办理的意外伤害保险是法定的强制性保险。《保险法》第二条规定，保险是指投保人根据合同的约定，向保险人支付保险费，保险人对于合同约定的可能发生的事故因其发生所造成的财产损失承担赔偿保险金责任，或者当被保险人死亡、伤残、疾病或者达到合同约定的年龄、期限时承担给付保险金责任的商业保险行为。保险按照实施形式，可分为自愿保险和强制保险。自愿保险是指是否办理保险业务，完全由当事人根据自己的意愿决定，可以办理该项保险，也可以不办理该项保险。商业保险的绝大部分属于自愿保险。强制保险也称法定保险，是指依照法律、行政法规的规定必须办理的保险，这类保险带有强制性，不论有关当事人是否愿意，都必须依法办理此项保险。强制保险一般是针对涉及人身安全、危险范围较广的事项，国家在法律、行政法规中作出规定。施工单位对施工现场从事危险作业的人员办理的意外伤害保险即是法定的强制性保险，是由施工单位作为投保人与保险公司订立保险合同，支付保险费，以本单位从事危险作业的人员作为被保险人，当被保险人在施工作业中发生意外伤害事故时，由保险公司依照合同约定向被保险人或者受益人支付保险金。该项保险是施工单位必须办理的，以维护施工现场从事危险作业的人员的利益。

（2）意外伤害的保险费由施工单位支付，施工单位不得向职工摊派。施工现场从事危险作业的人员，是指在施工现场从事如高空作业、爆破作业等危险性较大的岗位的作业人员。施工单位为其办理的保险属于人身保险中的意外伤害保险，也就是说，从事危险作业的人员在施工作业中，因意外事故即因职工自己意志以外原因而致身体残废或者死亡的，由保险公司支付保险金。意外伤害的保险费由施工单位支付，施工单位不得向职工摊派。保险费应当列入安装工程费用。工程项目中有分包单位的，由总承包施工单位统一办理意外伤害保险，由总承包单位支付保险费。

（3）意外伤害保险的范围应当覆盖工程项目。保险期限应涵盖工程项目开工之日到工程竣工验收合格之日。提前竣工的，保险责任自行终止。因延长工期的，应当办理保险顺延手续。施工单位应当在工程项目开工前，办理完投保手续。鉴于工程建设项目施工工艺流程中各工种调动频繁、用工流动性大，投保应实行不记名和不计人数的方式。施工单位在办理投保手续后，应将投保有关信息以布告形式张贴于施工现场，告之被保险人。施工单位在发生意外事故后，应当立即向保险公司提出索赔，使施工伤亡人员能够得到及时、足额的赔付。

（4）意外伤害保险与工伤保险的关系。《安全生产法》第四十三条规定，生产经营单位必须依法参加工伤社会保险，为从业人员缴纳保险费。根据这一规定，施工单位是必须为其作业人员办理工伤保险，这是强制性的义务，施工单位必须执行。而意外伤害保险，是针对施工现场从事危险作业的人员，由于工作岗位的特殊性，这些人员所面临的危害也比其他人员大得多，给他们更多的保障，减少他们的后顾之忧，是非常有必要的。在对建设工程施工现场的特殊性进行分析的基础上，考虑到对高危作业人员权益的保护，《建设工程安全生产管理条例》明确规定，施工单位为施工现场从事危险作业的人员办理意外伤害保险。也就是说，已在企业所在地参加工伤保险的人员，在施工现场从事危险作业时，仍可参加意外伤害保险。

7. 生产安全事故应急救援预案制度

应急救援预案是指事先制定的关于特大生产安全事故发生时进行紧急救援的组织、程序、措施、责任以及协调等方面的方案和计划。关于生产安全事故的应急救援和调查处理具体内容在第四节中详细介绍。

第三节　建设工程安全生产责任体系

为了保障建筑生产的安全，参与建筑活动的各方主体都应当承担相应的安全生产责任。

一、建设单位的安全责任

1. 向施工单位提供资料的责任

《建筑法》第四十条规定："建设单位应当向建筑施工企业提供与施工现场相关的地下管线资料，建筑施工企业应当采取措施加以保护。"《建设工程安全生产管理条例》第六条规定："建设单位应当向施工单位提供施工现场及毗邻区域内供水、排水、供电、供气、供热、通信、广播电视等地下管线资料，气象和水文观测资料，相邻建筑物和构筑物、地下工程的有关资料，并保证资料的真实、准确、完整。"

2. 依法履行合同的责任

建设单位不得对勘察、设计、施工、工程监理等单位提出不符合建设工程安全生产法律、法规和强制性标准规定的要求，不得压缩合同约定的工期。国家关于建设工程安全生产方面的法律、法规和工程强制性标准中的许多内容是关于工程建设中保证人民群众生命和财产安全、环境保护和公共利益的规定，参与工程建设的建设、勘察、设计、施工、工程监理等各方均必须严格执行。同时，建设单位更不能为了早日发挥项目的效益，迫使承包单位大量增加人力、物力投入，简化施工程序，盲目赶工期，这样会诱发很多施工安全事故和工程结构安全隐患，不仅损害了承包单位的利益，也损害了建设单位的根本利益，具有很大的危害性。

3. 提供安全生产费用的责任

建设单位应当提供建设工程安全生产作业环境及安全施工措施所需的费用。《安全生产法》第十八条规定："生产经营单位应当具备的安全生产条件所必需的资金投入，由生产经营单位的决策机构、主要负责人或者个人经营的投资人予以保证，并对由于安全生产所必需的资金投入不足导致的后果承担责任。"《建设工程安全生产管理条例》第八条规定："建设单位在编制工程概算时，应当确定建设工程安全作业环境及安全施工措施所需费用。"

4. 不得推销劣质材料设备的责任

建设单位不得明示或者暗示施工单位购买、租赁、使用不符合安全施工要求的安全防护用具、机械设备、施工机具及配件、消防设施和器材。

5. 提供安全施工措施资料的责任

建设单位在办理施工许可证或者开工报告时，必须报送安全施工措施。《建设工程安全生产管理条例》第十条规定，建设单位在申请领取施工许可证时，应当提供建设工程有关安全施工措施的资料。依法批准开工报告的建设工程，建设单位应当自开工报告批准之日起15日内，将保证安全施工的措施报送建设工程所在地的县级以上地方人民政府建设行政主管部门或者其他有关部门备案。

6. 对拆除工程进行备案的责任

建设单位在拆除工程施工15日前，必须将下列资料报送建设工程所在地的县级以上地方人民政府建设行政主管部门或者其他有关部门备案：①施工单位资质等级证明；②拟拆除建筑物、构筑物及可能危及毗邻建筑的说明；③拆除施工组织方案；④堆放、清除废弃物的措施。实施爆破作业的，应当遵守国家有关民用爆炸物品管理的规定。

7. 办理特殊作业申请批准手续的责任

《建筑法》第四十二条规定：有下列情形之一的，建设单位应当按照国家有关规定办理申请批准手续：①需要临时占用规划批准范围以外场地的；②可能损坏道路、管线、电力、邮电通讯等公共设施的；③需要临时停水、停电、中断道路交通的；④需要进行爆破作业的；⑤法律、法规规定需要办理报批手续的其他情形。

二、施工企业的安全责任

（一）施工单位安全生产责任制度

《建设工程安全生产管理条例》第二十一条规定："施工单位主要负责人依法对本单位的安全生产工作全面负责。施工单位应当建立健全安全生产责任制度和安全生产教育培训制度，制定安全生产规章制度和操作规程，保证本单位安全生产条件所需资金的投入，对所承担建设工程进行定期和专项安全检查，并做好安全检查记录。施工单位的项目负责人应当由取得相应执业资格的人员担任，对建设工程项目的安全施工负责，落实安全生产责任制度、安全生产规章制度和操作规程，确保安全生产费用的有效使用，并根据工程的特点组织制定安全施工措施，消除安全事故隐患，及时、如实报告生产安全事故。"

（二）施工单位安全措施

1. 安全生产费用应当专款专用

《建设工程安全生产管理条例》第二十二条规定："施工单位对列入建设工程概算的安全作业环境及安全施工措施所需费用，应当用于施工安全防护用具及设施的采购和更新、安全施工措施的落实、安全生产条件的改善，不得挪作他用。"

2. 安全生产管理机构及人员的设置

《建设工程安全生产管理条例》第二十三条规定："施工单位应当设立安全生产管理机构，配备专职安全生产管理人员。专职安全生产管理人员负责对安全生产进行现场监督检查。发现安全事故隐患，应当及时向项目负责人和安全生产管理机构报告；对违章指挥、违章操作的，应当立即制止。"

3. 编制安全技术措施及专项施工方案的规定

《建设工程安全生产管理条例》第二十六条规定，施工单位应当在施工组织设计中编制安全技术措施和施工现场临时用电方案,对下列达到一定规模的危险性较大的分部分项工程编制专项施工方案,并附具安全验算结果,经施工单位技术负责人、总监理工程师签字后实施,由专职安全生产管理人员进行现场监督:①基坑支护与降水工程;②土方开挖工程;③模板工程;④起重吊装工程;⑤脚手架工程;⑥拆除、爆破工程;⑦国务院建设行政主管部门或者其他有关部门规定的其他危险性较大的工程。

对上述工程中涉及深基坑、地下暗挖工程、高大模板工程的专项施工方案,施工单位还应当组织专家进行论证、审查。施工单位还应当根据施工阶段和周围环境及季节、气候的变化,在施工现场采取相应的安全施工措施。施工现场暂时停止施工的,施工单位应当做好现场防护,所需费用由责任方承担,或按照合同约定执行。

4. 对安全施工技术要求的交底

《建设工程安全生产管理条例》第二十七条规定:"建设工程施工前,施工单位负责项目管理的技术人员应当对有关安全施工的技术要求向施工作业班组、作业人员做出详细说明,并由双方签字确认。"

5. 危险部位安全警示标志的设置

《建设工程安全生产管理条例》第二十八条规定:"施工单位应当在施工现场入口处、施工起重机械、临时用电设施、脚手架、出入通道口、楼梯口、电梯井口、孔洞口、桥梁口、隧道口、基坑边沿、爆破物及有害危险气体和液体存放处等危险部位,设置明显的安全警示标志。安全警示标志必须符合国家标准。"

6. 对施工现场生活区、作业环境的要求

《建设工程安全生产管理条例》第二十九条规定:"施工单位应当将施工现场的办公、生活区与作业区分开设置,并保持安全距离;办公、生活区的选址应当符合安全性要求。职工的膳食、饮水、休息场所等应当符合卫生标准。施工单位不得在尚未竣工的建筑物内设置员工集体宿舍。"

7. 环境污染防护措施

《建设工程安全生产管理条例》第三十条规定:"施工单位因建设工程施工可能造成损害的毗邻建筑物、构筑物和地下管线等,应当采取专项保护措施。"

施工单位应当遵守有关环境保护法律、法规的规定,在施工现场采取措施,防止或减少粉尘、废气、废水、固体废物、噪声、振动和施工照明对人和环境的危害和污染。

8. 消防安全保障措施

消防安全是建设工程安全生产管理的重要组成部分,是施工单位现场安全生产管理的工作重点之一。《建设工程安全生产管理条例》第三十一条规定:"施工单位应当在施工现场建立消防安全责任制度,确定消防安全责任人,制定用火、用电、使用易燃易爆材料等各项消防安全管理制度和操作规程,设置消防通道、消防水源,配备消防设施和灭火器材,并在施工现场入口处设置明显标志。"

(三)建筑施工现场的安全生产管理

建筑施工企业在施工过程中,应遵守有关安全生产的法律、法规和建筑行业安全规章、规程。企业法定代表人、项目经理、生产管理人员和工程技术人员不得违章指挥,强令作业人员违章作业,如因违章指挥、强令职工冒险作业而发生重大伤亡事故或造成其他严重后果的,要依法追究其刑事责任。安全是目的,制度是保证。所以在建筑施工过程中的安全管理就是制度管理。

1. 施工现场实行制度管理

(1) 施工现场实行安全生产责任制度

《建筑法》第四十五条规定，施工现场安全由建筑施工企业负责。实行工程总承包的，由总承包单位负责。分包单位向总承包单位负责，服从总承包单位对施工现场的安全生产管理。

《建设工程安全生产管理条例》第二十四条规定："建设工程实行施工总承包的，由总承包单位对施工现场的安全生产负总责。总承包单位依法将建设工程分包给其他单位的，分包合同中应当明确各自的安全生产方面的权利、义务。总承包单位和分包单位对分包工程的安全生产承担连带责任。分包单位应当服从总承包单位的安全生产管理，分包单位不服从管理导致生产安全事故的，由分包单位承担主要责任。"

(2) 施工现场实行安全技术交底制度

施工现场高空与交叉作业及手工操作多、劳动强度大、作业环境复杂，作业人员的素质又普遍偏低，施工单位有必要对工程项目的概况、危险部位和施工技术要求、作业安全注意事项等向作业人员作出详细说明，以保证施工质量和安全生产。

(3) 施工现场实行安全检查制度

施工现场除应经常进行安全生产检查外，还应组织定期检查。企业（公司）每季进行一次，区每月进行一次，施工队每半月进行一次。检查要发动群众，以自查为主，互查为辅。以查思想、查制度、查纪律、查领导、查隐患为主要内容。要结合季节特点开展防洪、防雷电、防坍塌、防高处坠落、防煤气中毒等"五防"检查。发现隐患，立即整改。对因特殊情况不能立即整改的要建立登记、整改、检查、销项制度。要制定整改计划，定人、定措施、定经费、定完成日期。在隐患没有消除前，必须采取可靠的防护措施，如有危及人身安全的紧急险情，应立即停止作业。

2. 建筑施工现场的安全防护管理

《建筑法》第三十九条规定："建筑施工企业应当在施工现场采取维护安全、防范危险、预防火灾等措施；有条件的，应当对施工现场实行封闭管理。施工现场对毗邻的建筑物、构筑物和特殊作业环境可能造成损害的，建筑施工企业应当采取安全防护措施。"

《建设工程安全生产管理条例》第三十条规定："施工单位对因建设工程施工可能造成损害的毗邻建筑物、构筑物和地下管线等，应当采取专项防护措施。在城市市区内的建设工程，施工单位应当对施工现场实行封闭围挡。"

三、监理单位的安全责任

1. 安全技术措施及专项施工方案审查义务

《建设工程安全生产管理条例》第十四条第一款规定："工程监理单位应当审查施工组织设计中的安全技术措施或者专项施工方案是否符合工程建设强制性标准。"

2. 安全生产事故隐患报告义务

《建设工程安全生产管理条例》第十四条第二款规定："工程监理单位在实施监理过程中，发现存在安全事故隐患的，应当要求施工单位整改；情况严重的，应当要求施工单位暂时停止施工，并及时报告建设单位。施工单位拒不整改或者不停止施工的，工程监理单位应当及时向有关主管部门报告。"

3. 应当承担监理责任

工程监理单位和监理工程师应当按照法律、法规和工程建设强制性标准实施监理，并对建设工程安全生产承担监理责任。

四、勘察设计单位的安全责任

（一）勘察单位的安全责任

根据《建设工程安全生产管理条例》第十二条的规定，勘察单位的安全责任包括：

1. 勘察单位应当按照法律、法规和工程建设强制性标准进行勘察，提供的勘察文件应当真实、准确，满足建设工程安全生产的需要。

2. 勘察单位在勘察作业时，应当严格按照操作规程，采取措施保证各类管线、设施和周边建筑物、构筑物的安全。

（二）设计单位的安全责任

1. 设计单位应当按照法律、法规和工程建设强制性标准进行设计，防止因设计不合理导致安全生产事故的发生。

2. 设计单位应当考虑施工安全操作和防护的需要，对涉及施工安全的重点部位和环节在设计文件中注明，并对防范安全生产事故提出指导意见。

3. 采用新结构、新材料、新工艺的建设工程和特殊结构的建设工程，设计单位应当在设计中提出保障施工作业人员安全和预防生产安全事故的措施建议。

4. 设计单位和注册建筑师等注册执业人员应当对其设计负责。

五、相关单位的安全责任

（一）机械设备和配件供应单位的安全责任

《建设工程安全生产管理条例》第十五条规定："为建设工程提供机械设备和配件的单位，应当按照安全施工的要求配备齐全有效的保险、限位等安全设施和装置。"

（二）机械设备、施工机具和配件出租单位的安全责任

《建设工程安全生产管理条例》第十六条规定："出租的机械设备和施工工具及配件，应当具有生产（制造）许可证，产品合格证。出租单位应当对出租的机械设备和施工工具及配件的安全性能进行检测，在签订租赁协议时，应当出具检测合格证明。禁止出租检测不合格的机械设备和施工工具及配件。"

（三）起重机械和自升式架设设施的安全管理

1. 在施工现场安装、拆卸施工起重机械和整体提升脚手架、模板等自升式架设设施，必须由具有相应资质的单位承担。

2. 安装、拆卸施工起重机械和整体提升脚手架、模板等自升式架设设施，应当编制拆装方案、制定安全施工措施，并由专业技术人员现场监督。

3. 施工起重机械和整体提升脚手架、模板等自升式架设设施安装完毕后，安装单位应当自检，出具自检合格证明，并向施工单位进行安全使用说明，办理验收手续并签字。

4. 施工起重机械和整体提升脚手架、模板等自升式架设设施的使用达到国家规定的检验检测期限的，必须经具有专业资质的检验检测机构检测。经检测不合格的，不得继续使用。

5. 检验检测机构对检测合格的施工起重机械和整体提升脚手架、模板等自升式架设设施，应当出具安全合格证明文件，并对检测结果负责。

第四节　生产安全事故的应急救援和调查处理

建筑业属于事故多发的行业之一。由于建设工程中生产安全事故的发生不可能完全杜绝，在加强施工安全监督管理、坚持预防为主的同时，为了减少建设工程安全事故中的人员伤亡和财产损失，必须在事故发生以前，未雨绸缪，建立建设工程生产安全事故的应急救援制度。

安全事故都是严重的责任事故，事故发生后，首先，施工单位应按规定及时上报有关部门，在发生安全事故的现场采取有效的措施，在调查清楚事故原因的基础上，对相关责任人进行责任追究，只有这样才能避免类似事故的重复发生。

一、生产安全事故应急救援预案的制定

（一）政府相关部门应制定本行政区域内特大生产安全事故应急救援预案

《安全生产法》第六十八条和《安全生产管理条例》第四十七条均规定了县级以上地方各级人民政府有组织有关部门制定本行政区域内特大生产安全事故应急救援预案和建立应急救援体系的义务。

应急救援预案是指事先制定的关于特大生产安全事故发生时进行紧急救援的组织、程序、措施、责任以及协调等方面的方案和计划。特大生产安全事故往往具有突发性、紧迫性的特点，如没有事先做好充分的应急准备工作，很难在短时间内组织起有效的抢救，防止事故扩大或减少人员伤亡和财产损失。因此，事先制定应急救援预案，形成应急救援体系的工作十分重要。

（二）施工单位生产安全事故应急救援预案的制定和责任的落实

1. 施工单位生产安全事故应急救援预案的制定

《安全生产法》第六十九条规定："危险物品的生产、经营、储存单位以及矿山、建筑施工单位应当建立应急救援组织；生产经营规模较小，可以不建立应急救援组织的，应当指定兼职的应急救援人员。危险物品的生产、经营、储存单位以及矿山、建筑施工单位应当配备必要的应急救援器材、设备，并进行经常性维护、保养，保证正常运转。"

《安全生产管理条例》第四十八条规定："施工单位应当制定本单位生产安全事故应急救援预案，建立应急救援组织或者配备应急救援人员，配备必要的应急救援器材、设备，并定期组织演练。"

上述法律条文包含以下五层含义：

（1）所有的施工单位都应制定应急救援预案。

（2）建立专门从事应急救援工作的组织机构。一旦发生生产安全事故，应急救援组织就能够迅速、有效地投入抢救工作，防止事故的进一步扩大，最大限度地减少人员伤亡和财产损失。

（3）对一些施工规模较小、从业人员较少、发生事故时应急救援任务相对较轻的施工单位，可以配备兼职的能够胜任的应急救援人员，来保证应急救援预案的实施。应急救援人员应经过培训和必要的演练，使其了解本行业安全生产的方针、政策和安全救护规程；

掌握救援行动的方法、技能和注意事项；熟悉本单位安全生产情况；掌握应急救援器材、设备的性能、使用方法。

（4）施工单位要根据生产经营活动的性质、特点以及应急救援工作的实际需要，有针对、有选择地配备应急救援器材、设备。为了保证这些器材、设备处于正常运转状态，在发生事故时用得上、用得好，还应当对这些器材、设备进行经常性维护、保养。

（5）施工单位为了保证发生生产安全事故时能按各类针对性预案实施救援，按照《消防法》第十六条"对职工进行消防安全培训"的规定，普及消防知识。对于不同的预案，要有计划地组织救援人员培训，定期进行演练，以使配备的应急救援物资、人员符合实战需要。

2. 施工单位在施工现场落实应急预案责任的划分

《安全生产管理条例》第四十九条规定："施工单位应当根据建设工程施工的特点、范围，对施工现场易发生重大事故的部位、环节进行监控，制定施工现场生产安全事故应急救援预案。实行施工总承包的，由总承包单位统一组织编制建设工程生产安全事故应急救援预案，工程总承包单位和分包单位按照应急救援预案，各自建立应急救援组织或者配备应急救援人员，配备救援器材、设备，并定期组织演练。"此条规定了施工单位在施工现场应急预案的责任划分。

为了贯彻"安全第一、预防为主"的安全生产方针，施工单位应根据工程特点、施工范围，在开工前对施工过程进行安全策划，对可能出现的危险因素进行识别，列出重大危险源，制定消除或减小危险性的安全技术方案、措施，对易发生重大事故的作业，脚手架、施工用电、基坑支护、模板支撑、起重吊装、塔吊、物料提升机及其他垂直运输设备，爆破、拆除工程等应有专项技术方案并落实控制措施进行监控；制定施工现场生产安全事故应急救援预案，对可能发生的事故及随之引发的伤害和其他影响采取抢救行动。

实行施工总承包的，施工总承包单位要对施工现场的施工组织和安全生产进行统一管理和全面负责，因此工程项目的生产安全事故应急救援预案应由总承包单位统一组织、编制，分包单位应服从总承包单位的管理，总承包单位与分包单位按照事故应急救援预案，各自建立应急救援组织或配备应急救援人员。对配备的救援器材、设备，要定期维护保养，并定期组织培训演练。

二、生产安全事故报告制度

（一）事故等级

2007年4月7日国务院颁布的《生产安全事故报告和调查处理条例》中规定，根据生产安全事故（以下简称事故）造成的人员伤亡或者直接经济损失，一般分为以下等级：

1. 特别重大事故，是指造成30人以上死亡，或者100人以上重伤（包括急性工业中毒，下同），或者1亿元以上直接经济损失的事故；

2. 重大事故，是指造成10人以上30人以下死亡，或者50人以上100人以下重伤，或者5000万元以上1亿元以下直接经济损失的事故；

3. 较大事故，是指造成3人以上10人以下死亡，或者10人以上50人以下重伤，或者1000万元以上5000万元以下直接经济损失的事故；

4. 一般事故，是指造成3人以下死亡，或者10人以下重伤，或者1000万元以下直接经济损失的事故。

国务院安全生产监督管理部门可以会同国务院有关部门,制定事故等级划分的补充性规定。

(二) 重大事故报告

施工单位发生生产安全事故,应当按照国家有关伤亡事故报告和调查处理的规定,及时、如实地向负责安全生产监督管理的部门、建设行政主管部门或者其他有关部门报告;特种设备发生事故的,还应当同时向特种设备安全监督管理部门报告。接到报告的部门应当按照国家有关规定,如实上报。实行施工总承包的建设工程,由总承包单位负责上报事故。

1. 事故报告程序

事故发生后,事故现场有关人员应当立即向本单位负责人报告;单位负责人接到报告后,应当于1小时内向事故发生地县级以上人民政府安全生产监督管理部门和负有安全生产监督管理职责的有关部门报告。情况紧急时,事故现场有关人员可以直接向事故发生地县级以上人民政府安全生产监督管理部门和负有安全生产监督管理职责的有关部门报告。

安全生产监督管理部门和负有安全生产监督管理职责的有关部门接到事故报告后,应当依照下列规定上报事故情况,并通知公安机关、劳动保障行政部门、工会和人民检察院:

(1) 特别重大事故、重大事故逐级上报至国务院安全生产监督管理部门和负有安全生产监督管理职责的有关部门;

(2) 较大事故逐级上报至省、自治区、直辖市人民政府安全生产监督管理部门和负有安全生产监督管理职责的有关部门;

(3) 一般事故上报至设区的市级人民政府安全生产监督管理部门和负有安全生产监督管理职责的有关部门。

安全生产监督管理部门和负有安全生产监督管理职责的有关部门依照前款规定上报事故情况,应当同时报告本级人民政府。国务院安全生产监督管理部门和负有安全生产监督管理职责的有关部门以及省级人民政府接到发生特别重大事故、重大事故的报告后,应当立即报告国务院。必要时,安全生产监督管理部门和负有安全生产监督管理职责的有关部门可以越级上报事故情况。

安全生产监督管理部门和负有安全生产监督管理职责的有关部门逐级上报事故情况,每级上报的时间不得超过2小时。

2. 事故报告内容

报告事故应当包括:事故发生单位概况;事故发生的时间、地点以及事故现场情况;事故的简要经过;事故已经造成或者可能造成的伤亡人数(包括下落不明的人数)和初步估计的直接经济损失;已经采取的措施;其他应当报告的情况。事故报告后出现新情况的,应当及时补报。

(三) 事故救援与现场保护

事故发生单位负责人接到事故报告后,应当立即启动事故相应应急预案,或者采取有效措施,组织抢救,防止事故扩大,减少人员伤亡和财产损失。

事故发生地有关地方人民政府、安全生产监督管理部门和负有安全生产监督管理职责的有关部门接到事故报告后,其负责人应当立即赶赴事故现场,组织事故救援。任何单位和个人都应当支持、配合事故抢救,并提供一切便利条件。

事故发生后,有关单位和人员应当妥善保护事故现场以及相关证据,任何单位和个人不得破坏事故现场、毁灭相关证据。因抢救人员、防止事故扩大以及疏通交通等原因,需要移动事故现场物件的,应当做出标志,绘制现场简图并做出书面记录,妥善保存现场重要痕迹、物证。

三、事故的调查处理

事故调查处理应当按照实事求是、尊重科学的原则,及时、准确地查清事故原因,查明事故性质和责任,总结事故教训,提出整改措施,并对事故责任者提出处理意见。《生产安全事故报告和调查处理条例》规定了事故调查和处理的具体办法。

(一)事故的调查

1. 事故调查机关

特别重大事故由国务院或者国务院授权有关部门组织事故调查组进行调查。重大事故、较大事故、一般事故分别由事故发生地省级人民政府、设区的市级人民政府、县级人民政府负责调查。省级人民政府、设区的市级人民政府、县级人民政府可以直接组织事故调查组进行调查,也可以授权或者委托有关部门组织事故调查组进行调查。未造成人员伤亡的一般事故,县级人民政府也可以委托事故发生单位组织事故调查组进行调查。

上级人民政府认为必要时,可以调查由下级人民政府负责调查的事故。自事故发生之日起 30 日内(道路交通事故、火灾事故自发生之日起 7 日内),因事故伤亡人数变化导致事故等级发生变化,依照规定应当由上级人民政府负责调查的,上级人民政府可以另行组织事故调查组进行调查。

特别重大事故以下等级事故,事故发生地与事故发生单位不在同一个县级以上行政区域的,由事故发生地人民政府负责调查,事故发生单位所在地人民政府应当派人参加。

2. 事故调查组的组成

事故调查组的组成应当遵循精简、效能的原则。根据事故的具体情况,事故调查组由有关人民政府、安全生产监督管理部门、负有安全生产监督管理职责的有关部门、监察机关、公安机关以及工会派人组成,并应当邀请人民检察院派人参加。事故调查组可以聘请有关专家参与调查。事故调查组成员应当具有事故调查所需要的知识和专长,并与所调查的事故没有直接利害关系。事故调查组组长由负责事故调查的人民政府指定。事故调查组组长主持事故调查组的工作。

3. 事故调查组的职责

事故调查组的职责:查明事故发生的经过、原因、人员伤亡情况及直接经济损失;认定事故的性质和事故责任;提出对事故责任者的处理建议;总结事故教训,提出防范和整改措施;提交事故调查报告。事故调查组有权向有关单位和个人了解与事故有关的情况,并要求其提供相关文件、资料,有关单位和个人不得拒绝。

事故发生单位的负责人和有关人员在事故调查期间不得擅离职守,并应当随时接受事故调查组的询问,如实提供有关情况。事故调查中发现涉嫌犯罪的,事故调查组应当及时将有关材料或者其复印件移交司法机关处理。

事故调查中需要进行技术鉴定的,事故调查组应当委托具有国家规定资质的单位进行技术鉴定。必要时,事故调查组可以直接组织专家进行技术鉴定。技术鉴定所需时间不计入事故调查期限。

事故调查组成员在事故调查工作中应当诚信公正、恪尽职守,遵守事故调查组的纪律,保守事故调查的秘密。未经事故调查组组长允许,事故调查组成员不得擅自发布有关事故的信息。

4. 事故调查报告

事故调查组应当自事故发生之日起60日内提交事故调查报告;特殊情况下,经负责事故调查的人民政府批准,提交事故调查报告的期限可以适当延长,但延长的期限最长不超过60日。

事故调查报告应当包括:事故发生单位概况;事故发生经过和事故救援情况;事故造成的人员伤亡和直接经济损失;事故发生的原因和事故性质;事故责任的认定以及对事故责任者的处理建议;事故防范和整改措施。事故调查报告应当附具有关证据材料。事故调查组成员应当在事故调查报告上签名。

事故调查报告报送负责事故调查的人民政府后,事故调查工作即告结束。事故调查的有关资料应当归档保存。

(二)事故的处理

重大事故、较大事故、一般事故,负责事故调查的人民政府应当自收到事故调查报告之日起15日内做出批复;特别重大事故,30日内做出批复,特殊情况下,批复时间可以适当延长,但延长的时间最长不超过30日。有关机关应当按照人民政府的批复,依照法律、行政法规规定的权限和程序,对事故发生单位和有关人员进行行政处罚,对负有事故责任的国家工作人员进行处分。事故发生单位应当按照负责事故调查的人民政府的批复,对本单位负有事故责任的人员进行处理。负有事故责任的人员涉嫌犯罪的,依法追究刑事责任。

事故发生单位应当认真吸取事故教训,落实防范和整改措施,防止事故再次发生。防范和整改措施的落实情况应当接受工会和职工的监督。安全生产监督管理部门和负有安全生产监督管理职责的有关部门应当对事故发生单位落实防范和整改措施的情况进行监督检查。

事故处理的情况由负责事故调查的人民政府或者其授权的有关部门、机构向社会公布,依法应当保密的除外。

第五节 安全生产许可证

根据《安全生产许可证条例》第二条规定:"国家对矿山企业、建筑施工企业和危险化学品、烟花爆竹、民用爆破器材生产企业实行安全生产许可制度。企业未取得安全生产许可证的,不得从事生产活动。"

一、安全生产许可证的管理机关

国务院建设主管部门负责中央管理的建筑施工企业安全生产许可证的颁发和管理。省、自治区、直辖市人民政府建设主管部门负责前款规定以外的建筑施工企业安全生产许可证的颁发和管理，并接受国务院建设主管部门的指导和监督。

二、安全生产许可证的取得条件

企业取得安全生产许可证，应当具备下列安全生产条件：

1. 建立、健全安全生产责任制，制定完备的安全生产规章制度和操作规程；
2. 安全投入符合安全生产要求；
3. 设置安全生产管理机构，配备专职安全生产管理人员；
4. 主要负责人和安全生产管理人员经考核合格；
5. 特种作业人员经有关业务主管部门考核合格，取得特种作业操作资格证书；
6. 从业人员经安全生产教育和培训合格；
7. 依法参加工伤保险，为从业人员缴纳保险费；
8. 厂房、作业场所和安全设施、设备、工艺符合有关安全生产法律、法规、标准和规程的要求；
9. 有职业危害防治措施，并为从业人员配备符合国家标准或者行业标准的劳动防护用品；
10. 依法进行安全评价；
11. 有重大危险源检测、评估、监控措施和应急预案；
12. 有生产安全事故应急救援预案、应急救援组织或者应急救援人员，配备必要的应急救援器材、设备；
13. 法律、法规规定的其他条件。

企业取得安全生产许可证后，不得降低安全生产条件，并应当加强日常安全生产管理，接受安全生产许可证颁发管理机关的监督检查。

三、安全生产许可证的申请

根据建设部颁布的《建筑施工企业安全生产许可证管理规定》，建筑施工企业申请安全生产许可证时，应当向建设主管部门提供下列材料：建筑施工企业安全生产许可证申请表；企业法人营业执照；与申请安全生产许可证应当具备的安全生产条件相关的文件、材料。建筑施工企业申请安全生产许可证，应当对申请材料实质内容的真实性负责，不得隐瞒有关情况或者提供虚假材料。

建设主管部门应当自受理建筑施工企业的申请之日起45日内审查完毕；经审查符合安全生产条件的，颁发安全生产许可证；不符合安全生产条件的，不予颁发安全生产许可证，书面通知企业并说明理由。企业自接到通知之日起应当进行整改，整改合格后方可再次提出申请。

四、安全生产许可证的有效期

安全生产许可证的有效期为3年。安全生产许可证有效期满需要延期的，企业应当于期满前3个月向原安全生产许可证颁发管理机关办理延期手续。企业在安全生产许可证有效期内，严格遵守有关安全生产的法律法规，未发生死亡事故的，安全生产许可证有效期届满时，经原安全生产许可证颁发管理机关同意，不再审查，安全生产许可证有效期延期3年。

五、安全生产许可证的管理

根据《安全生产许可证条例》和《建筑施工企业安全生产许可证管理规定》，建筑施工企业应当遵守如下强制性规定：

1. 未取得安全生产许可证的，不得从事建筑施工活动。县级以上人民政府建设主管部门应当加强对建筑施工企业安全生产许可证的监督管理。建设主管部门在审核发放施工许可证时，应当对已经确定的建筑施工企业是否有安全生产许可证进行审查，对没有取得安全生产许可证的，不得颁发施工许可证。

2. 建筑施工企业不得转让、冒用安全生产许可证或者使用伪造的安全生产许可证。

3. 建筑施工企业取得安全生产许可证后，不得降低安全生产条件，并应当加强日常安全生产管理，接受建设主管部门的监督检查。安全生产许可证颁发管理机关发现企业不再具备安全生产条件的，应当暂扣或者吊销安全生产许可证。

【本章小结】

本章对建设工程安全生产管理法律体系、建设工程安全生产管理基本制度、建设工程安全生产责任体系、生产安全事故的应急救援和调查处理、安全生产许可证等内容进行了阐述。《建筑法》第三十六条和《建设工程安全生产管理条例》第三条强调，建设工程安全生产管理必须坚持"安全第一，预防为主"的方针；建筑安全生产管理基本制度主要包括涉及政府部门安全生产的监管制度和涉及施工企业的安全生产制度两大类。《建设工程安全生产管理条例》规定，建设单位、勘察单位、设计单位、施工单位、工程监理单位及其他与建设工程安全生产有关的单位，必须遵守安全生产法律、法规的规定，保证建设工程安全生产，依法承担建设工程安全生产责任。《安全生产法》第六十八条和《安全生产管理条例》第四十七条均规定了县级以上地方各级人民政府有组织有关部门制定本行政区域内特大生产安全事故应急救援预案和建立应急救援体系的义务。根据《安全生产许可证条例》第二条规定：国家对矿山企业、建筑施工企业和危险化学品、烟花爆竹、民用爆破器材生产企业实行安全生产许可制度。企业未取得安全生产许可证的，不得从事生产活动。

【复习思考】

1. 简述建设工程安全生产管理法律体系？
2. 建筑建设工程安全生产管理基本制度有哪些？
3. 安全生产教育和培训的内容如何？
4. 如何进行建筑施工现场的安全防护管理？
5. 施工现场危险部位安全警示标志如何设置？
6. 安全生产许可证的取得条件有哪些？
7. 根据生产安全事故造成的人员伤亡或者直接经济损失，事故一般分为哪几个等级？
8. 发生安全事故后如何进行救援与现场保护？

【课后练习】

1. (   )是建筑生产中最基本的安全管理制度，是所有安全规章制度的核心。

  A. 质量事故处理制度   B. 质量事故统计报告制度

  C. 安全生产责任制度   D. 安全生产监督制度

2.《建设工程安全生产管理条例》第六条规定，建设单位应当向施工单位提供施工现场及毗邻区域内供水、排水、供电、供气、供热、通信、广播电视等地下管线资料，气象和水文观测资料，相邻建筑物和构筑物、地下工程的有关资料，并保证资料的(   )。

  A. 清楚、精确、翔实   B. 客观、准确、完整

C. 清楚、准确、完整　　　　　　D. 真实、准确、完整

3. 《建设工程安全生产管理条例》第八条规定，建设单位在编制工程概算时，应当确定（　　）所需费用。

　　A. 抢险救灾　　　　　　　　　　B. 建设工程安全作业环境及安全施工措施
　　C. 对相关人员的培训教育　　　　D. 建筑工程安全作业

4. 《建设工程安全生产管理条例》第十一条规定，建设单位应当将拆除工程发包给（　　）的施工单位。

　　A. 能完成拆除任务　　　　　　　B. 具有相应资质等级
　　C. 专业拆除　　　　　　　　　　D. 达到拆除施工要求

5. 《建设工程安全生产管理条例》第十四条第一款规定，工程监理单位应当审查施工组织设计中的安全技术措施或者专项施工方案是否符合工程建设（　　）。

　　A. 整体安全要求　　B. 强制性标准　　C. 一般要求　　D. 基本要求

6. 《建设工程安全生产管理条例》第十四条第二款规定，工程监理单位在实施监理过程中，发现存在安全事故隐患的，应当要求施工单位整改；情况严重的，应当要求施工单位（　　）。

　　A. 暂时停止施工，并及时报告建设单位　　B. 终止施工
　　C. 与建设单位协商　　　　　　　　　　　D. 与建设单位解除承包合同

7. 工程监理单位在实施监理过程中，发现存在安全事故隐患的，应当要求施工单位整改；情况严重的，应当要求施工单位暂时停止施工，并及时报告建设单位。施工单位拒不整改或者不停止施工的，工程监理单位应当及时向（　　）报告。

　　A. 建设单位　　B. 有关主管部门　　C. 建设行政部门　　D. 当地人民政府

8. 《建设工程安全生产管理条例》第二十二条规定，施工单位对列入建设工程概算的安全作业环境及安全施工措施所需费用，应当用于（　　），不得挪作他用。

　　A. 改善施工环境和对有关人员进行安全教育
　　B. 施工安全防护用具及设施的采购和更新、安全施工措施的落实、安全生产条件的改善
　　C. 工程抢险预案的研究和有用用具的采买
　　D. 工程建设救护设施的建设和救护用具的采买

9. 施工现场暂时停止施工的，施工单位应当做好现场防护，所需费用由（　　）承担，或按照合同约定执行。

　　A. 施工单位　　B. 责任方　　C. 建设单位　　D. 暂停决定方

10. 《建设工程安全生产管理条例》第二十八条第一款规定，施工单位应当在施工现场入口处、施工起重机械、临时用电设施、脚手架、出入通道口、楼梯口、电梯井口、孔洞口、桥梁口、隧道口、基坑边沿、爆破物及有害危险气体和液体存放处等危险部位，设置明显的（　　）。

　　A. 危险标志　　B. 安全警示标志　　C. 隔离标志　　D. 危险施工标志

【案例分析】

　　2004年5月12日上午9时，某地高达75m的拆卸烟囱物料提升架工程突然向南倾翻，正在料架上进行高空拆卸作业的30余名民工从不同高度被瞬间抛下，造成21人死亡，10人受伤（其中4人伤势严重）。该案发生后，受当地检察院指派，成立了案件协调小组，与纪检、公安等有关部门密切配合，在案发第一线全力以赴审查办理该案。经查：2003年10月，某地A建筑公司中标承建了B集团该工程。2004年4月，建筑公司项目经理甲将已中标的烟囱工程违规转包给不具备工程施工资质的承建人乙。为了节省开支，减少投入费用，承建人乙自行加工物料提升架，并让不具备高空作业资格的民工进行安装拆卸。5月12日，承建人乙在明知物料提升架固定在烟囱上的两处缆绳被拆除的情况下，违反操作规程，组织民工冒险作业拆除物料提升架，导致惨剧发生。

【问题】

(1) 我国对工程重大事故的等级是如何规定的？本案属于几级事故？
(2) 发生重大事故后的报告和调查程序是怎样的？
(3) 谁是施工现场管理的责任人和责任单位？
(4) 为避免事故的发生，我们应当如何加强建筑安全生产责任制的管理？

第六章 建设工程合同法律制度

学习目标
1. 了解合同的概念与分类
2. 掌握合同的订立程序
3. 熟悉合同的形式与内容
4. 掌握合同的效力
5. 掌握合同履行中的抗辩权、代位权与撤销权
6. 熟悉合同的担保形式
7. 了解合同的变更、转让与权利义务的终止
8. 掌握违约责任的承担方式
9. 熟悉建设工程合同的相关法律规范

学习重点
1. 重点学习合同的效力
2. 重点学习合同履行抗辩权、代位权与撤销权
3. 重点学习违约责任
4. 重点学习建设工程合同相关内容

第一节 合同法概述

一、合同的概念

合同是平等主体的自然人、法人、其他组织之间设立、变更、终止民事权利义务关系的协议。

民法中的合同有广义和狭义之分。广义的合同是指两个以上的民事主体之间设立、变更、终止民事权利义务关系的协议；狭义的合同是指债权合同，即两个以上的民事主体之间设立、变更、终止债权关系的协议。广义的合同除了民法中债权合同之外，还包括物权合同、身份合同，以及行政法中的行政合同和劳动法中的劳动合同等。《中华人民共和国合同法》(以下简称《合同法》)中所称的合同，是指狭义上的合同，即债权合同。

二、合同的分类

对合同作出科学的分类，不仅有助于针对不同合同确定不同的规则，而且便于准确适用法律。一般来说，合同可作如下分类：

1. 有名合同与无名合同

按照法律是否规定一定名称并有专门规定为标准，合同可以分为有名合同与无名合同。

有名合同(典型合同)，指法律确定了特定名称和规则的合同。《合同法》分则中所列出的十五种基本合同即为有名合同，包括：买卖合同；供用电、水、气、热力合同；赠与合同；借款合同；租赁合同；融资租赁合同；承揽合同；建设工程合同；运输合同；技术合同；保管合同；仓储合同；委托合同；行纪合同；居间合同。

无名合同(非典型合同)，指法律没有确定专门的名称和具体规则的合同。

2. 双务合同与单务合同

按照当事人是否相互负有义务，合同可以分为双务合同与单务合同。

双务合同，是指当事人之间互负义务的合同。合同法中大多数合同如买卖合同、建设工程合同、运输合同等均属此类合同。

单务合同，是指一方只享有权利、而另一方只承担义务的合同。如赠与合同、借款合同等。

3. 有偿合同与无偿合同

按照当事人之间的权利义务关系是否存在着对价关系，合同可以分为有偿合同与无偿合同。

有偿合同，指当事人须付出一定代价方可取得利益的合同。实践中绝大多数合同都是有偿的，如买卖合同、保险合同、运输合同等。

无偿合同，指当事人一方只取得利益而不需付出任何代价的合同。如无偿保管合同、赠与合同等。

4. 诺成合同与实践合同

按照合同的成立是否以交付标的物为必要条件，合同可以分为诺成合同与实践合同。

诺成合同，指当事人双方意思表示一致即可成立的合同，它不以标的物的交付为成立的要件。合同法中大多数属此类合同，如买卖合同、赠与合同等。

实践合同，又称要物合同，是指除了要求当事人双方意思表示一致外，还必须实际交付标的物以后才能成立的合同。如保管合同、定金合同等。

5. 要式合同与不要式合同

按照法律对合同形式是否有特别要求，分为要式合同与不要式合同。

要式合同，指法律规定必须采取特定形式的合同。《合同法》规定，法律、行政法规规定采用书面形式的，应当采用书面形式。如建设工程合同应当采用书面形式，就是要式合同。

不要式合同，指法律对形式未作出特别规定的合同，合同的形式完全由双方当事人自己决定，可以采用口头形式、书面形式及其他形式。实践中以不要式合同居多。

6. 格式合同与非格式合同

按照合同条款是否预先拟定，可以分为格式合同与非格式合同。

格式合同，是当事人一方为不特定的多数人进行交易而预先拟定的，且不允许相对人对其内容作任何变更的合同。反之，为非格式合同。

格式条款具有《合同法》规定的导致合同无效情形的，或者提供格式条款一方免除其责任、加重对方责任、排除对方主要权利的，该条款无效。

对格式条款的理解发生争议的，应当按照通常理解予以解释。对格式条款有两种以上解释的，应当作出不利于提供格式条款一方的解释。格式条款和非格式条款不一致的，应当采用非格式条款。

7. 主合同与从合同

按照合同相互之间的从属关系，分为主合同与从合同。

主合同，指不以其他合同的存在为前提而独立存在和发生效力的合同。从合同，又称附属合同，指不具备独立性，以其他合同的存在为前提而成立并发生效力的合同。如借贷合同与担保合同中，借贷合同是主合同，担保合同是从合同。

主合同与从合同的关系：主合同和从合同并存时，两者发生互补作用；主合同无效或被撤销，从合同也将失去法律效力；从合同无效或被撤销，一般不影响主合同的效力。

三、合同法的概念

合同法，是指调整合同当事人之间因设立、变更、终止民事权利义务关系而产生的合同关系的法律规范的总称。我国现行的合同法主要是1999年3月第九届全国人民代表大会第二次会议通过的《中华人民共和国合同法》。

四、合同法的基本原则

1. 平等原则

《合同法》第三条规定："合同当事人的法律地位平等，一方不得将自己的意志强加给另一方。"平等原则主要表现为当事人的法律地位是平等的，相互间不存在服从与命令、管理与被管理的关系，当事人必须平等地协商相互间的权利义务，当事人的权利平等地受法律保护。

2. 自愿原则

《合同法》第四条规定："当事人依法享有自愿订立合同的权利，任何单位和个人不得非法干预。"合同自由原则是民法上意思自治原则的具体体现及中心内容，它贯彻于合同动态发展的整个过程，包括订约自由、选择合同相对人的自由、决定合同内容的自由、选择合同方式的自由、变更和解除合同的自由等。

3. 公平原则

《合同法》第五条规定："当事人应当遵循公平原则确立各方的权利义务。"公平原则本来是道德上的规则，但作为合同法的基本原则就成为了法律准则。它坚持正义与效益的统一，既要求当事人按照公平原则设立权利义务，也要求按照公平原则履行合同，按照公平原则处理当事人之间的纠纷。

4. 诚实信用原则

《合同法》第六条规定："当事人行使权利、履行义务应当遵循诚实信用原则。"这条规定了诚实信用原则。诚实信用原则与公平原则一样本来都是道德准则，但作为合同法的基本原则就成为了法律准则，它通常被称为"帝王规则"，可见其重要性。它既要求当事人在行使权利上不得滥用权利，不损害他方的合法利益，也要求在履行义务上不欺诈，严格遵守诺言；要求当事人既依约定履行主义务，也应依要求履行附随义务。

5. 遵守法律，不得损害社会公共利益原则

《合同法》第七条规定："当事人订立、履行合同，应当遵守法律、行政法规，尊重社会公德，不得扰乱社会经济秩序，损害社会公共利益。"这就要求当事人在订立合同时，必须按照法律的规定来订立，不得采用欺诈、胁迫等有违社会公德的手段，更不得损害社会经济秩序和社会公共利益，否则，其合同将不具有法律效力。这些都是法律对防止当事人滥用权利的约束，也充分体现了法律对社会的保护。

第二节 合同的订立

一、合同订立的概念

合同的订立，是指合同当事人依法就合同的主要条款经过协商一致，达成协议的法律行为。

二、合同订立的形式

合同的形式，是指合同当事人双方对合同的内容、条款经过协商，作出共同的意思表示的具体形式。《合同法》第十条规定："当事人订立合同，有书面形式、口头形式和其他形式。法律、行政法规规定采用书面形式的，应当采用书面形式。当事人约定采用书面形式的，应当采用书面形式。"

1. 书面形式。书面形式是指合同书、信件和数据电文(包括电报、电传、传真、电子数据交换和电子邮件)等可以有形地表现所载内容的形式。书面形式明确肯定，有据可查，对于防止争议和解决纠纷，有积极意义。实践中，书面形式是当事人最为普遍采用的一种合同约定形式。

2. 口头形式。口头形式是指当事人双方就合同内容面对面或以通讯设备交谈达成协议。口头形式直接、简便、迅速，但发生纠纷时难以取证，不易分清责任。所以对于不能即时清结的和较重要的合同不宜采用口头形式。

3. 其他形式。除了书面形式和口头形式，合同还可以其他形式成立。法律没有列举具体的其他形式，但可以根据当事人的行为或者特定情形推定合同的成立。这种形式的合同可以称为默示合同，指当事人未用语言明确表示成立，也未用书面形式签订，而是根据当事人的行为或在特定的情形下推定成立的合同。

三、合同订立的程序

根据《合同法》第十三条规定："当事人订立合同，采取要约、承诺方式。"

（一）要约

1. 要约的概念

根据《合同法》第十四条规定，要约是希望和他人订立合同的意思表示，该意思表示应当符合下列规定：

1) 内容具体确定。

2) 必须表明经受要约人承诺，要约人即受该意思表示的约束。即如果对方接受要约，合同即告成立。

发出要约的当事人为要约人，要约所指向的对方当事人则称为受要约人。

2. 要约邀请

《合同法》第十五条规定："要约邀请是希望他人向自己发出要约的意思表示。寄送的价目表、拍卖公告、招标公告、招股说明书、商业广告等都属于要约邀请。商业广告的内容符合要约规定的，视为要约。"

3. 要约的生效时间

《合同法》第十六条规定："要约到达受要约人时生效。采用数据电文形式订立合同，收件人指定特定系统接收数据电文的，该数据电文进入该特定系统的时间，视为到达时间；未指定特定系统的，该数据电文进入收件人的任何系统的首次时间，视为到达时间。"

要约到达受要约人，并不是指要约一定实际送达到受要约人或者其代理人手中，要约只要送达到受要约人通常的地址、住所或者能够控制的地方（如信箱等）即为送达。

4. 要约的撤回与撤销

要约的撤回，指在要约发生法律效力之前，要约人使其不发生法律效力而取消要约的行为。《合同法》第十七条规定："要约可以撤回。撤回要约的通知应当在要约到达受要约人之前或者与要约同时到达受要约人。"法律规定要约可以撤回，原因在于这时要约尚未发生法律效力，撤回要约不会对受要约人产生任何影响，也不会对交易秩序产生不良影响。

要约的撤销，指在要约发生法律效力之后，要约人使其不发生法律效力而取消要约的行为。《合同法》第十八条规定："要约可以撤销。撤销要约的通知应当在受要约人发出承诺通知之前到达受要约人。"也就是说，要约已经到达受要约人，在受要约人做出承诺之前，要约人可以撤销要约。由于撤销要约可能会给受要约人带来不利的影响，损害受要约人的利益，因此《合同法》第十九条规定，有下列情形之一的，要约不得撤销：要约人确定了承诺期限或者以其他形式明示要约不可撤销；受要约人有理由认为要约是不可撤销的，并已经为履行合同作了准备工作。

5. 要约的失效

要约失效是指要约丧失法律效力。《合同法》第二十条规定，有下列情形之一的，要约失效：拒绝要约的通知到达受要约人；要约人依法撤销要约；承诺期限届满，受要约人未作出承诺；受要约人对要约的内容作出实质性变更。

（二）承诺

1. 承诺的概念

承诺是受要约人同意要约的意思表示。承诺应当具备以下条件：第一，承诺必须由受要约人作出。第二，承诺必须向要约人作出。第三，承诺的内容必须与要约的内容一致。第四，承诺必须在有效期限内作出。

2. 承诺的方式

《合同法》第二十二条规定："承诺应当以通知的方式作出，但根据交易习惯或者要约表明可以通过行为作出承诺的除外。"

3. 承诺的期限

承诺应当在要约确定的期限内到达要约人。

要约没有确定承诺期限的，承诺应当依照下列规定到达：要约以对话方式作出的，应当即时作出承诺，但当事人另有约定的除外；要约以非对话方式作出的，承诺应当在合理期限内到达。

要约以信件或者电报作出的，承诺期限自信件载明的日期或者电报交发之日开始计算。信件未载明日期的，自投寄该信件的邮戳日期开始计算。要约以电话、传真等快速通讯方式做出的，承诺期限自要约到达受要约人时开始计算。

受要约人超过承诺期限发出承诺的，除要约人及时通知受要约人该承诺有效的以外，为新要约。受要约人在承诺期限内发出承诺，按照通常情形能够及时到达要约人，但因其他原因承诺到达要约人时超过承诺期限的，除要约人及时通知受要约人因承诺超过期限不接受该承诺的以外，该承诺有效。

4. 承诺的生效

承诺通知到达要约人时生效。承诺不需要通知的，根据交易习惯或者要约的要求作出承诺的行为时生效。采用数据电文形式订立合同，承诺到达的时间适用要约到达时间的规定。

5. 承诺的撤回

承诺的撤回是指受要约人阻止承诺发生法律效力的意思表示。《合同法》第二十七条规定："承诺可以撤回。撤回承诺的通知应当在承诺通知到达要约人之前或者与承诺通知同时到达要约人。"

6. 承诺的变更

受要约人对要约的内容作出实质性变更的为新要约。有关合同标的、数量、质量、价款或者报酬、履行期限、履行地点和方式、违约责任和解决争议方法等的变更，是对要约内容的实质性变更。

承诺对要约的内容作出非实质性变更的，除要约人及时表示反对或者要约人表明承诺不得对要约的内容作出任何变更的以外，该承诺有效，合同的内容以承诺的内容为准。

四、合同的主要条款

《合同法》第十二条规定，合同的内容由当事人约定，一般应当包括以下条款：

1. 当事人的名称或者姓名和住所；
2. 标的；
3. 数量；
4. 质量；
5. 价款或者报酬；
6. 履行期限、地点和方式；
7. 违约责任；
8. 解决争议的方法。

五、缔约过失责任

1. 缔约过失责任的概念

缔约过失责任是指合同订立当事人一方因违背其诚实信用原则所产生的义务，而致另一方的信赖利益的损失，并应承担损害赔偿责任。

2. 缔约过失责任的构成要件

构成缔约过失责任应具备以下条件：

1) 该责任发生在订立合同的过程中；
2) 当事人违反了诚实信用原则所要求的先合同义务；
3) 受害方的信赖利益遭受损失。

3. 缔约过失责任的适用情形

根据《合同法》规定，当事人在订立合同过程中有下列情形之一，给对方造成损失的，应当承担损害赔偿责任：

1) 假借订立合同，恶意进行磋商；
2) 故意隐瞒与订立合同有关的重要事实或者提供虚假情况；

3)有其他违背诚实信用原则的行为。

当事人在订立合同过程中知悉的商业秘密,无论合同是否成立,不得泄露或者不正当地使用。泄露或者不正当地使用该商业秘密给对方造成损失的,应当承担损害赔偿责任。

第三节 合同的效力

一、合同的生效
(一)合同的生效条件
1. 当事人具有相应的民事权利能力与民事行为能力;
2. 意思表示真实;

所谓意思表示真实,是指表意人的表示行为真实反映其内心的效果意思,即表示行为应当与效果意思一致。意思表示真实是合同生效的重要构成要件。在意思表示不真实的情况下,合同可能无效,也可能被撤销或者变更。

3. 不违反法律和社会公共利益;

如果合同一旦被认定为违反法律规定,则完全无效。不违反社会公共利益实际上是不违反法律的延伸和补充。

4. 具备法律所要求的形式。

(二)附条件的合同和附期限的合同

附条件的合同,是指在合同中约定了一定的条件,并且把该条件的成就或者不成就作为合同效力发生或者消灭的根据的合同。根据条件对合同效力的影响,可将所附条件分为生效条件和解除条件。根据《合同法》第四十五条规定:"当事人对合同的效力可以约定附条件。附生效条件的合同,自条件成就时生效。附解除条件的合同,自条件成就时失效。当事人为自己的利益不正当地阻止条件成就的,视为条件已成就;不正当地促成条件成就的,视为条件不成就。"

附期限的合同,是指当事人在合同中设定一定的期限,并把未来期限的到来作为合同效力发生或者效力消灭的根据的合同。根据期限对合同效力的影响,可将所附期限分为生效期限和终止期限。根据《合同法》第四十六条规定:"当事人对合同的效力可以约定附期限。附生效期限的合同,自期限届至时生效。附终止期限的合同,自期限届满时失效。"

二、效力待定合同
(一)效力待定合同的概念

效力待定的合同,是指合同成立时是否发生效力还不能确定,有待于其他行为或者事实使之确定的合同。

(二)效力待定合同的类型

1. 限制民事行为能力人依法不能独立订立的合同

根据《合同法》第四十七条规定:"限制民事行为能力人订立的合同,经法定代理人追认后,该合同有效,但纯获利益的合同或者与年龄、智力、精神健康状况相适应而订立的合同,不必经法定代理人追认。相对人可以催告法定代理人在一个月内予以追认。法定代理人未作表示的,视为拒绝追认。合同被追认之前,善意相对人有撤销的权利。撤销应当以通知的方式作出。"

无民事行为能力人订立的合同原则上也是效力待定的合同。《合同法》第四十七条只规定了限制民事行为能力人订立合同的效力情况,而并没有规定无民事行为能力人订立合同的效力,但事实上,无民事行为能力人订立合同的效力可以参照《合同法》第四十七条的规定执行。

2. 无权代理人以被代理人名义订立的合同

行为人没有代理权、超越代理权或者代理权终止后以被代理人名义订立的合同,未经被代理人追认,对被代理人不发生效力,由行为人承担责任。相对人可以催告被代理人在一个月内予以追认。被代理人未作表示的,视为拒绝追认。合同被追认之前,善意相对人有撤销的权利。撤销应当以通知的方式作出。

表见代理,是指行为人没有代理权、超越代理权或者代理权终止后以被代理人名义订立合同,相对人有理由相信行为人有代理权的,该代理行为有效。如行为人持有曾是被代理人签发的授权书、被代理人的介绍信,有被代理人盖章的空白合同书。

3. 越权订立的合同

法人或者其他组织的法定代表人、负责人超越权限订立的合同,除相对人知道或者应当知道其超越权限的以外,该代表行为有效。

4. 无权处分财产人订立的合同

无处分权的人处分他人财产,经权利人追认或无处分权的人订立合同后取得处分权的,该合同有效。

三、无效合同

(一)无效合同的概念及特征

无效合同是指欠缺合同的生效要件,虽已成立,但因不符合法律要求的要件而不予承认和保护的合同。无效合同具有以下特征:

1. 合同自始无效。无效合同自合同成立时起就不具有法律效力,而不是从合同无效原因发现之日或合同无效确认之日起,合同才失去效力。

2. 合同绝对无效。合同自订立时起就无效,当事人不能通过同意或追认使其生效。

3. 合同当然无效。无论当事人是否知道其无效情况,无论当事人是否提出主张无效,法院或仲裁机构可以主动审查决定该合同无效。

(二)无效合同的类型

1. 一方以欺诈、胁迫的手段而订立的损害国家利益的合同

所谓欺诈是指一方当事人故意告知对方虚假情况或者故意隐瞒真实情况,诱使对方当事人作出错误意思表示的行为。其构成要件有:欺诈方有欺诈的故意;欺诈方有欺诈的行为;被欺诈方因欺诈行为陷入了错误认识;受欺诈方基于自己的错误认识而作出了违反其真实意思的意思表示。

所谓胁迫是指以给公民及其亲友的生命健康、荣誉、名誉、财产等造成损害或者以给法人的荣誉、名誉、财产等造成损害为要挟,迫使对方作出违背真实意思表示的行为。其构成要件有:胁迫人有胁迫的故意;胁迫人实施了胁迫行为;对方当事人因胁迫行为而产生恐惧;对方当事人因恐惧而作出了违背真实意思的表示,并签订了合同。

应注意的是,这类无效合同的关键在于损害了国家利益,而不在于以欺诈或胁迫手段订立合同。因为无论是欺诈还是胁迫,都产生了当事人没有正确表达自己真实意思的结

果,在本质上都应允许当事人予以撤销,而不是直接导致合同无效,事实上《合同法》也明确规定因欺诈或胁迫订立的合同属于可撤销的合同;但如果这种合同同时损害了国家利益,就是无效合同。在实践中,当事人用欺诈和胁迫的方式订立合同侵占国家财产、损害国家利益时,具体负责人往往事不关己、漠不关心或者害怕承担责任而一错再错,所以为了保护国家财产、维护国家利益,有必要将这类合同纳入无效合同的范围,由国家强制干预它的效力。

2. 恶意串通,损害国家、集体或第三人利益的合同

恶意串通,是指合同双方当事人非法勾结,为牟取私利,损害国家、集体或者第三人利益而共同订立的合同。

3. 以合法形式掩盖非法目的的合同

在这类合同中,不仅当事人表达出来的意思表示与真实意思表示不一致,而且他所要达到的真实目的是违法的,即当事人表达出来的意思表示是合法的形式,而他的真实意思表示却是非法目的的内容。

4. 损害社会公共利益的合同

社会公共利益的内涵丰富、外延宽泛。相当一部分社会公共利益的保护,已经纳入法律、行政法规明文规定,但仍有部分并未被法律、行政法规所规定,特别是涉及社会公共道德的部分。将损害社会公共利益的合同规定为无效合同,利用社会公共利益概念定义的弹性,有助于弥补现行法律、行政法规规定的损失。

5. 违反法律、行政法规的强制性规定的合同

合同无效,应当以全国人大及其常委会制定的法律和国务院制定的行政法规为依据,不得以地方性法规、行政规章为依据。同时,必须是违反了法律、行政法规的强制性规范才导致合同无效,违反其中任意性规范并不导致合同无效。所谓任意性规范是指当事人可以通过约定排除其适用的规范,即任意性规范赋予当事人依法进行意思自治。

(三)无效的免责条款

免责条款,是当事人在合同中确立的排除或限制其未来责任的条款。合同中的下列免责条款无效:

1. 造成对方人身伤害的;
2. 因故意或者重大过失造成对方财产损失的。

四、可撤销合同

(一)可撤销合同的概念及特征

又叫可撤销、可变更合同,是指因意思表示有瑕疵,有撤销权的当事人可以对其予以撤销或变更的合同。

可撤销合同不同于无效合同,它具有以下特征:

(1)在合同成立后、被撤销前是有效的,只有在撤销权人行使撤销权后,才因被撤销而溯及到成立时起无效;

(2)只有有撤销权的当事人有权主张无效或变更,其他任何人不能主张合同无效,法院或仲裁机构也不能依职权主动确认合同无效;

(3)可依撤销权予以撤销也可予以变更。

(二)可撤销合同的类型

1. 重大误解

所谓重大误解，是指合同当事人一方由于自身的过错而产生对合同内容的重大错误认识。在重大误解的情形下，行为人的意思表示严重不真实，其合同权利义务也会因此而遭受严重不利影响。法律基于保护有重大误解一方当事人的利益出发，赋予其申请变更或撤销合同的权利。

重大误解的要点在于，当事人的误解是对合同内容在认识上的错误，而且该错误通常也表现为表达上的错误。司法实践通常未将认识上的错误与表达上的错误加以区分。最高人民法院《关于贯彻执行〈中华人民共和国民法通则〉若干问题的意见(试行)》(以下简称《意见(试行)》)第七十一条规定："行为人因对行为的性质、对方当事人、标的物的品种、质量、规格和数量等的错误认识，使行为的后果与自己的意思相悖，并造成较大损失的，可以认定为重大误解。"

2. 显失公平

所谓显失公平，是指合同当事人合同权利与义务的严重不对等。法律赋予处于不利地位的一方当事人申请变更或撤销合同的权利，原因即在于在显失公平的状态下，双方当事人的权利义务极不对等，明显违反了公平、等价有偿的基本原则，已超出了法律所允许的限度。《意见(试行)》第七十二条规定："一方当事人利用优势或者利用对方没有经验致使对方的权利义务显失公平、等价有偿原则的，可以认定为显失公平。"

3. 欺诈、胁迫

所谓欺诈，是指一方当事人故意编造某种事实或实施某种欺骗行为，以诱使对方当事人相信并错误与其签订合同。《意见(试行)》第六十八条规定："一方当事人故意告知对方虚假情况，或者故意隐瞒真实情况，诱使对方当事人作出错误意思表示的，可以认定为欺诈行为。"

所谓胁迫，是指一方当事人以将实施某种损害为要挟，致使对方惶恐、不安而与其订立合同。《意见(试行)》第六十九条规定："以给公民及其亲友的生命健康、荣誉、名誉、财产等造成损害为要挟，迫使对方作出违背真实意思表示的，可以认定为胁迫行为。"

4. 乘人之危

所谓乘人之危，是指一方当事人利用对方处于紧急、危难情况的时机，迫使对方接受其明显不公平的条件而订立合同。《意见(试行)》第七十六条规定："一方当事人乘对方处于危险之机，为牟取不正当利益，迫使对方作出不真实的意思表示，严重损害对方利益的，可以认定为乘人之危。"

《合同法》之所以把一方以欺诈、胁迫的手段或者乘人之危，使对方在违背自己的真实意思的情况下所订立的合同列为可变更或可撤销的合同，而没有列为必然无效的合同，主要是基于尊重当事人的意愿。在上述几种情况下订立的合同如果没有损害国家利益，法律并无干预之必要。

(三) 撤销权的消灭

1. 具有撤销权的当事人自知道或者应当知道撤销事由之日起一年内没有行使撤销权；
2. 具有撤销权的当事人知道撤销事由后明确表示或者以自己的行为放弃撤销权。

五、可撤销或无效合同法律后果

1. 无效的合同或者被撤销的合同自始没有法律约束力。

2. 合同部分无效，不影响其他部分效力的，其他部分仍然有效。

3. 合同无效、被撤销或者终止的，不影响合同中独立存在的有关解决争议方法的条款的效力。

4. 合同无效或者被撤销后，因该合同取得的财产，应当予以返还；不能返还或者没有必要返还的，应当折价补偿。有过错的一方应当赔偿对方因此所受到的损失，双方都有过错的，应当各自承担相应的责任。当事人恶意串通，损害国家、集体或者第三人利益的，因此取得的财产收归国家所有或者返还集体、第三人。

第四节 合同的履行

一、合同履行的概念

合同的履行是指合同双方当事人根据合同规定的时间、地点、方式、内容及标准等要求，各自完成合同义务的行为。根据当事人履行义务的程度不同，可以分为：按照合同的规定全部履行合同义务的，为全部履行；部分履行的为部分履行；合同规定的义务均为未履行的，为未履行合同。

二、合同履行原则

1. 实际履行原则

订立合同的目的是为了满足一定的经济利益目的，当事人应当按照合同约定交付标的或提供服务。根据实际履行原则，当事人应当按照合同规定的标的完成任务，不能用违约金或赔偿金来代替合同标的；任何一方违约时也不能以支付违约金或赔偿损失的方式来代替合同的履行，守约一方要求继续履行的，应当继续履行。

2. 全面、适当履行原则

全面、适当履行原则，是指合同当事人完全按照合同的标的、数量、质量、价款或者报酬、地点、期限、方式等要求，全面地完成自己的义务。《合同法》第六十条第一款、《民法通则》第八十八条第一款对此均有规定。

3. 诚实信用原则

诚实信用原则在合同的履行中是最突出和最重要的原则之一。对此我国《合同法》第六十条第二款规定："当事人应当遵循诚实信用原则，根据合同的性质、目的和交易习惯履行通知、协助、保密等义务。"

从我国法律规定的诚实信用原则来看，它的要求是民事主体在民事活动中维持双方的利益平衡，对另一方不进行任何欺诈，以诚实、善意的心态行使权利，履行义务，恪守信用。

诚实信用原则主要涉及两个方面的利益关系，当事人之间的利益关系和当事人与社会间的利益关系。在当事人之间的确利益关系中，诚实信用原则要求合同一方尊重另一方的利益，自己在得到利益的同时，使对方也得到利益，不得损人利己；在当事人与社会的利益关系中，诚实信用原则要求当事人不得通过自己的民事活动损害第三人的利益和社会的公共利益。

4. 情势变更原则

所谓情势变更，是指合同依法订立后，由于不可归责于双方当事人的原因，履行合同的基础发生了变化，如果仍然维持合同的效力，将会产生显失公平的后果，在这种情况下，受不利影响的一方当事人有权请求法院或仲裁机构变更或解除合同。由于情势变更的理论与实践十分复杂，难以划清正常商业风险与客观情势变更的界限，《合同法》未确立情势变更制度，但司法实践是认可情势变更为履行合同的原则的。

三、合同履行规则

1. 合同条款约定不明的履行规则

根据《合同法》第六十一条规定："合同生效后，当事人就质量、价款或者报酬、履行地点等内容没有约定或者约定不明确的，可以协议补充；不能达成补充协议的，按照合同有关条款或者交易习惯确定。"

《合同法》第六十二条规定，合同的主要内容没有约定或约定不明确的当事人就有关合同内容约定不明确，依照本法第六十一条的规定仍不能确定的，适用下列规定：

1）质量要求不明确的，按照国家标准、行业标准履行；没有国家标准、行业标准的，按照通常标准或者符合合同目的的特定标准履行。

2）价款或者报酬不明确的，按照订立合同时履行地的市场价格履行；依法应当执行政府定价或者政府指导价的，按照规定履行。

3）履行地点不明确，给付货币的，在接受货币一方所在地履行；交付不动产的，在不动产所在地履行；其他标的，在履行义务一方所在地履行。

4）履行期限不明确的，债务人可以随时履行，债权人也可以随时要求履行，但应当给对方必要的准备时间。

5）履行方式不明确的，按照有利于实现合同目的的方式履行。

6）履行费用的负担不明确的，由履行义务一方负担。

2. 执行政府定价或者政府指导价的合同的履行规则

执行政府定价或者政府指导价的，在合同约定的交付期限内政府价格调整时，按照交付时的价格计价。逾期交付标的物的，遇价格上涨时，按照原价格执行；价格下降时，按照新价格执行。逾期提取标的物或者逾期付款的，遇价格上涨时，按照新价格执行；价格下降时，按照原价格执行。

3. 涉及第三人的合同的履行规则

1）向第三人履行的合同

当事人约定由债务人向第三人履行债务的，债务人未向第三人履行债务或者履行债务不符合约定，应当向债权人承担违约责任。

2）由第三人履行的合同

当事人约定由第三人向债权人履行债务的，第三人不履行债务或者履行债务不符合约定，债务人应当向债权人承担违约责任。

四、合同履行抗辩权

抗辩权，是指当事人双方在合同履行过程中，都应履行自己的义务，一方当事人不履行或者有可能不履行时，另一方当事人可以据此不履行自己的义务。《合同法》规定了同时履行抗辩权、先履行抗辩权和不安抗辩权。

1. 同时履行抗辩权

根据《合同法》第六十六条规定："当事人互负债务，没有先后履行顺序的，应当同时履行。一方在对方履行之前有权拒绝其履行要求。一方在对方履行债务不符合约定时，有权拒绝其相应的履行要求。"

2. 先履行抗辩权

根据《合同法》第六十七条规定："当事人互负债务，有先后履行顺序，先履行一方未履行的，后履行一方有权拒绝其履行要求。先履行一方履行债务不符合约定的，后履行一方有权拒绝其相应的履行要求。"

3. 不安抗辩权

根据《合同法》第六十八条规定："应当先履行债务的当事人，有确切证据证明对方有下列情形之一的，可以中止履行：

1) 经营状况严重恶化；

2) 转移财产、抽逃资金，以逃避债务；

3) 丧失商业信誉；

4) 有丧失或者可能丧失履行债务能力的其他情形。

当事人没有确切证据中止履行的，应当承担违约责任。"

《合同法》第六十九条规定："当事人中止履行的，应当及时通知对方。对方提供适当担保时，应当恢复履行。中止履行后，对方在合理期限内未恢复履行能力并且未提供适当担保的，中止履行的一方可以解除合同。"

五、合同的保全

在合同履行过程中，为了保护债权人的合法权益，预防因债务人的财产不当减少，而危害债权人的债权时，法律允许债权人为保全其债权的实现而采取法律保障措施，称作合同的保全。合同的保全措施包括代位权和撤销权。

（一）代位权

债权人的代位权，是指债权人为了保障其债权不受损害，而以自己的名义代替债务人行使债权的权利。

根据《合同法》第七十三条规定："因债务人怠于行使其到期债权，对债权人造成损害的，债权人可以向人民法院请求以自己的名义代位行使债务人的债权，但该债权专属于债务人自身的除外。代位权的行使范围以债权人的债权为限。债权人行使代位权的必要费用，由债务人负担。"

（二）撤销权

债权人的撤销权，是指债权人对于债务人危害其债权实现的不当行为，有请求人民法院予以撤销的权利。在合同履行过程中，当债权人发现债务人的行为将会危害自身的债权实现时，可以行使法定的撤销权，以保障合同中约定的合法权益。

根据《合同法》第七十四条、第七十五条及其相关司法解释规定：因债务人放弃其到期债权或无偿转让财产，对债权人造成损害的，债权人可以请求人民法院撤销债务人的行为。债务人以明显不合理的低价转让财产，对债权人造成损害，并且受让人知道该情形的，债权人也可以请求人民法院撤销债务人的行为。撤销权的行使范围以债权人的债权为限。债权人行使撤销权的必要费用，由债务人承担；第三人有过错的，应当适当分担。

撤销权自债权人知道或者应当知道撤销事由之日起一年内行使。自债务人的行为发生之日起五年内没有行使撤销权的，该撤销权消灭。

第五节 合同的担保

一、合同担保概念

合同担保，指合同双方当事人，为确保合同履行，依照法律规定或者当事人约定而采取的具有法律效力的保证措施。

《中华人民共和国担保法》（以下简称《担保法》）中规定了五种担保形式：保证、抵押、质押、留置和定金。

二、保证

1. 保证与保证合同

保证，指保证人和债权人约定，当债务人不履行债务时，保证人按照约定履行债务或承担责任的行为。

保证人与债权人应当以书面形式订立保证合同。保证合同应当包括：被保证的主债权种类、数额；债务人履行债务的期限；保证的方式；保证担保的范围；保证的期间等。保证担保的范围包括主债权及利息、违约金、损害赔偿金及实现债权的费用。对保证范围无约定或约定不明的，推定为对全部债务承担责任。

2. 保证人

《担保法》规定，具有代为清偿债务能力的法人、其他组织或者公民，可以作保证人。不能成为担保人的情形：

1) 国家机关不得为保证人，经国务院批准为使用外国政府或国际经济组织贷款进行转贷的除外；

2) 学校、幼儿园、医院等以公益为目的的事业单位或社会团体不得为保证人；

3) 企业法人的分支机构、职能部门不得为保证人。企业法人的分支机构有法人书面授权的，在授权范围内可以提供担保。

3. 保证方式

保证分为一般保证和连带责任保证两种方式。

当事人在保证合同中约定，在债务人不能履行债务时，由保证人承担保证责任的，为一般保证。一般保证的保证人在主合同纠纷未经审判或者仲裁，并就债务人财产依法强制执行仍不能履行债务前，对债权人可以拒绝承担保证责任。但债务人住所变更致使债权人要求其履行发生重大困难的，人民法院受理债务人的破产案件中止执行程序的和保证人以书面形式放弃这一权利的情况除外。

当事人在保证合同中约定保证人与债务人对债务承担连带责任的，为连带责任保证。连带责任保证的债务人在主合同规定的债务履行期届满没有履行债务的，债权人可以要求债务人履行债务，也可以要求保证人在其保证范围内承担保证责任。当事人对保证方式没有约定或者约定不明确的，按照连带责任承担保证。

4. 保证期间

保证期间由保证人与债权人在合同中约定。未约定的，为主债务履行期限届满之日起6个月。

一般保证期间内，债权人未对债务人提起诉讼或申请仲裁的，保证人免除保证责任；

债权人提起诉讼或申请仲裁的，保证期间适用诉讼时效中断的规定。

连带责任保证期间内，债权人未要求保证人承担保证责任的，保证人免除保证责任。保证期间届满，保证人的保证责任消灭。

5. 保证责任

1）同一债权既有保证又有物的担保的保证责任

根据《物权法》第一百七十六条规定："被担保的债权既有物的担保又有人的担保的，债务人不履行到期债务时，债权人应当按照约定实现债权；没有约定或者约定不明确，债务人自己提供物的担保的，债权人应当先就该物的担保实现债权；第三人提供物的担保的，债权人可以就物的担保实现债权，也可以要求保证人承担保证责任。提供担保的第三人承担担保责任后，有权向债务人追偿。"

2）多人保证的保证责任

同一债务有两个以上保证人的，保证人应当按照保证合同约定的保证份额承担保证责任。各保证人与债权人未约定保证份额的，保证人之间承担连带责任。

3）主合同变动时的保证责任

在保证期间，债权人依法将主债权转让给第三人的，保证债权同时转让，保证人在原保证担保的范围内对受让人承担保证责任。但是保证人与债权人事先约定仅对特定的债权人承担保证责任或者禁止债权转让的，保证人不再承担保证责任。

债权人许可债务人转让部分债务未经保证人书面同意的，保证人对未经其同意转让部分的债务，不再承担保证责任。但是，保证人仍应当对未转让部分的债务承担保证责任。

债权人与债务人协议变更主合同的，应当取得保证人书面同意，未经保证人同意的主合同变更，如果减轻债务人的债务的，保证人仍应当对变更后的合同承担保证责任；如果加重债务人的债务的，保证人对加重的部分不承担保证责任。

三、抵押

1. 抵押与抵押合同

抵押，是指为担保债务的履行，债务人或者第三人不转移财产的占有，将该财产抵押给债权人的，债务人不履行到期债务或者发生当事人约定的实现抵押权的情形，债权人有权就该财产优先受偿。债务人或者第三人为抵押人，债权人为抵押权人，提供担保的财产为抵押财产。

设立抵押权，当事人应当采取书面形式订立抵押合同。抵押合同一般包括下列条款：被担保债权的种类和数额；债务人履行债务的期限；抵押财产的名称、数量、质量、状况、所在地、所有权归属或者使用权归属；担保的范围。

2. 抵押财产及登记

根据《物权法》第一百八十条规定，债务人或者第三人有权处分的下列财产可以抵押：

1）建筑物和其他土地附着物；

2）建设用地使用权；

3）以招标、拍卖、公开协商等方式取得的荒地等土地承包经营权；

4）生产设备、原材料、半成品、产品；

5）正在建造的建筑物、船舶、航空器；

6）交通运输工具；

7）法律、行政法规未禁止抵押的其他财产。

抵押人可以将前款所列财产一并抵押。

根据《物权法》第一百八十四条规定，下列财产不得抵押：

1）土地所有权；

2）耕地、宅基地、自留地、自留山等集体所有的土地使用权，但法律规定可以抵押的除外；

3）学校、幼儿园、医院等以公益为目的的事业单位、社会团体的教育设施、医疗卫生设施和其他社会公益设施；

4）所有权、使用权不明或者有争议的财产；

5）依法被查封、扣押、监管的财产；

6）法律、行政法规规定不得抵押的其他财产。

以第一百八十条第一款第一项至第三项规定的财产或者第五项规定的正在建造的建筑物抵押的，应当办理抵押登记。抵押权自登记时设立。

以第一百八十条第一款第四项、第六项规定的财产或者第五项规定的正在建造的船舶、航空器抵押的，抵押权自抵押合同生效时设立；未经登记，不得对抗善意第三人。

3. 抵押权的实现

抵押权人在债务履行期届满前，不得与抵押人约定债务人不履行到期债务时抵押财产归债权人所有。

债务人不履行到期债务或者发生当事人约定的实现抵押权的情形，抵押权人可以与抵押人协议以抵押财产折价或者以拍卖、变卖该抵押财产所得的价款优先受偿。抵押财产折价或者拍卖、变卖后，其价款超过债权数额的部分归抵押人所有，不足部分由债务人清偿。

同一财产向两个以上债权人抵押的，拍卖、变卖抵押财产所得的价款依照下列规定清偿：抵押权已登记的，按照登记的先后顺序清偿；顺序相同的，按照债权比例清偿；抵押权已登记的先于未登记的受偿；抵押权未登记的，按照债权比例清偿。

抵押权人应当在主债权诉讼时效期间行使抵押权；未行使的，人民法院不予保护。

四、质押

质押包括动产质押和权利质押。

动产质押，指为担保债务的履行，债务人或者第三人将其动产出质给债权人占有的，债务人不履行到期债务或者发生当事人约定的实现质权的情形，债权人有权就该动产优先受偿。债务人或者第三人为出质人，债权人为质权人，交付的动产为质押财产。

权利质押，指债务人或第三人将其所拥有的合法财产权利移交债权人占有，将该财产权利作为债权的担保。在债务履行期限届满或履行期限内，债权人可以通过兑现权利的内容或行使权利实现自己所担保的债权。可以作为质押的权利包括：汇票、支票、本票、债券、存款单、仓单、提单；可以转让的基金份额、股权；可以转让的注册商标专用权、专利权、著作权等知识产权中的财产权；应收账款；法律、行政法规规定可以出质的其他财产权利。

设立质权，当事人应当采取书面形式订立质权合同。质权合同一般包括下列条款：被担保债权的种类和数额；债务人履行债务的期限；质押财产的名称、数量、质量、状况；担保的范围；质押财产交付的时间。

质权人在债务履行期届满前，不得与出质人约定债务人不履行到期债务时质押财产归债权人所有。

质权自出质人交付质押财产时设立。

债务人履行债务或者出质人提前清偿所担保的债权的，质权人应当返还质押财产。债务人不履行到期债务或者发生当事人约定的实现质权的情形，质权人可以与出质人协议以质押财产折价，也可以就拍卖、变卖质押财产所得的价款优先受偿。质押财产折价或者拍卖、变卖后，其价款超过债权数额的部分归出质人所有，不足部分由债务人清偿。

五、留置

留置，指债权人按照合同约定占有债务人的财产，债务人不按照合同约定的期限履行债务的，债权人有权依法留置该财产。以该财产折价或以拍卖、变卖该财产的价款优先受偿。债权人为留置权人，占有的动产为留置财产。

债权人留置的动产，应当与债权属于同一法律关系，但企业之间留置的除外。

留置权人与债务人应当约定留置财产后的债务履行期间；没有约定或者约定不明确的，留置权人应当给债务人两个月以上履行债务的期间，但鲜活易腐等不易保管的动产除外。债务人逾期未履行的，留置权人可以与债务人协议以留置财产折价，也可以就拍卖、变卖留置财产所得的价款优先受偿。

六、定金

定金，是指合同当事人约定一方给付一定数额的货币作为债权人的担保。债务人履行债务后，定金应当抵作价款或收回。给付定金的一方不履行债务的，无权要求返还定金；收受定金的一方不履行债务的，应当双倍返还定金。

定金应当以书面形式约定。当事人在定金合同中应当约定交付定金的期限。定金合同从实际交付定金之日起生效。定金的数额由当事人约定，但不得超过主合同标的额的20%。

第六节　合同的变更与转让

一、合同的变更

合同的变更有广义与狭义之分。广义的合同变更，包括合同内容的变更与合同主体的变更。前者是指当事人不变，合同的权利义务予以改变的现象。后者是指合同关系保持同一性，仅改换债权人或债务人，实际上是合同权利义务的转让。这里合同的变更仅讨论合同内容的变更。

合同的变更，是指合同成立后，当事人双方根据客观情况的变化，经协商一致，依照法律规定的条件和程序，对原合同进行修改或者补充。

合同的变更是在合同的主体不改变的前提下，对合同内容或者标的的变更。当事人在变更合同时，应当本着协商一致的原则进行。合同变更后，变更后的内容取代了原合同的内容，当事人应当按照变更后的内容履行合同。当事人对合同变更的内容约定不明确的，推定为未变更。

二、合同的转让

合同的转让，实际上是合同权利义务的转让，是指合同当事人一方依法将合同权利、义务全部或部分地转让给第三人。它包括合同权利的转让、合同义务的转移和合同权利义务的概括移转。

1. 合同权利转让（债权转让）

合同权利转让是指不改变合同的内容，合同债权人将其权利全部或部分转让给第三人。转让权利的人成为让与人，受让权利的人成为受让人。

合同权利全部转让的，原合同关系消灭，受让人取代原债权人的地位，成为新的债权人。合同权利部分转让的，受让人作为第三人加入到合同关系中，与原债权人共同享有债权。此外，其他权利如从权利、抗辩权、抵销权随之转移。

有下列情形之一的，债权人不得转让合同权利：

1) 根据合同性质不得转让；
2) 根据当事人约定不得转让；
3) 依照法律规定不得转让。

债权人转让权利的，应当通知债务人。未经通知，该转让对债务人不发生效力。

债权人转让权利的通知不得撤销，但经受让人同意的除外。

2. 合同义务转移（债务转移）

合同义务转移，是指在不改变合同内容的前提下，债务人将合同义务全部或部分地移转给第三人。

债务人将合同的义务全部或者部分转移给第三人的，应当经债权人同意；否则债务人转移合同义务的行为对债权人不发生效力，债权人有权拒绝第三人向其履行，同时有权要求债务人履行义务并承担迟延履行合同的法律责任。

债务人全部转移合同义务时，新的债务人完全取代了旧的债务人的地位，承担了全面履行合同义务的责任，享有债务人所应享有的抗辩权。同时，与所转移的主债务有关的从债务，也应当由新债务人承担，但该从债务专属于原债务人自身的除外。债务人部分转移合同义务时，新的债务人加入到合同关系中，与原债务人一起向债权人履行义务。

3. 合同权利义务的概括移转

合同权利义务的概括移转，是指当事人一方经对方同意，将自己在合同中的权利和义务一并移转给第三人。

权利和义务一并转让的，除经对方同意外，还应当遵守合同法有关转让权利和义务的其他规定。

当事人订立合同后合并的，由合并后的法人或者其他组织行使合同权利，履行合同义务。当事人订立合同后分立的，除债权人和债务人另有约定的以外，由分立的法人或者其他组织对合同的权利和义务享有连带债权，承担连带债务。

第七节 合同的权利义务终止

一、合同的权利义务终止的概念

合同的权利义务终止，是指依法生效的合同，因具备法定情形和当事人约定的情形，合同债权、债务归于消灭，债权人不再享有合同权利，债务人也不必再履行合同义务。

二、合同权利义务终止的具体情形

根据《合同法》第九十一条规定，下列情形之一的，合同的权利义务终止：

（一）债务已经按照约定履行

债务已经按照约定履行，是指债务人按照约定的标的、质量、数量、价款或者报酬、履行期限、地点和方式全面履行。

以下情况也属于按合同内容约定履行：当事人约定的第三人按照合同履行；债权人同意以他种给付代替合同原定给付；当事人之外的第三人接受履行。

（二）合同解除

合同解除，是指合同有效成立后，当具备法律规定的合同解除条件时，因当事人一方或者双方意思表示而使合同关系归于消灭的行为。

合同解除，有约定解除和法定解除两种情况。

1. 约定解除

当事人协商一致，可以解除合同。

当事人可以约定一方解除合同的条件。解除合同的条件成立时，解除权人可以解除合同。

2. 法定解除

有下列情形之一的，当事人可以解除合同：

1）因不可抗力致使不能实现合同目的；

2）在履行期限届满之前，当事人一方明确表示或者以自己的行为表明不履行主要债务；

3）当事人一方迟延履行主要债务，经催告后在合理期限内仍未履行；

4）当事人一方迟延履行债务或者有其他违约行为致使不能实现合同目的；

5）法律规定的其他情形。

当事人一方主张解除合同的，应当通知对方。合同自通知到达对方时解除。对方有异议的，可以请求人民法院或者仲裁机构确认解除合同的效力。

法律、行政法规规定解除合同应当办理批准、登记等手续的，依照其规定。

合同解除后，尚未履行的，终止履行；已经履行的，根据履行情况和合同性质，当事人可以要求恢复原状、采取其他补救措施，并有权要求赔偿损失。

合同的权利义务终止，不影响合同中结算和清理条款的效力。

（三）债务相互抵销

当事人互负到期债务，该债务的标的物种类、品质相同的，任何一方可以将自己的债务与对方的债务抵销，但依照法律规定或者按照合同性质不得抵销的除外。

当事人主张抵销的，应当通知对方。通知自到达对方时生效。抵销不得附条件或者附期限。

当事人互负债务，标的物种类、品质不相同的，经双方协商一致，也可以抵销。

（四）债务人依法将标的物提存

提存，是指由于债权人的原因，债务人无法向其交付合同标的物而将该标的物交给提存机关，从而消灭合同的制度。

有下列情形之一，难以履行债务的，债务人可以将标的物提存：债权人无正当理由拒绝受领；债权人下落不明；债权人死亡未确定继承人或者丧失民事行为能力未确定监护人；法律规定的其他情形。

标的物不适于提存或者提存费用过高的，债务人依法可以拍卖或者变卖标的物，提存所得的价款。

（五）债权人免除债务

债权人免除债务人部分或者全部债务的，合同的权利义务部分或者全部终止。

（六）债权债务同归于一人

债权和债务同归于一人的，合同的权利义务终止，但涉及第三人利益的除外。

（七）法律规定或者当事人约定终止的其他情形

第八节　违　约　责　任

一、违约责任的概念

违约责任是违反合同的民事责任的简称，是指合同当事人一方不履行合同义务或履行合同义务不符合合同约定所应承担的民事责任。

二、违约责任的构成要件

违约责任的构成要件有二：一是违约行为；二是无免责事由。前者称为违约责任的积极要件，后者称为违约责任的消极要件。此处仅讨论其积极要件，即违约行为。

违约行为是指当事人一方不履行合同义务或履行合同义务不符合约定的行为。

1. 不履行合同义务

1）不能履行。指债务人在客观上已经没有履行能力，导致事实上已经不可能再履行债务。

2）拒绝履行。指合同履行期到来后，当事人一方能够履行而故意不履行合同规定的义务。

2. 履行合同义务不符合约定

履行合同义务不符合约定又称不适当履行，指债务人虽然履行了债务，但其履行不符合合同的约定，包括瑕疵给付和加害给付两种类型。瑕疵给付是指债务人的给付含有瑕疵；加害给付是指债务人的给付不但含有瑕疵，而且其瑕疵还造成了被侵权人的损害。

三、承担违约责任的主要形式

当事人一方不履行合同义务或者履行合同义务不符合约定的，应当承担继续履行、采取补救措施或者赔偿损失等违约责任。

1. 继续履行

当事人一方未支付价款或者报酬的，对方可以要求其支付价款或者报酬。

当事人一方不履行非金钱债务或者履行非金钱债务不符合约定的，对方可以要求履行，但有下列情形之一的除外：

1）法律上或者事实上不能履行；

2）债务的标的不适于强制履行或者履行费用过高；

3）债权人在合理期限内未要求履行。

2. 采取补救措施

质量不符合约定的,应当按照当事人的约定承担违约责任。受损害方根据标的的性质以及损失的大小,可以合理选择要求对方承担修理、更换、重作、退货、减少价款或者报酬等违约责任。

3. 赔偿损失

当事人一方不履行合同义务或者履行合同义务不符合约定的,在履行义务或者采取补救措施后,对方还有其他损失的,应当赔偿损失。损失赔偿额应当相当于因违约所造成的损失,包括合同履行后可以获得的利益,但不得超过违反合同一方订立合同时预见到或者应当预见到的因违反合同可能造成的损失。

当事人一方违约后,对方应当采取适当措施防止损失的扩大;没有采取适当措施致使损失扩大的,不得就扩大的损失要求赔偿。当事人因防止损失扩大而支出的合理费用,由违约方承担。

4. 支付违约金

当事人可以约定一方违约时应当根据违约情况向对方支付一定数额的违约金,也可以约定因违约产生的损失赔偿额的计算方法。

约定的违约金低于造成的损失的,当事人可以请求人民法院或者仲裁机构予以增加;约定的违约金过分高于造成的损失的,当事人可以请求人民法院或者仲裁机构予以适当减少。

当事人就迟延履行约定违约金的,违约方支付违约金后,还应当履行债务。

5. 定金

当事人可以依照《担保法》约定一方向对方给付定金作为债权的担保。债务人履行债务后,定金应当抵作价款或者收回。给付定金的一方不履行约定的债务的,无权要求返还定金;收受定金的一方不履行约定的债务的,应当双倍返还定金。

当事人既约定违约金,又约定定金的,一方违约时,对方可以选择适用违约金或者定金条款。

四、违约的免责事由

合同订立后,一方当事人没有履行合同或履行合同义务不符合约定,应当向对方承担违约责任。但是,当事人一方违约是由于某些无法防止的客观原因造成的,则可以根据情况免除违约方的违约责任。

1. 免责事由的概念

违约的免责事由也称免责条件,是指当事人对其违约行为免于承担违约责任的事由。合同法上的免责事由可分为两大类,即法定免责事由和约定免责事由。法定免责事由是由法律直接规定、不需要当事人约定即可援用的免责事由,主要指不可抗力;约定免责事由是指当事人约定的免责事由。

2. 不可抗力

不可抗力是指不能预见、不能避免并不能克服的客观情况。

不可抗力主要包括以下几种情形:

1) 自然灾害,如台风、洪水、冰雹;
2) 政府行为,如征收、征用;

3) 社会异常事件，如罢工、骚乱。

因不可抗力不能履行合同的，根据不可抗力的影响，部分或者全部免除责任，但法律另有规定的除外。当事人迟延履行后发生不可抗力的，不能免除责任。当事人一方因不可抗力不能履行合同的，应当及时通知对方，以减轻可能给对方造成的损失，并应当在合理期限内提供证明。

3. 免责条款

免责条款是指合同中的双方当事人在合同中约定的，为免除或者限制一方或者双方当事人未来责任的条款。一般来说，当事人就经过充分协商确定的免责条款，只要是完全建立在当事人自愿的基础上，又不违反公共利益，法律就对其效力给予承认。但是对严重违反诚实信用原则和社会公共利益的免责条款，法律予以禁止。

五、承担违约责任的特殊情形

1. 预期违约

当事人一方明确表示或者以自己的行为表明不履行合同义务的，对方可以在履行期限届满之前要求其承担违约责任。

2. 双方违约

当事人双方都违反合同的，应当各自承担相应的责任。

3. 因第三人原因的违约

当事人一方因第三人的原因造成违约的，应当向对方承担违约责任。当事人一方和第三人之间的纠纷，依照法律规定或者按照约定解决。

4. 违约与侵权的竞合

因当事人一方的违约行为，侵害对方人身、财产权益的，受损害方有权选择依照本法要求其承担违约责任或者依照其他法律要求其承担侵权责任。

第九节 建设工程合同法律规范

一、建设工程合同概述

（一）建设工程合同的概念

建设工程合同是承包人进行工程建设，发包人支付价款的合同。

（二）建设工程合同的特征

1. 合同主体的限定性

建设工程合同主体一般是法人。发包人一般为建设工程的建设单位，即投资建设该项工程的单位。承包人只能是从事勘察、设计、建筑、安装任务资格的法人，并且承包人是按照其拥有的注册资本、专业技术人员、技术装备和完成的建筑工程业绩等资质条件，分为不同的资质等级，只有取得相应的资质等级，才能在其资质等级许可的范围内承包相应的工程。

自然人个人既不能为发包人，也不能为承包人。因为建设工程合同所要完成的工程是投资大、周期长、质量高的基本建设项目，自然人无力承担。

2. 合同标的的限定性

建设工程合同标的仅限于基本建设的工程，而不能是其他的工作。由于基本建设工程有着特殊的要求和意义,承包人承揽的工作不同于承揽合同承揽的工作,建设工程合同才成为与承揽合同不同的独立的一类合同。

为完成不能构成基本建设的一般工程的建设项目而订立的合同,不属于建设工程合同,而应属于承揽合同。如自然人为建造个人住房而与其他自然人或建筑队订立的合同,就为承揽合同,而不为建设工程合同规制。

3. 合同管理的特殊性

因涉及基本建设规划,其标的物为不动产的工程,承包人所完成的工作成果具有不可移动性,而且须长期存在和发挥效用,事关国计民生,因此,国家要实行严格的监督和管理。对于建设工程合同,从合同的签订到合同的履行,从资金的投放到最终的成果验收,都受到国家的严格的管理和监督,法律都有特别的要求。如:合同签订一般应通过招标投标程序,履行中一般要由监理人监理。

4. 合同形式的要式性

建设工程合同应当采用书面形式。法律之所以对建设工程合同的形式作如此的规定,既是国家对基本建设进行监督管理的需要,也是由建设工程合同履行的特点所决定的。基本建设工程具有建设周期长、质量要求高的特点,这就要求承包人必须具有相应的相当高的建设能力和条件,要求发包人与承包人之间的权利、义务和责任明确,相互密切配合。建设工程合同采用书面形式便于当事人在履行合同中明确自己的义务,分清责任,在发生纠纷时也有据可查。

(三) 建设工程合同分类

1. 按承发包的不同范围和数量划分,可分为建设工程总承包合同、建设工程承包合同、建设工程分包合同;
2. 按承包的方式划分,可分为建设全过程承包合同、阶段承包合同、专业承包合同;
3. 按合同的目的、内容划分,可分为勘察设计合同、施工合同、设备安装合同、设备采购合同、劳务合同等;
4. 按付款方式划分,可分为总价合同、单价合同、成本加酬金合同。

1) 总价合同

总价合同是合同总价不变、或影响合同价格的关键因素是固定的一种合同。采用这种合同对业主支付款项来说比较简单,评标时易于按低价定标。业主按规定的进度方式付款,在施工中可集中精力控制质量和进度。

这类合同适用于规模小、工期短、单项工程类别和工程量都很清楚的工程,风险由承包人承担。如果项目规模大,工期长,则项目的风险也大,合同履行中的不可预测因素也多,这类项目不宜采用总价合同。

2) 单价合同

单价合同是承包单位在投标时,按招标文件就分部分项工程所列出的工程量表确定各分项工程费用的合同类型。

这类合同的适用范围比较宽,其风险可以得到合理的分摊,并且能鼓励承包单位通过提高工效等手段从成本节约中提高利润。这类合同能够成立的关键在于双方对单位和工程量计算方法的确认。

3) 成本加酬金合同

成本加酬金合同由业主向承包单位支付建设工程的实际成本，并按事先约定的某一种方式支付酬金的合同类型。在这类合同中，业主需承担项目实际发生的一切费用，因此也就承担了项目的全部风险。

这类合同的缺点是业主对工程总造价不易控制，承包商也往往不注意降低项目成本。这类合同主要适用于以下项目：需要立即开展工作的项目，如震后的救灾工作；新型的工程项目，或对项目工程内容及技术经济指标未确定；风险很大的项目。

二、建设工程勘察设计合同

（一）建设工程勘察设计合同概念

建设工程勘察设计合同是委托方与承包方为完成一定的勘察设计任务，明确双方权利与义务的协议。委托方一般是建设单位(业主、项目法人)或工程承包单位，承包方一般为具备国家认可的相应资质的勘察设计单位。工程勘察，是指对工程项目进行实地的考察或查看，其主要内容包括提交有关基础资料和文件(包括概预算)的期限、质量要求、费用以及水文地质勘察和工程地质勘察等，其任务是为建设项目的选址、工程设计和施工提供科学可靠的依据。工程设计，是指正式进行工程的建筑、安装之前，预先确定工程的建设规模、主要设备配置、施工图纸设计等内容。一般工程设计分初步设计和施工图设计两个阶段进行设计；对大型联合企业、矿区和水利枢纽工程，还需进行总体规划或总体设计。

（二）勘察设计合同的主要条款

建设工程勘察设计合同一般包括以下条款：

1. 建设工程名称、规模、投资额、建设地点。

2. 委托方提供资料的内容、技术要求和期限；承包方勘察的范围、进度和质量；设计的阶段、进度、质量和设计文件的份数。

3. 勘察设计工作的取费依据、取费标准和支付办法。

4. 违约责任。

（三）勘察设计合同双方的权利和义务

合同的主要内容是明确双方的主体的权利和义务关系。当事人双方是互为权利和义务主体的。一方的权利是另一方的义务，一方的义务是另一方的权利，反之亦然。

1. 勘察合同委托方的义务

1）提供基础资料、文件，提出勘察技术质量要求。勘察工作开始前委托方应向承包方提交由设计单位提供经建设单位同意的勘察范围的地形图和建筑平面布置图各一份，提交由建设单位委托、设计单位填写的勘察技术质量要求及附图。

2）做好现场准备工作。委托方应负责勘察现场的水电供应，平整道路、现场清理等工作，以保证勘察工作顺利进行。

3）提供必要的工作、生活条件。勘察人员进入现场作业时，委托方应负责提供必要的工作和生活条件，配合勘察工作。

4）按规定支付勘察费用。具体要求是执行《工程勘察设计收费管理规定》(2002年1月7日计价格［2002］10号)文件，即分别实行政府指导和市场调节价。

5）维护对方的成果。委托方不得擅自修改，也不得重复使用或转让第三方重复使用，否则，属侵权行为。

6）如承包方有保密要求，委托方应承担有关勘察成果的保密责任。

2. 设计合同委托方的义务

1) 提供有关文件和资料。大中型建设项目初步设计，委托方应向承包方提供可行性研究报告，选址报告及资源、燃料、水电、运输等方面的协议文件和有关勘察资料、技术资料；委托施工图设计的在施工图设计前委托方应向承包方提供批准的设计文件或可行性报告；能够满足施工设计要求的勘察资料、施工条件以及有关设备的技术资料。

2) 关于引进项目的设计。如委托配合引进项目的设计，从询价、对外谈判、国内外技术考察到建成投产的各个环节，都应通知承担有关设计的单位参加，以利于对外和设计任务的完成。

3) 明确设计范围和深度。对设计的内容和工作难度确定合理的提交工作成果的期限。设计人员必须在约定的期限内完成并向委托方提交工作成果。

4) 提供必要的工作和生活条件。在设计人员进入施工现场时，委托方应提供必要的工作和生活条件。

5) 维护对方设计成果。委托方要维护承包方的设计文件，不得擅自修改，也不得重复使用和转让给第三方重复使用，否则，属于侵权行为。

6) 按规定支付设计费用。工程设计费用应当体现优质优价的原则。由于委托方原因造成工程设计量增加，委托方应当向设计人支付相应的设计费；由于设计人员达不到合同约定设计规定则应返工。由于返工增加工作量，委托方不另外支付工程设计费。

7) 如承包方有保密要求的，委托方应承担有关设计文件的保密责任。

3. 勘察合同承包方的义务

按合同规定提交勘察成果。承包方应按合同规定的标准、规范和技术要求进行工程测量、工程地质、水文地质等勘察工作，按合同规定的进度、质量要求提交勘察成果。

4. 设计合同承包方的义务

1) 按合同规定提交设计成果。承包方应按规定的文件、标准进行设计，按合同规定的进度和质量要求提交设计成果。

2) 初步设计的修改。初步设计经上级主管部门审查后，在原定可行性研究报告范围内的必要修改，由承包方承担。如原定可行性报告有重大变更而重作或修改设计时，须具有设计审批机关或可行性研究报告批准机关的意见，经双方协商，另订合同。

3) 施工和验收。承包方应配合施工，进行施工前设计技术交底，解决施工中的有关设计问题，负责设计变更和修改预算，参加试车考核及工程竣工验收。对大中型工业项目和复杂的民用建筑工程，还应派现场设计代表，并参加隐蔽工程验收。

三、建设工程施工合同

建设工程施工合同是建设单位(业主、项目法人)与施工单位为完成商定的土木工程、设备安装、管道线路敷设、房屋修缮等工程项目，明确双方权利和义务的协议。建设工程施工合同一般分为建筑施工合同和安装工程施工合同两类。

1. 订立施工合同应具备的条件

根据《合同法》、《建筑法》及《建设工程施工合同管理办法》的规定，订立施工合同应具备下列条件：

1) 初步设计和总概算已经批准；

2) 工程项目已列入国家和地方的项目建设计划；

3）有满足施工需要的设计文件和技术资料；

4）建设资金已经落实；

5）材料和设备的供应能保证工程连续施工；

6）实行招投标的工程，中标通知书已经送达；

7）双方当事人应当具有法人资格；

8）双方当事人依法具有订立和履行合同的行为能力。

2. 建设工程施工合同的主要内容

根据《合同法》第二百七十五条规定："施工合同的内容包括工程范围、建设工期、中间交工工程的开工和竣工时间、工程质量、工程造价、技术资料交付时间、材料和设备供应责任、拨款和结算、质量保修和质量保证期、双方协作等条款。"一个具体的施工合同，一般由合同序文、合同正文、合同结尾三部分组成，具体如下：

1）合同序文

主要介绍双方主体的自然概况，法人、其他组织的全称、住所及法定代表人的姓名、职务等。

2）合同正文

（1）工程概况；

（2）工程的范围和内容；

（3）工程承包方式；

（4）建设工期；

（5）中间交工工程的开工和竣工日期；

（6）工程质量；

（7）工程造价；

（8）拨款和结算；

（9）技术资料交付时间；

（10）材料和设备供应责任；

（11）工程变更及责任；

（12）竣工验收；

（13）合理化建议的处理；

（14）停、窝工的处理；

（15）临时设施工程；

（16）工程质量保修期及保修条件；

（17）违约责任；

（18）合同争议的解决方式；

（19）不可抗力条款；

（20）保险。

3）合同结尾部分

（1）合同未尽事项及附加条款；

（2）合同份数、留存部门与生效方式；

（3）合同公证单位；

(4) 签约时间、地点、法人代表签字或盖章；

(5) 附件。

4) 合同文件的组成部分

建设工程合同除合同本身外，还包括洽商、变更、明确双方权利义务的备忘录、纪要和协议。中标通知书、招投标文件、工程量清单或确定工程造价的工程预算书和图纸以及有关的技术资料和技术要求也都是合同的组成部分。同时还应明确各组成部分的解释顺序。

3. 施工合同示范文本

《施工合同示范文本》由《协议书》、《通用条款》、《专用条款》三部分组成，并附有三个附件：附件一，《承包人承揽工程项目一览表》；附件二，《发包人供应材料设备一览表》；附件三，《工程质量保修书》。

1) 协议书

《协议书》是《施工合同示范文本》中总纲领性的文件。虽然它文字量并不大，但它规定了合同当事人双方最主要的权利和义务，规定了组成合同的文件及合同当事人对履行合同义务的承诺，并且合同当事人在这份文件上签字盖章，因此具有很高的法律效力。《协议书》的内容包括工程概况、工程承包范围、合同工期、质量标准、合同条款、组成合同的文件等。

2) 通用条款

《通用条款》是根据《合同法》、《建筑法》、《建设工程施工合同管理办法》等法律、法规对承发包双方的权利和义务作出的规定，除双方协商一致对其中的某些条款作了修改、补充或取消，双方都必须履行。它是将建设工程施工合同中共性的一些内容抽象出来编写的一份完整的合同文件。

《通用条款》具有很强的通用性，基本适用于各类建设工程。《通用条款》共有十一部分四十七条组成。

3) 专用条款

《专用条款》是对《通用条款》的补充与修改，它的条款号与《通用条款》一致，但主要是空格，由当事人根据工程的具体情况予以明确或者对《通用条款》进行修改。

《施工合同示范文本》的附件是对施工合同当事人的权利义务的进一步明确，并且使得施工合同当事人的有关工作一目了然，便于执行和管理。

四、建设工程合同订立程序

签订合同一般要经过要约与承诺两个步骤，而建设工程合同的签订有其特殊性，需要经过要约邀请、要约、承诺、签订合同四个步骤。

1) 要约邀请

要约邀请是希望他人向自己发出要约的意思表示。招标公告和投标邀请书属于要约邀请。其法律约束力始于招标公告刊登或播发之时，或始于招标人向各个相对方发出投标邀请书之时，终于招标文件中规定的有效期届满之时。

2) 要约

要约希望和他人订立合同的意思表示。提出要约的一方称为要约人，接受要约的一方称为受要约人。在招标投标中，投标人的投标行为属于要约，在直接发包中，建设单位的发包行为属于要约。

3) 承诺

承诺是指受要约人同意要约的意思表示。对招标投标而言，招标人发出中标通知书为承诺。对直接发包而言，施工单位同意承包工程为承诺。承诺人（受要约人）作出承诺后，即受到法律的约束，不得任意变更或解除。

4) 签订合同

根据《建筑法》第十五条规定："建设工程的发包单位与承包单位应当依法订立书面合同，明确双方的权利和义务。"采用招标方式发包建设工程的，依据《招标投标法》规定，招标人和中标人应当自中标通知书发出之日起30日内，按照招标文件和中标人的投标文件订立书面合同。

五、建设工程合同的效力

1. 建设工程合同的生效条件

1) 当事人不仅具有民事行为能力，而且还必须具有与签订建设工程合同相适应的缔约能力。建设工程合同的发包人，可以是法人、其他经济组织和进行住宅建造的自然人。作为承包人的资格，一般自然人不得成为建设工程合同的承包人，承揽建设工程任务的企业法人和其他经济组织必须具有与从事勘察、设计、建造和安装活动相适应的资格。这里所称的资格，是指经建设行政主管部门审查所核定的具有从事相应建设活动的资质等级。

2) 意思表示真实。

3) 不违反法律和社会公共利益。

4) 不违反建设工程的基本建设程序。例如，可行性研究报告被批准是签订勘察、设计合同的基本依据；而对建设、安装承包合同，还必须经过报建、施工招标投标程序才能签订。

2. 可撤销的建设工程合同

根据《合同法》第五十四条的规定，造成建设工程合同可被依法申请撤销的原因主要是基于重大误解、显失公平、欺诈、胁迫和乘人之危。

其中，显失公平的建设工程合同并不鲜见。发包方往往利用自身在建设市场中的优势地位，在合同工期、工程质量等级等方面对承包方提出十分严格的要求，但又在工程价款的问题上处处压价，如要求承包商降低取费费率、让利等。承包商通常因为面对激烈的市场竞争和自身生存与发展的困境而不得不就范。因此，承包方在必要时应当以显失公平为由，请求人民法院或仲裁机构对相应的合同条款予以变更，以维护自身的合法权益。

3. 无效建设工程合同

无效建设工程合同是指虽然发包方与承包方订立，但因违反法律规定而没有法律约束力，国家不予以承认和保护，甚至要对违法当事人进行制裁的建设工程合同。

建设工程合同发生下列情况之一的属于无效合同：

1) 没有经营资格而签订的合同；

2) 超越资质等级所订立的合同；

3) 跨越省级行政区域承揽工程，但未办理审批许可手续而订立的合同；

4) 违反国家、部门或地方基本建设计划的合同；

5) 未取得《建设工程规划许可证》或者违反《建设工程规划许可证》的规定进行建

设，严重影响城市规划的合同；

6）未取得《建设用地规划许可证》而签订的合同；

7）未依法取得土地使用权而签订的合同；

8）未依法办理报建手续而签订的合同；

9）应当办理而未办理招标投标手续所订立的合同；

10）非法转包的合同；

11）不符合分包条件而分包的合同；

12）违法带资、垫资施工的合同；

13）采取欺诈、胁迫的手段所签订的合同；

14）损害国家利益和社会公共利益的合同。例如，以搞封建迷信活动为目的，建造庙堂；宗祠的合同，即为无效合同；

15）违反国家指令性建设计划而签订的合同。

六、建设工程合同的解除

2005年实施的《最高人民法院关于审理建设工程施工合同纠纷案件适用法律问题的解释》中规定了建设工程合同中双方当事人承包人和发包人可以行使解除权的情形。

1. 发包人的解除权

承包人具有下列情形之一，发包人请求解除建设工程施工合同的，应予支持：

1）明确表示或者以行为表明不履行合同主要义务的；

2）合同约定的期限内没有完工，且在发包人催告的合理期限内仍未完工的；

3）已经完成的建设工程质量不合格，并拒绝修复的；

4）将承包的建设工程非法转包、违法分包的。

2. 承包人的解除权

发包人具有下列情形之一，致使承包人无法施工，且在催告的合理期限内仍未履行相应义务，承包人请求解除建设工程施工合同的，应予支持：

1）未按约定支付工程价款的；

2）提供的主要建筑材料、建筑构配件和设备不符合强制性标准的；

3）不履行合同约定的协助义务的。

3. 建设工程合同解除的法律后果

建设工程施工合同解除后，已经完成的建设工程质量合格的，发包人应当按照约定支付相应的工程价款；已经完成的建设工程质量不合格，修复后的建设工程经竣工验收合格，发包人可以请求承包人承担修复费用；修复后的建设工程经竣工验收不合格，承包人不得请求支付工程价款。因建设工程不合格造成的损失，发包人有过错的，也应承担相应的民事责任。

因一方违约导致合同解除的，违约方应当赔偿因此而给对方造成的损失。

七、建设工程合同的违约责任

1. 发包人的违约责任

1）工程中途停建、缓建或由于设计变更以及设计错误造成的返工，应采取措施弥补或减少损失，同时赔偿对方由此而造成的停工、窝工、返工、倒运、人员和机械设备调迁、材料和构件积压等的实际损失；

2）工程未经验收，发包人提前使用或者擅自使用，由此而发生的质量或其他问题由发包人承担责任；

3）超过合同约定日期验收，按合同违约责任条款的规定偿付逾期违约金；

4）不按合同规定拨付工程款，按合同约定及相关法律规定承担相应的责任。

2. 承包人的违约责任

1）工程质量不符合合同规定或相关标准的，应负责无偿修理或返工，并承担相应的法律责任；

2）工程交付时间不符合合同规定的，应按合同的相应条款偿付逾期违约金；

3）由于承包人的原因，造成发包人提供的材料、设备等丢失或损坏的，应承担赔偿责任。

八、建设工程合同的索赔

1. 建设工程合同索赔的概念

索赔是当事人依据自己享有的权利向某一方提出的有关资格、财产、金钱及其他方面的赔偿要求。

建设工程合同索赔则是指在建设工程合同实施过程中，当事人一方因对方违约或非自身原因而遭到损失时，向对方提出的赔偿要求。

提出索赔的主体既可是承包方，也可是发包方。由于发包方对承包方的索赔主要集中在承包方的工程质量和工期未达合同要求上，而承包方向发包方索赔的范围则广得多，这是因为在合同实施过程中，发包方一直处于主动地位，合同风险主要落在承包方身上。因此在实际生活中，发包方向承包方提出的索赔较少，工程合同索赔主要是由承包方提出的，久而久之，工程界逐步将"索赔"变成了承包方向发包方提出索赔的专用名词，而将发包方向承包方提出的索赔称为"反索赔"。从字面原义及理论上讲，这是不对的。"反索赔"应是被索赔一方对对方索赔要求的反驳及防范，而不是提出索赔的主体有什么正反之分。不少人虽心存疑虑，但大家都已习惯了这样的叫法，只好将错就错，使反索赔即是发包方向承包方提出的索赔变成了约定俗成的说法。

工程合同索赔的原因与一般商务合同索赔不完全相同。商务合同中，只有在对方违约时才有索赔的问题，而工程建设过程中影响因素多，合同风险大，所以，除了对方违约这种情况外，因工程实施的条件、环境等因素的变化而造成当事人的损失时，也可向对方提出索赔的要求。当然，什么情况下可提出索赔并获得成功，一般都应在合同上约定或依据相关法规来加以判定，不是当事人随意而为的。

建设工程，尤其是规模大、工期长、结构复杂的工程的施工，由于受到水文气象、地质条件变化的影响，以及规划变更和其他一些人为因素的干扰，超出合同约定的条件及相关事项的事情真可谓层出不穷，当事人尤其是承包方往往会遭受意料之外的损失，这时，从合同公平原则及诚实信用原则出发，法律应该对他提供保护，允许他通过索赔对合同约定的条件进行公正、适当的调整，以弥补其不应承担的损失。

2. 建设工程合同索赔的原因

1）合同风险分担不均

建设工程合同的风险，理应由双方共同承担，但受"买方市场"规律的制约，合同的风险主要落在承包方一方。作为补偿，法律允许它通过索赔来减少风险，有经验的承包商在签订建设工程合同中事先就会设定自己索赔的权利，一旦条件成熟，就可依据合同约定提起索赔。

2）施工条件变化

建设工程施工是现场露天作业，现场条件的变化对工程施工影响很大。工程地质条件，如地下水、地质断层、熔岩孔洞、地下文物遗址等，业主提供的勘察资料往往是不完全准确的，预料之外的情况经常发生。不利的自然条件及一些人为的障碍导致设计变更、工期延长和工程成本大幅增加时，即可提起索赔。

3）工程变更

建设工程施工过程中，由于工地上不可预见的情况、环境的改变或为了节约成本等，业主或监理工程师为确保工程质量及进度，或其他原因，往往会发出更换建筑材料、增加新的工作、加快施工进度或暂停施工等相关指令，造成工程不能按原定设计及计划进行，并使工期延长，费用增加，此时，承包方即可提出索赔要求。

4）工期拖延

由于特殊恶劣气候等原因承包商可以要求延长工期，但不能要求补偿；也有些延误时间并不影响关键路线的施工，承包商可能得不到延长工期的承诺。但是，如果承包商能提出证据说明其延误造成的损失，就可能有权获得这些损失的补偿，有时两种索赔可能混在一起，既可以要求延长工期，又可以获得对其损失的补偿。

5）加速施工

一项工程可能遇到各种意外的情况或由于工程变更而必须延长工期。但由于业主的原因（例如，该工程已经预售给买主，需按议定时间移交买主），坚持不给延期，迫使承包商采取赶工措施来完成工程，从而导致工程成本增加，即为加速施工费用的索赔。在如何确定加速施工所发生的费用，合同双方可能差距很大，因为影响附加费用款额的因素很多，如：投入的资源量、提前的完工天数、加班津贴、施工新单价等等。解决这一问题的办法建议在合同中予以"奖金"约定的办法，鼓励合同当事一方克服困难，加速施工。即规定当某一部分工程或分部工程每提前完工一天，发给承包商资金若干，这种支付方式的优点是：不仅促使承包商早日完成工程，早日投入运行，而且计价方式简单，避免了计算加速施工、延长工期、调整单价等许多容易扯皮的繁琐计算和讨论。

6）业主违约

当业主未按合同约定提供施工条件及按时支付工程款，监理工程师未按规定时间提交施工图纸、指令及批复意见等违约行为发生时，承包方即可提出索赔。

7）合同缺陷

由于合同约定不清，或合同文件中出现错误、矛盾、遗漏的情况时，承包方应按业主或监理工程师的解释执行，但可对因此而增加的费用及工期提出索赔。

8）国家法令的变更

国家有关法律、政策的变更是当事人无法预见和左右，但又必须执行的。当有关法律和政策的变更如法定休息日增加、进口限制、税率提高等造成承包方损失时，承包方都可提出索赔并理应得到索赔。

9）货币及汇率变化

10）其他

不可抗力因素是指合同当事人不能预见、不能避免并不能克服的客观情况，如恶劣的气候条件、地震、洪水、战争状态、禁运等。

3. 建设工程合同索赔的程序

第一阶段,索赔准备。索赔准备工作主要是收集与索赔有关的文件资料,认真进行索赔分析和制作索赔报告。

第二阶段,索赔谈判。谈判的重点在于"索",索赔谈判应遵循客观、合法、合理的原则。

第三阶段,仲裁或诉讼。在索赔要求未能通过谈判得到解决的,可选择仲裁或诉讼方式进行解决,仲裁裁决或法院的判决对双方都具有强制约束力。但应当认识到,为了保持良好的合作关系,索赔应着重调解、谈判,仲裁或诉讼的方式乃不得已而为之。

4. 建设工程合同索赔的依据

1) 合同文件

合同文件是索赔的最主要依据,包括:本合同协议书;中标通知书;投标书及其附件;本合同专用条款;本合同通用条款;标准、规范及有关技术文件;图纸;工程量清单;工程报价单或预算书。合同履行中,发包人承包人有关工程的洽商、变更等书面协议或文件视为本合同的组成部分。

2) 施工文件

施工文件包括:各种会谈纪要;施工进度计划和实际施工进度记录;施工现场的工程文件;工程照片;气候报告;工程中的各种检查验收报告和各种技术鉴定报告;工地的交接记录(应注明交接日期,场地平整情况,水、电、路情况等),图纸和各种资料交接记录;建筑材料和设备的采购、订货、运输、进场,使用方面的记录、凭证和报表等;市场行情资料,包括市场价格、官方的物价指数、工资指数、中央银行的外汇比率等公布材料;各种会计核算资料等。

3) 依据的法律法规

(1) 适用法律和法规。建设工程合同文件适用国家的法律和行政法规。需要明示的法律、行政法规,由双方在专用条款中约定。

(2) 适用标准、规范。双方在专用条款内约定适用国家标准、规范的名称。

【本章小结】

本章主要对合同法概述、合同的订立、合同的效力、合同的履行、合同的担保、合同的变更与转让、合同的权利义务终止、违约责任、建设工程合同法律规范等内容进行了阐述。

合同是平等主体的自然人、法人、其他组织之间设立、变更、终止民事权利义务关系的协议。合同法的基本原则有:平等原则;自愿原则;公平原则;诚实信用原则;遵守法律,不得损害社会公共利益原则。合同的订立有书面形式、口头形式和其他形式。当事人订立合同,采取要约、承诺方式。合同订立当事人一方因违背其诚实信用原则所产生的义务,而致另一方的信赖利益的损失,应承担缔约过失责任。合同成立后合同的效力包括:生效的合同、效力待定的合同、无效的合同、可撤销的合同。合同履行应遵循实际履行原则、全面适当履行原则、诚实信用原则、情势变更原则。合同法中规定了同时履行抗辩权、先履行抗辩权和不安抗辩权,旨在保护当事人合法权益,当一方当事人不履行或者有可能不履行时,另一方当事人可以据此不履行自己的义务。在合同履行过程中,为了保护债权人的合法权益,预防因债务人的财产不当减少,而危害债权人的债权时,法律允许债权人为保全其债权的实现而采取法律保障措施,称作合同的保全,包括代位权和撤销权。合同的担保形式有:保证、抵押、质押、留置和定金。合同的主体或内容变更会发生合同的变更和转让。生效的合同，因具备法定情形和当事人约定的情形，合同债权、债务归于消灭，发生合同的权利义务终止。违约责任是指合同当事人一方不履行合同义务或履行合同义务不符合合同约定所应承担的民事责任。承担违约责任的主要形式有：继续履行、采取补救措施、赔偿损失、支付违约金、定金等。建设工程合同法律规范中，介绍了建设工程合同的特征与分类、建设工程勘察设计合同、建设工程施工合同、建设工程合同订立程序、建设工程合同的效力、建设工程合同的解除、建设工程合同的违约责任、建设工程合同的索赔等内容。

【复习思考】

1. 什么是合同？合同可分为哪些类型？
2. 什么是要约？什么是要约邀请？要约与要约邀请有什么区别？
3. 什么是缔约过失责任？具体表现为哪些情形？
4. 合同的效力有几种？分别包括哪些类型？
5. 简述合同履行中的抗辩权。
6. 合同法中对代位权和撤销权是如何规定的？
7. 合同的担保形式有哪些？
8. 承担违约责任的方式主要有哪几种？
9. 建设工程合同的特点有哪些？
10. 简述建设工程合同的订立程序。

【课后练习】

● 单项选择

1. 一方当事人以缔结合同为目的，向对方当事人提出合同条件，希望对方当事人接受的意思表示即为(　　)。
   A. 要约邀请　　　B. 要约　　　C. 承诺　　　D. 缔约

2. 下列选项中属于要约的是(　　)。
   A. 招股说明书　　B. 投标书　　C. 招标公告　　D. 商品价目表

3. 下列书面文件中，(　　)是承诺。
   A. 招标公告　　　B. 投标书　　C. 中标通知书　　D. 合同书

4. 下列(　　)不属于欺诈行为的构成要件。
   A. 欺诈方有欺诈的故意
   B. 欺诈方实施了欺诈行为
   C. 欺诈必须是非法的
   D. 相对人因受到欺诈而做出错误的意思表示

5. 按照《合同法》规定，合同履行中如果价款或报酬不明确，应按照(　　)履行。
   A. 订立合同时履行地的政府定价　　B. 订立合同时履行地的市场价格
   C. 履行合同时履行地的政府定价　　D. 履行合同时履行地的市场价格

6. 按照《合同法》规定，合同履行地点不明确时，给付货币的，在(　　)所在地履行。
   A. 在支付货币一方　　　　　　　　B. 接受货币一方
   C. 接受货币方或支付货币方　　　　D. 非接受货币方及支付货币方的第三方

7. 执行政府定价或者政府指导价的，逾期交付标的物的，遇价格变化时，正确的处理方法是(　　)。
   A. 遇价格上涨时，按照新价格执行　　B. 遇价格下跌时，按照平均价格执行
   C. 遇价格上涨时，按照原价格执行　　D. 遇价格下跌时，按照原价格执行

8. 承包商与业主签订的施工合同中约定由承包商先修建工程，然后按照工程量结算工程款。如果承包商没有达到合同中约定的质量标准，则( )。
   A. 业主可以行使同时履行抗辩权
   B. 业主可以行使不安履行抗辩权
   C. 业主可以行使先履行抗辩权，但不能追究承包商的违约责任
   D. 业主可以行使先履行抗辩权，也可以同时追究承包商的违约责任
9. 合同转让的实质是( )。
   A. 合同标的的改变　　　　　　　　B. 合同权利义务的改变
   C. 合同违约责任的改变　　　　　　D. 合同权利义务的转让或转移
10. 根据《合同法》的规定，债务人将债务全部或者部分转移给第三人的，正确的做法是( )。
    A. 应当通知债权人　　　　　　　　B. 应当书面通知债权人
    C. 应当事先取得债权人的同意　　　D. 应当办理公证
11. 根据《合同法》规定，违约责任一般采取( )原则。
    A. 过错责任　　B. 全面履行　　C. 公平合理　　D. 严格责任
12. 违约责任产生的根本原因是( )。
    A. 违约主观过错　　B. 违约行为　　C. 违约目的　　D. 违约结果
13. 违约责任承担的方式中，采取补救措施主要适用于债务人履行合同义务不符合约定的情形，尤其是( )。
    A. 费用出现损失　　　　　　　　　B. 工期延长
    C. 质量不符合约定　　　　　　　　D. 履行方式不符合约定
14. 出现违约责任后，要求违约方继续履行合同，对于( )而非金钱债务不符合约定的，对方可以要求履行。
    A. 法律上或者事实上不能履行的　　B. 质量不符合合同约定要求的
    C. 债权人在合理的期限内未要求履行的　D. 债务标的不适于强制履行的
15. 不可抗力事件发生后，遭遇不可抗力的当事人一方首要义务应是( )。
    A. 采取措施，减少损失　　　　　　B. 及时通知对方
    C. 搜集免责的证据　　　　　　　　D. 向对方提出索赔

● 多项选择
1. 下列属于要约邀请的是( )。
   A. 商业广告　　　　　　　　　　　B. 投标书
   C. 招标公告　　　　　　　　　　　D. 拍卖公告
   E. 商品价目表
2. 根据《合同法》规定，下列免责条款无效的是( )。
   A. 因不可抗力造成对方财产损失的　B. 造成对方人身伤害的
   C. 因违约造成对方财产损失的　　　D. 故意造成对方财产损失的
   E. 因重大过失造成对方财产损失的
3. 无效合同、可撤销合同的确认应由( )裁定。
   A. 人民法院　　　　　　　　　　　B. 当事人双方
   C. 主管部门　　　　　　　　　　　D. 仲裁机构
   E. 检察机构
4. 下列合同中，( )合同是可撤销合同。
   A. 因重大误解订立的　　　　　　　B. 违反法律的强制性规定的

C. 一方以欺诈、胁迫手段订立的　　D. 订立合同时显失公平的
E. 以合法行为掩盖非法目的

5. 下列合同中( )属于效力待定的合同。
   A. 甲、乙恶意串通订立的损害第三人丙利益的合同
   B. 某公司法定代表人超越权限与善意第三人丁订立的买卖合同
   C. 代理人甲超越代理权限与第三人丙订立的买卖合同
   D. 限制民事行为能力人甲与他人订立的纯获利益的合同
   E. 无处分权的人处分他人财产的合同

6. 质押包括( )。
   A. 动产质押　　B. 不动产质押
   C. 权利质押　　D. 固定资产质押
   E. 无形资产质押

7. 我国《合同法》所规定的抗辩权包括( )。
   A. 先诉抗辩权　　B. 同时履行抗辩权
   C. 先履行抗辩权　　D. 不安抗辩权
   E. 质量异议抗辩权

8. 下列表述中,属于合同权利义务终止情形的是( )。
   A. 合同被解除　　B. 债务人依法将标的物提存
   C. 债权债务归于一人　　D. 合同权利义务发生转移
   E. 原合同内容发生变化

9. 实际违约的具体形态包括( )。
   A. 不履行　　B. 任意履行
   C. 实际履行　　D. 迟延履行
   E. 不适当履行

10. 合同当事人承担违约责任的形式有( )。
    A. 合同继续履行　　B. 采取补救措施
    C. 支付赔偿金　　D. 返还财产恢复原状
    E. 支付违约金

【案例分析】

某厂新建一车间,分别与市设计院和市建某公司签订设计合同和施工合同。工程竣工后厂房北侧墙壁发生裂缝。为此某厂向法院起诉市建某公司。经勘察,裂缝是由于地基不均匀沉降引起。结论是结构设计图纸所依据的地质资料不准,于是某厂又诉讼市设计院。市设计院答辩,设计院是根据某厂提供的地质资料设计的,不应承担事故责任。经法院查证:某厂提供的地质资料不是新建车间的地质资料,事故前设计院也不知道该情况。

【问题】
(1) 事故的责任方是谁?
(2) 某厂所发生的诉讼费用应当由谁承担?

【解析】
(1) 该案例中设计合同的主体是某厂和市设计院,施工合同的主体是某厂和市建某公司。根据案情,由于设计图纸所依据的资料不准确,使地基不均匀沉降,最终导致墙壁裂缝事故,所以,事故所涉及的是设计合同中的责权关系,而与施工合同无关,所以市建某公司没有责任。在设计合同中,提供准确的资料是委托方的义务之一,而且要对"资料的可靠性负责",所以委托方提供假地质资料是事故的根源,

委托方是事故的责任者之一；市设计院按对方提供的资料设计，似乎没有过错，但是直到事故发生前设计院仍不知道资料虚假，说明在整个设计过程中，设计院并未对地质资料进行认真的审查，使假资料滥竽充数，导致事故发生，所以设计院也是责任者之一。故在此事件中，某厂作为委托方应是事故直接责任人，应负主要责任；设计院作为承接方，应负间接责任，是次要责任人。

（2）该案件中发生的诉讼费，主要应由某厂负担，市设计院也应承担一小部分。

第七章 建设工程纠纷处理法律制度

学习目标
1. 掌握建设工程纠纷处理方式
2. 了解仲裁制度、民事诉讼法律制度、行政复议与行政诉讼法律制度

学习重点
1. 建设工程纠纷处理方式
2. 仲裁与民事诉讼的区别
3. 重点学习仲裁法律制度
4. 重点学习民事诉讼法律制度
5. 重点把握各种诉讼管辖之间的异同
6. 掌握证据种类

第一节 建设工程纠纷处理方式

建设工程合同的纠纷是指合同当事人对合同规定的权利和义务发生争议而形成的纠纷。在合同履行中，发包人和承包人为维护各自不同的利益，对建设工程技术要求和有关合同文件的理解不可能始终一致、完全相同，出现分歧和矛盾是正常的，这种分歧和矛盾往往会形成纠纷。尽管建设工程合同中对双方的义务和责任通常会有明文规定，但对这些规定的理解会有不同，另外加上合同规定的某些疏漏与含义不清，就会造成建设工程合同纠纷。解决建设工程合同纠纷的途径有四种，即协商、调解、仲裁和诉讼。

一、协商

协商，是指合同当事人依据有关法律规定和合同约定，在自愿友好的基础上，互相谅解，经过谈判和磋商，自愿对争议事项达成协议，从而解决合同争议的一种方法。协商应以合法、自愿、平等为原则。

通常建设工程合同纠纷发生后，解决纠纷的首选方式是协商。合同双方应本着解决问题与分歧的诚意，直接进行协商，以求相互谅解，从而消除分歧与异议，解决纠纷。

这种解决工程合同纠纷方式的优点在于无需第三人介入，既可以节省解决费用，及时解决问题，又可以保持友好合作关系，以利于下一步对协商协议的执行。其缺点是，双方就解决纠纷所达成的协议不具备强制执行的效力，当事人较易反悔。

二、调解

调解，是在第三方的主持下，通过对当事人进行说服教育，促使双方互相作出适当的让步，自愿达成协议，从而解决合同争议的方法。调解也是以合法、自愿、平等为原则。调解包括民间调解、行政调解、法院调解和仲裁调解四种类型。

1. 民间调解

在当事人以外的第三人或组织的主持下,通过相互谅解,使纠纷得到解决的方式。民间调解达成的协议不具有强制约束力。

2. 行政调解

在有关行政机关的主持下,依据相关法律、行政法规、规章及政策,处理纠纷的方式。行政调解达成的协议也不具有强制约束力。

3. 法院调解

在人民法院的主持下,在双方当事人自愿的基础上,以制作调解书的形式解决纠纷的方式。调解书经双方当事人签收后,即具有法律效力。

4. 仲裁调解

仲裁庭在作出裁决前进行调解的解决纠纷的方式。当事人自愿调解的,仲裁庭应当调解。仲裁的调解达成协议,仲裁庭应当制作调解书或者根据协议的结果制作裁决书。调解书与裁决书具有同等法律效力,调解书经当事人签收后即发生法律效力。

合同争议的调解往往是当事人经过协商仍不能解决争议时采取的方式,因此,与协商相比,它面临的争议要大一些。但与仲裁、诉讼相比,调解仍具有与协商相似的优点,它能够较经济较及时地解决争议,有利于消除当事人双方的对立情绪,维护双方的长期合作关系。

三、仲裁

1. 仲裁的概念

仲裁,亦称"公断",是双方当事人在合同争议发生前或争议发生后达成协议,自愿将争议交给仲裁机构作出裁决,并负有自觉履行义务的一种解决争议的方式。

2. 仲裁的特点

仲裁与审判相比,有更大的灵活性和便利性,是公正、及时解决经济纠纷的重要手段,有重要的实际意义。越来越多的人从实践中认识到其优点,日益愿意选择仲裁方式解决争议。

1)自愿性。当事人的自愿性是仲裁最突出的特点。仲裁以双方当事人的自愿为前提,即当事人之间的纠纷是否提交仲裁,交与谁仲裁,仲裁庭如何组成,由谁组成,以及仲裁的审理方式、开庭形式等都是在当事人自愿的基础上,由双方当事人协商确定的。因此,仲裁是最能充分体现当事人意思自治原则的争议解决方式。

2)专业性。民商事纠纷往往涉及特殊的知识领域,会遇到许多复杂的法律、经济贸易和有关的技术问题,故专家裁判更能体现专业权威性。因此,具有一定专业水平和能力的专家担任仲裁员,对当事人之间的纠纷进行裁决是仲裁公正性的重要保障。专家仲裁是民商事仲裁的重要特点之一。

3)灵活性。由于仲裁充分体现当事人的意思自治,仲裁的许多具体程序都是由当事人协商确定和选择的,因此,与诉讼相比,仲裁程序更加灵活更具弹性。

4)保密性。仲裁以不公开审理为原则。有关的仲裁法律和仲裁规则也同时规定了仲裁员及仲裁秘书人员的保密义务,仲裁的保密性较强。

5)快捷性。仲裁实行一裁终局制,仲裁裁决一经仲裁庭作出即发生法律效力,这使当事人之间的纠纷能够迅速得以解决。

6)经济性。仲裁在经济上主要表现为:时间上的快捷性使得仲裁所需费用相对减少;

仲裁无需多审级收费，使得仲裁费往往低于诉讼费；仲裁的自愿性、保密性使当事人之间通常没有激烈的对抗，且商业秘密不必公之于世，对当事人之间今后的商业机会影响较小。

7) 独立性。仲裁机构独立于行政机构，仲裁机构之间也无隶属关系，仲裁庭独立进行仲裁，不受任何机关、社会团体和个人的干涉，不受仲裁机构的干涉，显示出最大的独立性。

四、诉讼

1. 诉讼的概念

诉讼，是通过司法程序解决合同争议，是合同当事人依法请求人民法院行使审判权，审理双方发生的合同争议，作出有国家强制保证实现其合法权益，从而解决争议的审判活动。当事人发生争议后，在缺少或达不成仲裁协议的情况下，诉讼便成了必不可少的补救手段了。

2. 诉讼的特点

诉讼与调解、仲裁这些非诉讼解决纠纷的方式相比，有以下特点：

1) 公权性。诉讼是由法院代表国家行使审判权解决争议的。

2) 强制性。诉讼的强制性既表现在案件的受理上，又反映在裁判的执行上。调解、仲裁均建立在当事人自愿的基础上，只要有一方不愿意选择上述方式解决争议，调解、仲裁就无从进行。诉讼则不同，只要原告起诉符合诉讼规定的条件，无论被告是否愿意，诉讼均会发生。同时，若当事人不自动履行生效裁判所确定的义务，法院可以依法强制执行。

3) 程序性。诉讼是依照法定程序进行的诉讼活动，无论是法院还是当事人或者其他诉讼参与人，都应执行诉讼法设定的程序实施诉讼行为，违反诉讼程序常常会引起一定的法律后果。而人民调解没有严格的程序规则，仲裁虽然也需要按预先设定的程序进行，但其程序相当灵活，当事人对程序的选择权也较大。

第二节 处理建设工程纠纷相关法律制度

一、仲裁制度

（一）仲裁范围

《中华人民共和国仲裁法》（以下简称《仲裁法》）第二条规定："平等主体间的合同纠纷和其他财产权益纠纷可适用仲裁。"

根据《仲裁法》第三条的规定，下列纠纷不能仲裁：婚姻、收养、监护、抚养、继承纠纷；依法应当由行政机关处理的行政争议。

根据《仲裁法》第七十七条的规定，劳动争议与农业集体经济组织内部的农业承包合同纠纷不得适用仲裁法。

（二）仲裁的基本制度

1. 协议仲裁制度

当事人采用仲裁方式解决纠纷，应当双方自愿，达成仲裁协议。没有仲裁协议，一方申请仲裁的，仲裁委员会不予受理。

2. 或裁或审制度

当事人选择解决争议途径时，在仲裁与审判中只能二者取其一的制度。当事人选择了以仲裁途径解决争议，就不可以再选择诉讼；当事人若选择了诉讼就不可以同时选择仲裁。

3. 一裁终局制度

仲裁裁决作出后,当事人就同一纠纷再申请仲裁或者向人民法院起诉,仲裁委员会或者人民法院不予受理。

(三) 仲裁委员会和仲裁协会

仲裁委员会可以在直辖市和省、自治区人民政府所在地的市设立,也可以根据需要在其他设区的市设立,不按行政区划层层设立。

仲裁委员会应当具备下列条件:有自己的名称、住所和章程;有必要的财产;有该委员会的组成人员;有聘任的仲裁员。

仲裁委员会由主任1人、副主任2~4人和委员7~11人组成。仲裁委员会的主任、副主任和委员由法律、经济贸易专家和有实际工作经验的人员担任。仲裁委员会的组成人员中,法律、经济贸易专家不得少于2/3。

仲裁委员会独立于行政机关,与行政机关没有隶属关系。仲裁委员会之间也没有隶属关系。

中国仲裁协会是社会团体法人。仲裁委员会是中国仲裁协会的会员。中国仲裁协会是仲裁委员会的自律性组织,根据章程对仲裁委员会及其组成人员、仲裁员的违纪行为进行监督。

(四) 仲裁协议

1. 仲裁协议的概念

仲裁协议包括合同中订立的仲裁条款和以其他书面方式在纠纷发生前或者纠纷发生后达成的请求仲裁的协议。

仲裁协议的法律效力可以体现在以下几个方面:

1) 对当事人的效力

仲裁协议有效成立后,首先对协议的双方当事人产生应有的法律效力,即妨碍双方当事人行使就该仲裁协议约定争议事项向法院起诉的权利,而对双方当事人产生了将仲裁协议约定争议提请仲裁机构仲裁的义务。如果一方当事人违反该义务,而就协议约定事项争议向法院起诉,则对方当事人享有以仲裁协议为由进行抗辩的权利,此时,视为当事人的起诉不合法,人民法院应当裁定驳回起诉。

2) 对法院的效力

仲裁协议有效成立后,在对当事人产生妨碍起诉权效力的同时,相对于法院而言,就产生了排斥司法管辖权的效力,即人民法院不得受理当事人之间有仲裁协议的争议案件,除非该仲裁协议无效或者无法实现。

3) 对仲裁机构的效力

仲裁协议对仲裁机构首先产生授权的法律效力,即仲裁协议是仲裁委员会受理仲裁案件的依据,没有仲裁协议就没有仲裁机构对案件的管辖权。同时,仲裁协议还限定了仲裁权行使的范围,仲裁机构只能对当事人在仲裁协议中约定的争议事项进行仲裁,而对仲裁协议约定范围之外的其他争议无权仲裁。

2. 仲裁协议的内容

仲裁协议应当具有下列内容:请求仲裁的意思表示;仲裁事项;选定的仲裁委员会。

3. 仲裁协议的效力

1) 仲裁协议效力的确认

当事人对仲裁协议的效力有异议的,可以请求仲裁委员会作出决定或者请求人民法院作出裁定。一方请求仲裁委员会作出决定,另一方请求人民法院作出裁定的,由人民法院裁定。当事人对仲裁协议的效力有异议,应当在仲裁庭首次开庭前提出。

2) 仲裁协议的无效

仲裁协议在下列情形下无效:以口头方式订立的仲裁协议无效;约定的仲裁事项超出法律规定的仲裁范围的;无民事行为能力人或者限制民事行为能力人订立的仲裁协议;一方采取胁迫手段,迫使对方订立仲裁协议的;仲裁协议对仲裁事项、仲裁委员会没有约定或者约定不明确,当事人对此又达不成补充协议的,仲裁协议无效。

4. 仲裁协议的独立性

仲裁协议独立存在,合同的变更、解除、终止或者无效,不影响仲裁协议的效力。

(五)仲裁程序

1. 申请和受理

1) 申请仲裁的条件

当事人申请仲裁应当符合下列条件:有仲裁协议;有具体的仲裁请求和事实、理由;属于仲裁委员会的受理范围。

2) 受理

仲裁委员会收到仲裁申请书之日起 5 日内,认为符合受理条件的,应当受理,并通知当事人;认为不符合受理条件的,应当书面通知当事人不予受理,并说明理由。

3) 送达法律文书

仲裁委员会受理仲裁申请后,应当在仲裁规则规定的期限内将仲裁规则和仲裁员名册送达申请人,并将仲裁申请书副本和仲裁规则、仲裁员名册送达被申请人。

被申请人收到仲裁申请书副本后,应当在仲裁规则规定的期限内向仲裁委员会提交答辩书。仲裁委员会收到答辩书后,应当在仲裁规则规定的期限内将答辩书副本送达申请人。被申请人未提交答辩书的,不影响仲裁程序的进行。

4) 有仲裁协议但一方起诉时的处理

当事人达成仲裁协议,一方向人民法院起诉未声明有仲裁协议,人民法院受理后,另一方在首次开庭前提交仲裁协议的,人民法院应当驳回起诉,但仲裁协议无效的除外;另一方在首次开庭前未对人民法院受理该案提出异议的,视为放弃仲裁协议,人民法院应当继续审理。

5) 财产保全

仲裁中的财产保全,是指法院根据仲裁委员会提交的当事人的申请,就被申请人的财产作出临时性的强制措施,包括查封、扣押、冻结、责令提供担保或法律规定的其他方法,以保障当事人的合法权益不受损失,保证将来作出的裁决能够得到实现。

当事人申请财产保全的,仲裁委员会应当将当事人的申请依照民事诉讼法的有关规定提交人民法院。申请有错误的,申请人应当赔偿被申请人因财产保全所遭受的损失。

2. 仲裁庭

1) 仲裁庭的组成

仲裁庭可以由三名仲裁员或者一名仲裁员组成。由三名仲裁员组成的，设首席仲裁员。

当事人约定由三名仲裁员组成仲裁庭的，应当各自选定或者各自委托仲裁委员会主任指定一名仲裁员，第三名仲裁员由当事人共同选定或者共同委托仲裁委员会主任指定。第三名仲裁员是首席仲裁员。

当事人约定由一名仲裁员成立仲裁庭的，应当由当事人共同选定或者共同委托仲裁委员会主任指定仲裁员。

2）仲裁员的回避

仲裁员有下列情形之一的，必须回避，当事人也有权提出回避申请：是本案当事人或者当事人、代理人的近亲属；与本案有利害关系；与本案当事人、代理人有其他关系，可能影响公正仲裁的；私自会见当事人、代理人，或者接受当事人、代理人的请客送礼的。

当事人提出回避申请，应当说明理由，在首次开庭前提出。回避事由在首次开庭后知道的，可以在最后一次开庭终结前提出。

仲裁员是否回避，由仲裁委员会主任决定；仲裁委员会主任担任仲裁员时，由仲裁委员会集体决定。

仲裁员因回避或者其他原因不能履行职责的，应当依照本法规定重新选定或者指定仲裁员。因回避而重新选定或者指定仲裁员后，当事人可以请求已进行的仲裁程序重新进行，是否准许，由仲裁庭决定；仲裁庭也可以自行决定已进行的仲裁程序是否重新进行。

3. 开庭和裁决

1）不公开仲裁

仲裁应当开庭进行但不公开进行。当事人协议公开的，可以公开进行，但涉及国家秘密的除外。

所谓仲裁不公开进行，包括申请、受理仲裁的情况不公开报道，仲裁开庭不允许旁听，裁决不向社会公布等等。

2）举证责任

当事人应当对自己的主张提供证据。仲裁庭认为有必要收集的证据，可以自行收集。在证据可能灭失或者以后难以取得的情况下，当事人可以申请证据保全。

3）和解与调解

仲裁和解，是指仲裁当事人通过协商，自行解决已提交仲裁的争议事项的行为。《仲裁法》规定，当事人申请仲裁后，可以自行和解。达成和解协议的，可以请求仲裁庭根据和解协议作出裁决书，也可以撤回仲裁申请。当事人达成和解协议，撤回仲裁申请后反悔的，可以根据仲裁协议申请仲裁。

仲裁调解，是指在仲裁庭的主持下，仲裁当事人在自愿协商、互谅互让基础上达成协议从而解决纠纷的一种制度。《仲裁法》规定，仲裁庭在作出裁决前，可以先行调解。当事人自愿调解的，仲裁庭应当调解。调解不成的，应当及时作出裁决。调解达成协议的，仲裁庭应当制作调解书或者根据协议的结果制作裁决书。调解书与裁决书具有同等法律效力。调解书经双方当事人签收后，即发生法律效力。在调解书签收前当事人反悔的，仲裁庭应当及时作出裁决。

4）仲裁裁决

仲裁裁决是指仲裁庭对当事人之间所争议的事项进行审理后所作出的终局的权威性判定。仲裁裁决的作出，标志着当事人之间的纠纷的最终解决。

裁决应当按照多数仲裁员的意见作出，少数仲裁员的不同意见可以记入笔录。仲裁庭不能形成多数意见时，裁决应当按照首席仲裁员的意见作出。

裁决书应当写明仲裁请求、争议事实、裁决理由、裁决结果、仲裁费用的负担和裁决日期。当事人协议不愿写明争议事实和裁决理由的，可以不写。裁决书由仲裁员签名，加盖仲裁委员会印章。对裁决持不同意见的仲裁员，可以签名，也可以不签名。

裁决书自作出之日起发生法律效力。

（六）申请撤销裁决

仲裁实行一裁终局制度，仲裁裁决一经作出，即发生法律效力。为保护当事人的合法权益，申请撤销裁决是法院实行外部监督的一种方法。

1. 撤销仲裁裁决的情形

当事人提出证据证明裁决有下列情形之一的，可以向仲裁委员会所在地的中级人民法院申请撤销裁决：

1）没有仲裁协议的；
2）裁决的事项不属于仲裁协议的范围或者仲裁委员会无权仲裁的；
3）仲裁庭的组成或者仲裁的程序违反法定程序的；
4）裁决所根据的证据是伪造的；
5）对方当事人隐瞒了足以影响公正裁决的证据的；
6）仲裁员在仲裁该案时有索贿受贿，徇私舞弊，枉法裁决行为的。

人民法院经组成合议庭审查核实裁决有前款规定情形之一的，应当裁定撤销。

人民法院认定该裁决违背社会公共利益的，应当裁定撤销。

2. 申请撤销裁决的时效

当事人申请撤销裁决的，应当自收到裁决书之日起6个月内提出。

人民法院应当在受理撤销裁决申请之日起两个月内作出撤销裁决或者驳回申请的裁定。

（七）仲裁裁决的执行

1. 仲裁裁决的执行

仲裁裁决的执行，是指人民法院经当事人申请，采取强制措施将仲裁裁决书中的内容付诸实现的行为和程序。

当事人应当履行裁决。一方当事人不履行的，另一方当事人可以依照民事诉讼法的有关规定向人民法院申请执行。受申请的人民法院应当执行。

2. 仲裁裁决的不予执行

被申请人提出证据证明裁决有《民事诉讼法》第二百一十七条第二款规定的情形之一的，经人民法院组成合议庭审查核实，裁定不予执行。

1）当事人在合同中没有订有仲裁条款或者事后没有达成书面仲裁协议的；
2）裁决的事项不属于仲裁协议的范围或者仲裁机构无权仲裁的；
3）仲裁庭的组成或者仲裁的程序违反法定程序的；
4）认定事实的主要证据不足的；

5）适用法律确有错误的；
6）仲裁员在仲裁该案时有贪污受贿、徇私舞弊、枉法裁决行为的。
3. 不予执行或撤销裁决的后果
裁决被人民法院依法裁定撤销或者不予执行的，当事人就该纠纷可以根据双方重新达成的仲裁协议申请仲裁，也可以向人民法院起诉。

二、民事诉讼法律制度
（一）民事诉讼受案范围
《中华人民共和国民事诉讼法》（以下简称《民事诉讼法》）第三条规定："人民法院受理公民之间、法人之间、其他组织之间以及他们相互之间因财产关系和人身关系提起的民事诉讼，适用本法的规定。"根据这一规定，人民法院对民事案件的主管范围只能是财产关系发生纠纷的案件和人身关系发生纠纷的案件，具体来说主要有两种：
1. 民法、婚姻法、继承法等民事实体法调整的财产关系和人身关系发生纠纷的案件；
2. 劳动法调整的劳动关系所产生的，并且依照劳动法的规定，由人民法院依照民事诉讼法规定的程序审理的案件。

经济法调整的财产关系与经济纠纷的案件，广义上也属于民事案件，也适用民事诉讼法的程序。

（二）民事诉讼案件管辖
1. 级别管辖
按照一定的标准，划分上下级法院之间受理第一审民事案件的分工和权限。我国《民事诉讼法》主要根据案件的性质、复杂程度和案件影响来确定级别管辖。各级法院都管辖第一审民事案件。
1）基层人民法院管辖第一审民事案件，法律另有规定除外。
2）中级人民法院管辖下列第一审民事案件：重大涉外案件；在本辖区有重大影响的案件；最高人民法院确定由中级人民法院管辖的案件。
3）高级人民法院管辖在本辖区有重大影响的第一审民事案件。
4）最高人民法院管辖下列第一审民事案件：在全国有重大影响的案件；认为应当由本院审理的案件。

2. 地域管辖
按照各法院的辖区和民事案件的隶属关系，划分同级法院受理第一审民事案件的分工和权限。地域管辖实际上是着重于法院与当事人、诉讼标的以及法律事实之间的隶属关系和关联关系来确定的，主要包括如下几种情况：
1）一般地域管辖
"原告就被告"，即以被告住所地作为确定管辖的标准。
2）特殊地域管辖
以被告住所地、诉讼标的所在地或法律事实所在地为标准确定的管辖。我国《民事诉讼法》规定了九种特殊地域管辖的诉讼，其中与建设工程关系最为密切的是因合同纠纷提起的诉讼。
《民事诉讼法》第二十四条规定："因合同纠纷提起的诉讼，由被告住所地或者合同履行地人民法院管辖。"《民事诉讼法》第二十五条规定："合同的当事人可以在书面合同中协议选择被告住所地、合同履行地、合同签订地、原告住所地、标的物所在地人民法院管辖,但不得违反本法对级别管辖和专属管辖的规定。"

3) 专属管辖

法律规定某些特殊类型的案件专门由特定的法院管辖。专属管辖是排他性管辖,排除了诉讼当事人协议选择管辖法院的权利。专属管辖与一般地域管辖和特殊地域的关系中是:凡法律规定为专属管辖的诉讼,均适用专属管辖。

我国《民事诉讼法》第三十四条规定了三种适用专属管辖的案件。其中,因不动产纠纷提起的诉讼,由不动产所在地人民法院管辖,如房屋买卖纠纷、土地使用权转让纠纷等。但建设工程施工合同纠纷不适用专属管辖,而应当适用合同纠纷的地域管辖原则,即由被告住所地或合同履行地人民法院管辖。发包人和承包人也可在发包人住所地、承包人住所地、合同签订地、施工行为地(工程所在地)的范围内,通过协议确定管辖法院。

3. 移送管辖和指定管辖

1) 移送管辖

人民法院发现受理的案件不属于本院管辖的,应当移送有管辖权的人民法院,受移送的人民法院应当受理。受移送的人民法院认为受移送的案件依照规定不属于本院管辖的,应当报请上级人民法院指定管辖,不得再自行移送。

2) 指定管辖

有管辖的人民法院由于特殊原因,不能行使管辖权的,由上级人民法院指定管辖。人民法院之间因管辖权发生争议,由争议双方协商解决;协商解决不了的,报请它们的共同上级人民法院指定管辖。

(三) 回避制度

审判人员、书记员、翻译人员、鉴定人、勘验人有下列情形之一的,必须回避,当事人有权用口头或者书面方式申请回避:是本案当事人或者当事人、诉讼代理人的近亲属;与本案有利害关系;与本案当事人有其他关系,可能影响对案件公正审理的。

当事人提出回避申请,应当说明理由,在案件开始审理时提出;回避事由在案件开始审理后知道的,也可以在法庭辩论终结前提出。院长担任审判长时的回避,由审判委员会决定;审判人员的回避,由院长决定;其他人员的回避,由审判长决定。人民法院对当事人提出的回避申请,应当在申请提出的三日内,以口头或者书面形式作出决定。申请人对决定不服的,可以在接到决定时申请复议一次。复议期间,被申请回避的人员,不停止参与本案的工作。人民法院对复议申请,应当在三日内作出复议决定,并通知复议申请人。

(四) 诉讼参加人

1. 当事人

民事诉讼中的当事人,是指因民事权利和义务发生争议,以自己的名义进行诉讼,请求人民法院进行裁判的人。当事人在第一审程序中称为原告和被告,在第二审程序中称为上诉人和被上诉人,在执行程序中称为申请执行人和被执行人。

根据《民事诉讼法》第四十九条规定,公民、法人和其他组织可以作为民事诉讼的当事人。法人由其法定代表人进行诉讼。其他组织由其主要负责人进行诉讼。

工程发包过程中可能存在转包现象,对此,依据《最高人民法院关于审理建设工程施工合同纠纷案件适用法律问题的解释》,因建设工程质量发生争议的,发包人可以以总承包人、分包人和实际施工人为共同被告提起诉讼。

实际施工人以转包人、违法分包人为被告起诉的,人民法院应当依法受理。实际施工人以发包人为被告主张权利的,人民法院可以追加转包人或者违法分包人为本案当事人。发包人只在欠付工程价款范围内对实际施工人承担责任。

2. 诉讼代理人

诉讼代理人,是指根据法律规定或者当事人的授权,代理当事人一方,以被代理人的名义进行诉讼的人。诉讼代理人分为法定代理人和委托代理人。

1) 法定代理人

法定代理人,是依照法律规定代无民事行为能力的当事人行使诉讼权利,承担诉讼义务的人。

2) 委托代理人

委托代理人,是指受当事人、法定代表人、法定代理人和诉讼代表人的委托,代为实施诉讼行为的人。

当事人、法定代理人可以委托一至二人作为诉讼代理人。律师、当事人的近亲属、有关的社会团体或者所在单位推荐的人、经人民法院许可的其他公民,都可以被委托为诉讼代理人。

委托权限分为一般授权和特别授权。一般授权,委托代理人仅有程序性的诉讼权利。特别授权可以行使实体性的诉讼权利,即代为承认、放弃、变更诉讼请求,进行和解,提起反诉或者上诉。若授权委托书仅写"全权代理"而无具体授权的情形,视为诉讼代理人没有获得特别授权,无权行使实体性诉讼权利。

(五) 证据

1. 证据的种类

1) 书证。是指以其文字或数字记载的内容起证明作用的书面文书和其他载体。如合同文本、财务账册、欠据、收据、往来信函以及确定有关权利的判决书、法律文件等。

2) 物证。是指以其存在、存放的地点、外部特征及物质特性来证明案件事实真相的证据。如买卖过程中封存的样品,被损坏的机械、设备,有质量问题的产品等。

3) 视听资料。是指利用录音、录像等技术手段反映的声音、图像以及电子计算机储存的数据证明案件事实的证据。如录像带、录音带、胶卷、电脑数据等。

4) 证人证言。证人是指了解案件事实情况并向法院或当事人提供证词的人。证言,是指证人将其了解的案件事实向法院所作的陈述或证词。

证人有出庭作证的义务。证人如果确有困难不能出庭的,经法院许可,可以提交书面证词或者视听资料或者通过视听传输手段作证。与当事人有亲属关系和其他密切关系的人虽然可以作为证人出庭作证,但其证言的证明力一般要小于其他证人的证言。

下列几类人不能作为证人:不能正确表达意志的人;诉讼代理人;审判员、陪审员、书记员;鉴定人员;参与民事诉讼的检察人员。

5) 当事人的陈述。是指当事人在诉讼中就本案的事实向法院所作的说明。"人民法院对当事人的陈述,应当结合本案的其他证据,审查确定能否作为认定事实的根据。""当事人对自己的主张,只有本人陈述而不能提出其他相关证据的,其主张不予支持。但对方认可的除外。"

6) 鉴定结论。是指鉴定人运用自己的专门知识，对案件中的专门性问题进行鉴定后所作出的书面结论。如损伤鉴定、痕迹鉴定、质量责任鉴定等。

7) 勘验笔录。是指人民法院审判人员或者行政机关工作人员对能够证明案件事实的现场或者对不能、不便拿到人民法院的物证，就地进行分析、检验、测量、勘察后所作的记录。包括文字记录、绘图、照相、录像、模型等材料。

2. 证明对象

1) 证明对象的范围

在民事诉讼中，需要运用证据加以证明的对象包括：当事人主张的实体权益的法律事实；当事人主张的程序法事实；证据事实；习惯、地方性法规。

2) 不需要证明的事实

根据最高人民法院《关于民事诉讼证据的若干规定》，对下列事实，当事人无需举证证明：众所周知的事实；自然规律及定理；根据法律规定或者已知事实和日常生活经验法则，能推定出的另一事实；已为人民法院发生法律效力的裁判所确认的事实；已为仲裁机构的生效裁决所确认的事实；已为有效公证文书所证明的事实。

3. 证据的收集

一般可以通过以下方法收集证据：当事人提供证据；人民法院认为审理案件需要的证据，依职权主动调查收集；当事人及其诉讼代理人因客观原因不能自行收集的证据，可依法申请人民法院调查收集。

4. 举证责任

1) 举证责任的概念

举证责任，又称证明责任，即当事人对自己主张的事实，应当提供证据加以证明，不能证明时将承担诉讼上的不利后果。《最高人民法院关于民事诉讼证据的若干规定》第二条对举证责任作出了明确规定，即当事人对自己提出的诉讼请求所依据的事实或者反驳对方诉讼请求所依据的事实有责任提供证据加以证明。没有证据或者证据不足以证明当事人的事实主张的，由负有举证责任的当事人承担不利后果。

2) 民事诉讼举证责任的分配

(1) 一般原则

谁主张相应的事实，谁就应当对该事实加以证明。即"谁主张，谁举证"。

在合同纠纷案件中，主张合同关系成立并生效的一方当事人对合同订立和生效的事实承担举证责任；主张合同关系变更、解除、终止、撤销的一方当事人对引起合同关系变动的事实承担举证责任。对合同是否履行发生争议的，由负有履行义务的当事人承担举证责任。对代理权发生争议的，由主张有代理权一方当事人承担举证责任。

在劳动争议纠纷案件中，因用人单位作出开除、除名、辞退、解除劳动合同、减少劳动报酬、计算劳动者工作年限等决定而发生劳动争议的，由用人单位负举证责任。

(2) 举证责任倒置

为了弥补一般原则的不足，针对一些特殊的案件，将按照一般原则本应由己方承担的某些证明责任，改为由对方当事人承担的证明方法。证明责任倒置必须由法律的规定，法官不可以在诉讼中任意将证明责任分配加以倒置。如《最高人民法院关于民事诉讼证据的若干规定》中规定：高度危险作业致人损害的侵权诉讼，由加害人就受害人故意造成损害的事实承担举证责任；因环境污染引起的损害赔偿诉讼，由加害人就法律规定的免责事由及其行为与损害结果之间不存在因果关系承担举证责任；建筑物或者其他设施以及建筑物上的搁置物、悬挂物发生倒塌、脱落、坠落致人损害的侵权诉讼，由所有人或者管理人对其无过错承担举证责任；因缺陷产品致人损害的侵权诉讼，由产品的生产者就法律规定的免责事由承担举证责任。

5. 证明程序

1）举证时限

举证时限，是指法律规定或法院指定的当事人能够有效举证的期限。

举证期限可以由当事人协商一致，并经人民法院认可；由人民法院指定举证期限的，指定的期限不得少于30日。

当事人应当在举证期限内向人民法院提交证据材料，当事人在举证期限内不提交的，视为放弃举证权利。对于当事人逾期提交的证据材料，人民法院审理时不组织质证。但对方当事人同意质证的除外。当事人增加、变更诉讼请求或者提起反诉的，应当在举证期限届满前提出。

2）证据交换

我国民事诉讼法中的证据交换，是指于诉讼答辩期届满之后开庭审理以前，在人民法院的主持下，当事人之间相互明示其持有证据的过程。

经当事人申请，人民法院可以组织当事人在开庭审理前交换证据。人民法院对于证据较多或者复杂疑难的案件，应当组织当事人在答辩期届满后、开庭审理前交换证据。

交换证据的时间可以由当事人协商一致并经人民法院认可，也可以由人民法院指定。人民法院组织当事人交换证据的，交换证据之日举证期限届满。当事人申请延期举证经人民法院准许的，证据交换日相应顺延。

3）质证

质证，是指当事人在法庭的主持下，围绕证据的真实性、合法性、关联性，针对证据证明力有无以及证明力大小，进行质疑、说明与辩驳的过程。

证据应当在法庭上出示，由当事人质证。未经质证的证据，不能作为认定案件事实的依据。

4）认证

认证，是指法庭经过质证或者当事人在证据交换中认可的各种证据材料作出审查判断，确认其能否作为认定案件事实的根据。论证的具体内容是对作为认证对象的证据资料是否具有证明力及证明力大小进行审查确认。

审判人员应当依照法定程序，全面、客观地审核证据，依据法律的规定，遵循法官职业道德，运用逻辑推理和日常生活经验，对证据有无证明力和证明力大小独立进行判断，并公开判断的理由和结果。

审判人员对单一证据可以从下列方面进行审核认定：证据是否为原件、原物，复印件、复制品与原件、原物是否相符；证据与本案事实是否相关；证据的形式、来源是否符合法律规定；证据的内容是否真实；证人或者提供证据的人，与当事人有无利害关系。

在诉讼中，当事人为达成调解协议或者和解的目的作出妥协所涉及的对案件事实的认可，不得在其后的诉讼中作为对其不利的证据。以侵害他人合法权益或者违反法律禁止性规定的方法取得的证据，不能作为认定案件事实的依据。

下列证据不能单独作为认定案件事实的依据：未成年人所作的与其年龄和智力状况不相当的证言；与一方当事人或者其代理人有利害关系的证人出具的证言；存有疑点的视听资料；无法与原件、原物核对的复印件、复制品；无正当理由未出庭作证的证人证言。

一方当事人提出的下列证据，对方当事人提出异议但没有足以反驳的相反证据的，人民法院应当确认其证明力：书证原件或者与书证原件核对无误的复印件、照片、副本、节录本；物证原物或者与物证原物核对无误的复制件、照片、录像资料等；有其他证据佐证并以合法手段取得的、无疑点的视听资料或者与视听资料核对无误的复制件；一方当事人申请人民法院依照法定程序制作的对物证或者现场的勘验笔录。

一方当事人提出的证据，另一方当事人认可或者提出的相反证据不足以反驳的，人民法院可以确认其证明力。一方当事人提出的证据，另一方当事人有异议并提出反驳证据，对方当事人对反驳证据认可的，可以确认反驳证据的证明力。

双方当事人对同一事实分别举出相反的证据，但都没有足够的依据否定对方证据的，人民法院应当结合案件情况，判断一方提供证据的证明力是否明显大于另一方提供证据的证明力，并对证明力较大的证据予以确认。

人民法院就数个证据对同一事实的证明力，可以依照下列原则认定：国家机关、社会团体依职权制作的公文书证的证明力一般大于其他书证；物证、档案、鉴定结论、勘验笔录或者经过公证、登记的书证，其证明力一般大于其他书证、视听资料和证人证言；原始证据的证明力一般大于传来证据；直接证据的证明力一般大于间接证据；证人提供的对与其有亲属或者其他密切关系的当事人有利的证言，其证明力一般小于其他证人证言。

（六）财产保全和先予执行

1. 财产保全

财产保全，是指遇到有关财产可能被转移、隐匿、毁灭等情形从而将会造成对利害关系人权益的损害或可能使人民法院的判决难以执行或不能执行时，根据利害关系人或当事人的申请或人民法院的决定，对有关财产采取保护措施的制度。

1）财产保全的种类

财产保全有两种，诉前财产保全和诉讼财产保全。

（1）诉前财产保全，是指在起诉前，人民法院根据利害关系人的申请，对被申请人的有关财产采取的强制措施。采取诉前保全，须符合下列条件：必须是紧急情况，不立即采取财产保全将会使的合法权益受到难以弥补的损害；必须由利害关系人向财产所在地的人民法院提出申请，法院不依职权主动采取财产保全措施；申请人必须提供担保，否则，法院驳回申请。

人民法院接受申请后，必须在48小时内作出裁定；裁定采取财产保全措施的，应当立即开始执行。当事人对财产保全的裁定不服的，可以申请复议一次。复议期间不停止裁定的执行。申请人在人民法院采取保全措施后15日内不起诉的，人民法院应当解除财产保全。

（2）诉讼财产保全，是指人民法院在诉讼过程中，为保证将来生效判决的顺利执行，对当事人的财产或争议的标的物采取的强制措施。采取诉讼财产保全，应符合下列条件：可能因当事人一方的行为或者其他原因，使判决不能执行或难以执行的案件；须在诉讼过程中应当事先提出申请，或者必要时法院也可依职权作出；人民法院可以责令申请人提供担保。

若情况紧急时，人民法院接受申请后，必须在48小时内作出裁定。

2) 财产保全的对象及范围

根据《民事诉讼法》规定，财产保全限于请求的范围，或者与本案有关的财物。

限于请求的范围，是指保全财产的价值与诉讼请求的数额基本相同。与本案有关的财物，是指本案的标的物或与本案标的物有关联的其他财物。

被申请人提供担保的，人民法院应当解除财产保全。申请有错误的，申请人应当赔偿被申请人因财产保全所遭受的损失。

3) 财产保全的措施

财产保全采取查封、扣押、冻结或者法律规定的其他方法。

2. 先予执行

先予执行，是指人民法院对某些民事案件作出终局判决前，为了解决权利人的生活或生产经营急需，根据其申请，裁定另一方当事人预先履行一定义务的诉讼措施。

1) 先予执行的适用范围

人民法院对下列案件，根据当事人的申请，可以裁定先予执行：追索赡养费、扶养费、抚育费、抚恤金、医疗费用的；追索劳动报酬的；因情况紧急需要先予执行的。

2) 先予执行的条件

(1) 当事人之间权利义务关系明确，不先予执行将严重影响申请人的生活或者生产经营的。

(2) 被申请人有履行能力。

(3) 申请人向人民法院提出了申请。

(4) 人民法院应当在受理案件后终审判决作出前采取。

3) 先予执行的程序

(1) 申请。先予执行根据当事人的申请而开始，人民法院不能主动采取先予执行措施。

(2) 责令提供担保。人民法院应据案件具体情况来决定是否要求申请人提供担保。如果认为有必要让申请人提供担保，可以责令其提供担保，申请人不提供担保的，驳回申请。

(3) 裁定。人民法院对当事人先予执行的申请，经审查认为符合法定条件的，应当及时作出先予执行的裁定。裁定经送达当事人，即发生法律效力，当事人不服的，可申请复议。

(4) 错误的补救。人民法院裁定先予执行后，经过审理，判决申请人败诉的，申请人应返还因先予执行所取得的利益。拒不返还的，由法院强制执行，被申请人因先予执行遭受损失的，还应赔偿被申请人的损失。

(七) 强制措施

强制措施是对妨害民事诉讼的强制措施的简称，它是指人民法院在民事诉讼中，对有妨害民事诉讼行为的人采用的一种强制措施。

1. 妨害民事诉讼的行为

1) 必须到庭的被告，经两次传票传唤，无正当理由拒不到庭的；
2) 诉讼参与人或者其他人有下列行为：
(1) 伪造、毁灭重要证据，妨碍人民法院审理案件的；
(2) 以暴力、威胁、贿买方法阻止证人作证或者指使、贿买、胁迫他人作伪证的；
(3) 隐藏、转移、变卖、毁损已被查封、扣押的财产，或者已被清点并责令其保管的财产，转移已被冻结的财产的；
(4) 对司法工作人员、诉讼参加人、证人、翻译人员、鉴定人、勘验人、协助执行的人，进行侮辱、诽谤、诬陷、殴打或者打击报复的；
(5) 以暴力、威胁或者其他方法阻碍司法工作人员执行职务的；
(6) 拒不履行人民法院已经发生法律效力的判决、裁定的。
3) 有义务协助调查、执行的单位有下列行为：
(1) 有关单位拒绝或者妨碍人民法院调查取证的；
(2) 银行、信用合作社和其他有储蓄业务的单位接到人民法院协助执行通知书后，拒不协助查询、冻结或者划拨存款的；
(3) 有关单位接到人民法院协助执行通知书后，拒不协助扣留被执行人的收入、办理有关财产权证照转移手续、转交有关票证、证照或者其他财产的；
(4) 其他拒绝协助执行的。

2. 强制措施的种类

1) 拘传。拘传是对法律规定必须到庭听审的被告人所采取的一种特别的传讯方法，其目的在于强制被告人到庭参加诉讼。

2) 训诫。训诫是指人民法院对妨碍民事诉讼行为较为轻微的人，以国家名义对其进行公开的谴责。这种强制方式主要以批评、警告为形式，指出当事人违法的事实和错误，教育其不得再作出妨碍民事诉讼的行为。

3) 责令退出法庭。责令退出法庭是指人民法院对违反法庭规则，妨碍民事诉讼但情节较轻的人，责令他们退出法庭，反思自己的错误。

4) 罚款。罚款是指人民法院对于妨害民事诉讼的人，在一定条件下，强令其按照法律规定，限期缴纳一定数额的罚款。对个人的罚款金额，为人民币1万元以下。对单位的罚款金额，为人民币1万元以上30万元以下。

5) 拘留。拘留是人民法院为了制止严重妨碍和扰乱民事诉讼程序的人继续进行违法活动，在紧急情况下，限制其人身自由的一种强制性手段。拘留的期限为15日以下。

(八) 民事诉讼程序

1. 一审程序

1) 起诉与受理

起诉必须符合下列条件：
(1) 原告是与本案有直接利害关系的公民、法人和其他组织；
(2) 有明确的被告；
(3) 有具体的诉讼请求和事实、理由；
(4) 属于人民法院受理民事诉讼的范围和受诉人民法院管辖。

起诉应当向人民法院递交起诉状，但当事人书写起诉状确有困难的，可以口头起诉，由人民法院记入笔录，并告知对方当事人。

人民法院对起诉进行审查后，认为符合起诉条件的，应当在 7 日内立案，并通知当事人；认为不符合起诉条件的，应当在 7 日内裁定不予受理；原告对裁定不服的，可以提起上诉。

2）审理前的准备

（1）向当事人发送起诉状、答辩状副本。人民法院应当在立案之日起 5 日内将起诉状副本发送被告，被告在收到之日起 15 日内提出答辩状。被告提出答辩状的，人民法院应当在收到之日起 5 日内将答辩状副本发送原告。被告不提出答辩状的，不影响人民法院审理。

（2）告知当事人的诉讼权利义务。当事人享有的诉讼权利有：委托诉讼代理人，申请回避，收集提出证据，进行辩论，请求调解，提起上诉，申请执行。当事人可以查阅本案的有关资料，并可以复制本案的有关资料和法律文书。双方当事人可以自行和解。原告可以放弃或变更诉讼请求，被告人可以承认或反驳诉讼请求，有权提起反诉等。当事人应承担的诉讼义务有：当事人必须依法行使诉讼权利，遵守诉讼程序，履行发生法律效力的判决裁定和调解协议。

（3）审阅诉讼材料，调查收集证据。人民法院受案后，审判人员必须认真审核诉讼材料，进一步了解案情。同时受诉人民法院既可以直接派出人员进行调查，在必要时可以委托外地人民法院调查。

（4）更换和追回当事人。人民法院受案后，如发现起诉人或应诉人不合格，应将不合格的当事人更换为合格当事人。在审理前的准备阶段，人民法院如发现必须共同进行诉讼的当事人没有参加诉讼的，人民法院应当通知其参加诉讼。当事人也可以向人民法院申请追加。

3）开庭审理

开庭审理是指人民法院在当事人和其他诉讼参与人参加下，对案件进行实体审理的诉讼活动过程。主要有以下几个步骤：

（1）准备开庭。开庭审理前，书记员应当查明当事人和其他诉讼参与人是否到庭，宣布法庭纪律，由审判长核对当事人，宣布开庭并公布法庭组成人员。

（2）法庭调查。法庭调查按照下列顺序进行：当事人陈述；证人作证，宣读未到庭的证人证言；出示书证、物证和视听资料；宣读鉴定结论；宣读勘验笔录。当事人可以在法庭上提出新的证据，也可以要求法庭重新调查证据。如审判员认为案情已经查清，即可终结法庭调查，转入法庭辩论阶段。

（3）法庭辩论。其顺序为：原告及其诉讼代理人发言；被告及其诉讼代理人答辩；第三人及其诉讼代理人发言或者答辩；互相辩论。法庭辩论终结，由审判长按照原告、被告、第三人的先后顺序征询各方最后意见。

（4）法庭调解。法庭辩论终结，应当依法作出判决。判决前能够调解的，还可以进行调解。

（5）合议庭评议。法庭辩论结束后，调解又没达成协议的，合议庭成员退庭进行评议。

（6）宣判。合议庭评议完毕后应制作判决书，宣告判决公开进行。宣告判决时，须告知当事人上诉的权利、上诉期限和上诉法院。

人民法院适用普通程序审理的案件，应当在立案之日起 6 个月内审结。有特殊情况需要延长的,由本院院长批准,可以延长6个月;还需要延长的,报请上级人民法院批准。

2. 第二审程序

第二审程序又叫终审程序,是指民事诉讼当事人不服地方各级人民法院未生效的第一审裁判,在法定期限内向上级人民法院提起上诉,上一级人民法院对案件进行审理所适用的程序。第二审程序并不是每一个民事案件的必经程序,如果当事人在案件一审过程中达成调解协议或者在上诉期内未提上诉,一审法院的裁判就发生法律效力,第二审程序也因无当事人的上诉而无从发生,当事人的上诉是第二审程序发生的前提。

1) 上诉的提起和受理

(1) 上诉的条件

第一,上诉人都是第一审程序中的当事人;

第二,上诉的对象必须是依法可以上诉的判决和裁定;

第三,须在法定的上诉期限内提起。对判决不服,提起上诉的时间为15天;对裁定不服,提起上诉的期限为10天。

第四,须递交上诉状。上诉应提交上诉状,当事人口头表示上诉的,也应在上诉期内补交上诉状。

(2) 上诉的受理

上级人民法院接到上诉状后,认为符合法定条件的,应当立案审理。

当事人向原审人民法院提起上诉的,上诉状由原审人民法院审查,原审人民法院收到上诉状,在5日内将上诉状副本送达对方当事人,对方当事人在收到之日起15日内提出答辩状。人民法院应在收到答辩状之日5日内将副本送达上诉人。对方当事人不提出答辩状的,不影响人民法院审理。原审人民法院收到上诉状、答辩状,应当在5日内连同全部案卷和证据,报送第二审人民法院。

当事人直接向第二审人民法院上诉的,第二审人民法院应当在5日内将上诉状移交原审人民法院。原审人民法院接到上级人民法院移交当事人的上诉状,应认真审查上诉,积极作好准备工作,尽快按上诉程序报送上级人民法院审理。

(3) 上诉的撤回

上诉人在第二审人民法院受理上诉后,到第二审作出终审判决前,认为上诉理由不充分,或接受了第一审人民法院的裁判,而向第二审人民法院申请,要求撤回上诉,这称为上诉的撤回。

2) 上诉的审理

(1) 审理范围

第二审人民法院应当对上诉请求的有关事实和适用法律进行审查。

(2) 审理方式

第二审人民法院对上诉案件,应当组成合议庭,开庭审理。经过阅卷和调查,询问当事人,在事实核对清楚后,合议庭认为不需要开庭审理的,也可以径行判决、裁定。

3) 对上诉案件的裁判

第二审人民法院对上诉案件,经过审理,按照下列情形,分别处理:

(1) 维持原判。原判决认定事实清楚,适用法律正确的,判决驳回上诉,维持原判决。

(2) 依法改判。原判决适用法律错误的，依法改判。

(3) 发回重审或查清事实后改判。原判决认定事实错误，或者原判决认定事实不清，证据不足，裁定撤销原判决，发回原审人民法院重审，或者查清事实后改判。

(4) 发回重审。原判决违反法定程序，可能影响案件正确判决的，裁定撤销原判决，发回原审人民法院重审。

4）二审裁判的法律效力

我国实行两审终审制度，第二审法院对上诉案件作出裁判后，该裁判发生如下效力：

(1) 当事人不得再行上诉；

(2) 不得就同一诉讼标的，以同一事实和理由再行起诉；

(3) 对具有给付内容的裁判具有强制执行的效力。

3. 审判监督程序

审判监督程序即再审程序，是指由有审判监督权的法定机关和人员提起，或由当事人申请，由人民法院对发生法律效力的判决、裁定、调解书再次审理的程序。审判监督程序的提起方式有三种：

1）人民法院提起再审

人民法院提起再审，须为判决、裁定已经发生法律效力，必须是判决裁定确有错误。

各级人民法院院长对本院已经发生法律效力的判决、裁定，发现确有错误，认为需要再审的，应当提交审判委员会讨论决定。

最高人民法院对地方各级人民法院已经发生法律效力的判决、裁定，上级人民法院对下级人民法院已经发生法律效力的判决、裁定，发现确有错误的，有权提审或者指令下级人民法院再审。

2）当事人申请再审

当事人申请不一定引起审判监督程序，只有在同时符合下列条件的前提下，才由人民法院依法决定再审：

(1) 只有当事人才有提出申请的权利。如果当事人为无诉讼行为能力的人，可由其法定代理人代为申请。

(2) 可以向作出生效判决、裁定、调解书的上一级人民法院申请。

(3) 当事人申请再审，应当在判决、裁定发生法律效力后2年内提出；2年后据以作出原判决、裁定的法律文书被撤销或者变更，以及发现审判人员在审理该案件时有贪污受贿，徇私舞弊，枉法裁判行为的，自知道或者应当知道之日起3个月内提出。

(4) 必须有法定的事实和理由。

根据《民事诉讼法》第一百七十九条规定，当事人的申请符合下列情形之一的，人民法院应当再审：

① 有新的证据，足以推翻原判决、裁定的；

② 原判决、裁定认定的基本事实缺乏证据证明的；

③ 原判决、裁定认定事实的主要证据是伪造的；

④ 原判决、裁定认定事实的主要证据未经质证的；

⑤ 对审理案件需要的证据，当事人因客观原因不能自行收集，书面申请人民法院调查收集，人民法院未调查收集的；

⑥ 原判决、裁定适用法律确有错误的；
⑦ 违反法律规定，管辖错误的；
⑧ 审判组织的组成不合法或者依法应当回避的审判人员没有回避的；
⑨ 无诉讼行为能力人未经法定代理人代为诉讼或者应当参加诉讼的当事人，因不能归责于本人或者其诉讼代理人的事由，未参加诉讼的；
⑩ 违反法律规定，剥夺当事人辩论权利的；
⑪ 未经传票传唤，缺席判决的；
⑫ 原判决、裁定遗漏或者超出诉讼请求的；
⑬ 据以作出原判决、裁定的法律文书被撤销或者变更的。

对违反法定程序可能影响案件正确判决、裁定的情形，或者审判人员在审理该案件时有贪污受贿，徇私舞弊，枉法裁判行为的，人民法院应当再审。

当事人申请再审的，应当提交再审申请书等材料。人民法院应当自收到再审申请书之日起三个月内审查，符合申请条件的，裁定再审；不符合申请条件的，裁定驳回申请。因当事人申请裁定再审的案件由中级人民法院以上的人民法院审理。最高人民法院、高级人民法院裁定再审的案件，由本院再审或者交其他人民法院再审，也可以交原审人民法院再审。

3) 人民检察院抗诉

最高人民检察院对各级人民法院已经发生法律效力的判决、裁定，上级人民检察院对下级人民法院已经发生法律效力的判决、裁定，发现有第一百七十九条规定情形之一的，应当提出抗诉。地方各级人民检察院对同级人民法院已经发生法律效力的判决、裁定，发现有第一百七十九条规定情形之一的，应当提请上级人民检察院向同级人民法院提出抗诉。

人民检察院提出抗诉的案件，接受抗诉的人民法院应当自收到抗诉书之日起30日内作出再审的裁定；有第一百七十九条第一款第(1)项至第(5)项规定情形之一的，可以交下一级人民法院再审。

4. 督促程序

督促程序是指人民法院根据债权人符合法律规定的申请，向债务人发出支付令，催促债务人履行债务的一种程序。

向法院申请支付令，应当具备的条件是：1)请求给付的内容为金钱、有价证券，且数额确定，已到给付期限；2)债权人与债务人没有其他债务纠纷；3)支付令能够送达债务人，且债务人在我国境内。

债权人提出申请后，人民法院应当在5日内通知债权人是否受理。人民法院受理申请后，经审查债权人提供的事实、证据，对债权债务关系明确、合法的，应当在受理之日起15日内向债务人发出支付令；申请不成立的，裁定予以驳回。

债务人应当自收到支付令之日起15日内清偿债务，或者向人民法院提出书面异议。人民法院收到债务人提出的书面异议后，应当裁定终结督促程序，支付令自行失效。但债务人对债务本身没有异议，只是提出缺乏清偿能力的，不影响支付令的效力。

债务人在规定的期间不提出异议又不履行支付令的，债权人可以向人民法院申请执行。

支付令因债务人依法提出异议而自行失效后，债权人可以向人民法院起诉。

5. 执行程序

执行程序是指保证具有执行效力的法律文书得以实施的程序。

1）执行根据

执行根据是当事人申请执行，人民法院移交执行以及人民法院采取强制措施的依据。执行根据是执行程序发生的基础，没有执行根据，当事人不能向人民法院申请执行，人民法院也不得采取强制措施。执行根据主要有：

（1）人民法院民事、行政判决、裁定、调解书，民事制裁决定、支付令，以及刑事附带民事判决、裁定、调解书；

（2）依法应由人民法院执行的行政处罚决定、行政处理决定；

（3）我国仲裁机构作出的仲裁裁决和调解书；人民法院依据《中华人民共和国仲裁法》有关规定作出的财产保全和证据保全裁定；

（4）公证机关依法赋予强制执行效力的关于追偿债款、物品的债权文书；

（5）经人民法院裁定承认其效力的外国法院作出的判决、裁定，以及国外仲裁机构作出的仲裁裁决；

（6）法律规定由人民法院执行的其他法律文书。

2）执行案件的管辖

（1）发生法律效力的民事判决、裁定，以及刑事判决、裁定中的财产部分，由第一审人民法院或者与第一审人民法院同级的被执行的财产所在地人民法院执行。

（2）法律规定由人民法院执行的其他法律文书，由被执行人住所地或者被执行的财产所在地人民法院执行。

（3）两个以上人民法院都有管辖权的，当事人可以向其中一个人民法院申请执行；当事人向两个以上人民法院申请执行的，由最先立案的人民法院管辖。

3）执行程序的发生

（1）申请执行。发生法律效力的法律文书，当事人必须履行。一方当事人不履行的，另一方当事人可向有管辖权的人民法院申请执行。申请执行的期间为2年。申请执行时效的中止、中断，适用法律有关诉讼时效中止、中断的规定。从法律文书规定履行期间的最后一日起计算；法律文书规定分期履行的，从规定的每次履行期间的最后一日起计算；法律文书未规定履行期间的，从法律文书生效之日起计算。

（2）移交执行。发生法律效力的具有给付赡养费、扶养费、扶育费内容的法律文书、民事制裁决定书，以及刑事附带民事判决、裁定、调解书，由审判庭移送执行机构执行。

（3）委托执行。被执行人或者被执行的财产在外地的，可以委托当地人民法院代为执行。受委托人民法院收到委托函件后，必须在15日内开始执行，不得拒绝。执行完毕后，应当将执行结果及时函复委托人民法院；在30日内如果还未执行完毕，也应当将执行情况函告委托人民法院。受委托人民法院自收到委托函件之日起15日内不执行的，委托人民法院可以请求受委托人民法院的上级人民法院指令受委托人民法院执行。

4）执行措施

（1）对被执行人或者其法定代理人、有关单位的主要负责人或者直接责任人员予以罚款、拘留；

(2) 查询、冻结、划拨被执行人的存款；
(3) 扣留、提取被执行人的收入；
(4) 查封、扣押、冻结、拍卖、变卖被执行人的财产；
(5) 对被执行人及其住所或者财产隐匿地进行搜查；
(6) 强制被执行人交付法律文书指定的财物或者票证；
(7) 强制被执行人迁出房屋或者退出土地；
(8) 强制被执行人履行法律文书指定的行为；
(9) 办理财产权证照转移手续；
(10) 强制被执行人加倍支付迟延履行期间的债务利息或支付迟延履行金；
(11) 债权人可以随时请求人民法院执行；
(12) 采取或者通知有关单位协助采取限制出境，在征信系统记录、通过媒体公布不履行义务信息以及法律规定的其他措施。

除此之外，还有其他执行措施：

申请参与分配。被执行人为公民或其他组织，在执行程序开始后，被执行人的其他已经取得执行根据或已经起诉的债权人发现被执行人的财产不能清偿所有债权的，可以向法院申请对被执行人的财产参与分配。

执行第三人到期债权。被执行人不能清偿债务，但对本案以外的第三人享有到期债权的，人民法院可以依申请执行人或被执行人的申请，通知该第三人向申请执行人履行债务，该第三人对债务没有异议但又在通知指定的期限内不履行的，人民法院可以强制执行。

5) 执行中止和终结

(1) 执行中止。即在执行过程中，因发生特殊情况，需要暂时停止执行程序。有下列情形之一的，人民法院应裁定中止执行：申请人表示可以延期执行的；案外人对执行标的提出确有理由的异议的；作为一方当事人的公民死亡，需要等待继承人继承权利或者承担义务的；作为一方当事人的法人或者其他组织终止，尚未确定权利义务承受人的；人民法院认为应当中止执行的其他情形。中止的情形消失后，恢复执行。

(2) 执行终结。即在执行过程中，由于出现某些特殊情况，执行工作无法继续进行或不必要继续进行时，结束执行程序。有下列情形之一的，人民法院裁定终结执行：申请人撤销申请的；据以执行的法律文书被撤销的；作为被执行人的公民死亡，无遗产可供执行，又无义务承担人的；追索赡养费、扶养费、抚育费案件的权利人死亡的；作为被执行人的公民因生活困难无力偿还借款，无收入来源，又丧失劳动能力的；人民法院认为应当终结执行的其他情形。

三、行政复议与行政诉讼法律制度

(一) 行政复议

1. 行政复议范围

1) 可以申请行政复议的事项

有下列情形之一的，公民、法人或者其他组织可以依照本法申请行政复议：

(1) 对行政机关作出的警告、罚款、没收违法所得、没收非法财物、责令停产停业、暂扣或者吊销许可证、暂扣或者吊销执照、行政拘留等行政处罚决定不服的；

(2) 对行政机关作出的限制人身自由或者查封、扣押、冻结财产等行政强制措施决定不服的;

(3) 对行政机关作出的有关许可证、执照、资质证、资格证等证书变更、中止、撤销的决定不服的;

(4) 对行政机关作出的关于确认土地、矿藏、水流、森林、山岭、草原、荒地、滩涂、海域等自然资源的所有权或者使用权的决定不服的;

(5) 认为行政机关侵犯合法的经营自主权的;

(6) 认为行政机关变更或者废止农业承包合同,侵犯其合法权益的;

(7) 认为行政机关违法集资、征收财物、摊派费用或者违法要求履行其他义务的;

(8) 认为符合法定条件,申请行政机关颁发许可证、执照、资质证、资格证等证书,或者申请行政机关审批、登记有关事项,行政机关没有依法办理的;

(9) 申请行政机关履行保护人身权利、财产权利、受教育权利的法定职责,行政机关没有依法履行的;

(10) 申请行政机关依法发放抚恤金、社会保险金或者最低生活保障费,行政机关没有依法发放的;

(11) 认为行政机关的其他具体行政行为侵犯其合法权益的。

2) 不得申请行政复议的事项

下列事项应按规定的纠纷处理方式解决,而不能提起行政复议:

(1) 行政机关的行政处分或者其他人事处理决定;

(2) 行政机关对民事纠纷作出的调解或者其他处理。

2. 行政复议程序

1) 行政复议申请

公民、法人或者其他组织认为具体行政行为侵犯其合法权益的,可以自知道该具体行政行为之日起60日内提出行政复议申请,但是法律规定的申请期限超过60日的除外。因不可抗力或者其他正当理由耽误法定申请期限的,申请期限自障碍消除之日起继续计算。

申请人申请行政复议,可以书面申请,也可以口头申请。

2) 行政复议受理

行政复议机关收到行政复议申请后,应当在5日内进行审查,对不符合本法规定的行政复议申请,决定不予受理,并书面告知申请人;对符合行政复议法规定,但是不属于本机关受理的行政复议申请,应当告知申请人向有关行政复议机关提出。

行政复议期间具体行政行为不停止执行;但是,有下列情形之一的,可以停止执行:被申请人认为需要停止执行的;行政复议机关认为需要停止执行的;申请人申请停止执行,行政复议机关认为其要求合理,决定停止执行的;法律规定停止执行的。

3) 行政复议决定

行政复议机关负责法制工作的机构应当对被申请人作出的具体行政行为进行审查,提出意见,经行政复议机关的负责人同意或者集体讨论通过后,按照下列规定作出行政复议决定:

(1) 具体行政行为认定事实清楚,证据确凿,适用依据正确,程序合法,内容适当的,决定维持;

(2) 被申请人不履行法定职责的,决定其在一定期限内履行;

(3) 具体行政行为有下列情形之一的,决定撤销、变更或者确认该具体行政行为违法;决定撤销或者确认该具体行政行为违法的,可以责令被申请人在一定期限内重新作出具体行政行为:主要事实不清、证据不足的;适用依据错误的;违反法定程序的;超越或者滥用职权的;具体行政行为明显不当的。

(4) 被申请人不按照法律规定提出书面答复、提交当初作出具体行政行为的证据、依据和其他有关材料的,视为该具体行政行为没有证据、依据,决定撤销该具体行政行为。

申请人在申请行政复议时可以一并提出行政赔偿请求,行政复议机关对符合国家赔偿法的有关规定应当给予赔偿的,在决定撤销、变更具体行政行为或者确认具体行政行为违法时,应当同时决定被申请人依法给予赔偿。

行政复议机关一般应当自受理申请之日起60日内作出行政复议决定。行政复议决定书一经送达,即发生法律效力。

(二) 行政诉讼

1. 行政诉讼受理范围

1) 予以受理的行政案件

人民法院受理公民、法人和其他组织对下列具体行政行为不服提起的诉讼:

(1) 对拘留、罚款、吊销许可证和执照、责令停产停业、没收财物等行政处罚不服的;

(2) 对限制人身自由或者对财产的查封、扣押、冻结等行政强制措施不服的;

(3) 认为行政机关侵犯法律规定的经营自主权的;

(4) 认为符合法定条件申请行政机关颁发许可证和执照,行政机关拒绝颁发或者不予答复的;

(5) 申请行政机关履行保护人身权、财产权的法定职责,行政机关拒绝履行或者不予答复的;

(6) 认为行政机关没有依法发给抚恤金的;

(7) 认为行政机关违法要求履行义务的;

(8) 认为行政机关侵犯其他人身权、财产权的。除前款规定外,人民法院受理法律、法规规定可以提起诉讼的其他行政案件。

2) 不予受理的行政案件

人民法院不受理公民、法人或者其他组织对下列事项提起的诉讼:

(1) 国防、外交等国家行为;

(2) 行政法规、规章或者行政机关制定、发布的具有普遍约束力的决定、命令;

(3) 行政机关对行政机关工作人员的奖惩、任免等决定;

(4) 法律规定由行政机关最终裁决的具体行政行为。

2. 行政诉讼程序

1) 第一审程序

(1) 起诉

提起诉讼应当符合下列条件:原告是认为具体行政行为侵犯其合法权益的公民、法人或者其他组织;有明确的被告;有具体的诉讼请求和事实根据;属于人民法院受案范围和受诉人民法院管辖。

申请人不服复议决定的,可以在收到复议决定书之日起15日内向人民法院提起诉讼,复议机关逾期不作决定的,申请人可以在复议期满之日起15日内向人民法院提起诉讼。法律另有规定的除外。公民、法人或者其他组织直接向人民法院提起诉讼的,应当在知道作出具体行政行为之日起3个月内提出,法律另有规定的除外。

(2) 受理

受理是人民法院对原告的起诉进行审查,认为符合规定条件的,决定立案审理的诉讼行为。人民法院接到起诉状,经审查,应当在7日内立案或者作出裁定不予受理。原告对裁定不服的,可以提起上诉。

(3) 审理与判决

人民法院应当在立案之日起5日内,将起诉状副本发送被告。被告应当在收到起诉状副本之日起10日内向人民法院提交作出具体行政行为的有关材料,并提出答辩状。人民法院应当在收到答辩状之日起5日内,将答辩状副本发送原告。被告不提出答辩状的,不影响人民法院审理。

人民法院审理行政案件,由审判员组成合议庭,或者由审判员、陪审员组成合议庭。合议庭的成员,应当是3人以上的单数。

诉讼期间,不停止具体行政行为的执行。但有下列情形之一的,停止具体行政行为的执行:被告认为需要停止执行的;原告申请停止执行,人民法院认为该具体行政行为的执行会造成难以弥补的损失,并且停止执行不损害社会公共利益,裁定停止执行的;法律、法规规定停止执行的。

人民法院审理行政案件,不适用调解。

人民法院经过审理,根据不同情况,分别作出以下判决:

第一,维持原判。具体行政行为证据确凿,适用法律、法规正确,符合法定程序的,判决维持。

第二,撤销判决。具体行政行为有下列情形之一的,判决撤销或者部分撤销,并可以判决被告重新作出具体行政行为:主要证据不足的;适用法律、法规错误的;违反法定程序的;超越职权的;滥用职权的。

第三,履行判决。被告不履行或者拖延履行法定职责的,判决其在一定期限内履行。

第四,变更判决。行政处罚显失公正的,可以判决变更。

人民法院应当在立案之日起3个月内作出第一审判决。有特殊情况需要延长的,由高级人民法院批准,高级人民法院审理第一审案件需要延长的,由最高人民法院批准。

2) 第二审程序

(1) 上诉期限

当事人不服人民法院第一审判决的,有权在判决书送达之日起15日内向上一级人民法院提起上诉。当事人不服人民法院第一审裁定的,有权在裁定书送达之日起10日内向上一级人民法院提起上诉。逾期不提起上诉的,人民法院的第一审判决或者裁定发生法律效力。

(2) 审理方式

人民法院对上诉案件,认为事实清楚的,可以实行书面审理。

(3) 审理期限

人民法院审理上诉案件,应当在收到上诉状之日起 2 个月内作出终审判决。有特殊情况需要延长的,由高级人民法院批准,高级人民法院审理上诉案件需要延长的,由最高人民法院批准。

(4) 人民法院对上诉案件的处理

人民法院审理上诉案件,按照下列情形,分别处理:

第一,原判决认定事实清楚,适用法律、法规正确的,判决驳回上诉,维持原判;

第二,原判决认定事实清楚,但适用法律、法规错误的,依法改判;

第三,原判决认定事实不清,证据不足,或者由于违反法定程序可能影响案件正确判决的、裁定撤销原判,发回原审人民法院重审,也可以查清事实后改判。当事人对重审案件的判决、裁定,可以上诉。

3) 审判监督程序

当事人对已经发生法律效力的判决、裁定,认为确有错误的,可以向原审人民法院或者上一级人民法院提出申诉,但判决、裁定不停止执行。

人民法院院长对本院已经发生法律效力的判决、裁定,发现违反法律、法规规定认为需要再审的,应当提交审判委员会决定是否再审。上级人民法院对下级人民法院已经发生法律效力的判决、裁定,发现违反法律、法规规定的,有权提审或者指令下级人民法院再审。

人民检察院对人民法院已经发生法律效力的判决、裁定,发现违反法律、法规规定的,有权按照审判监督程序提出抗诉。

4) 执行

当事人必须履行人民法院发生法律效力的判决、裁定。

公民、法人或者其他组织拒绝履行判决、裁定的,行政机关可以向第一审人民法院申请强制执行,或者依法强制执行。

行政机关拒绝履行判决、裁定的,第一审人民法院可以采取以下措施:

(1) 对应当归还的罚款或者应当给付的赔偿金,通知银行从该行政机关的账户内划拨;

(2) 在规定期限内不履行的,从期满之日起,对该行政机关按日处 50 元至 100 元的罚款;

(3) 向该行政机关的上一级行政机关或者监察、人事机关提出司法建议。接受司法建议的机关,根据有关规定进行处理,并将处理情况告知人民法院;

(4) 拒不履行判决、裁定,情节严重构成犯罪的,依法追究主管人员和直接责任人员的刑事责任。

公民、法人或者其他组织对具体行政行为在法定期限内不提起诉讼又不履行的,行政机关可以申请人民法院强制执行,或者依法强制执行。

【本章小结】

本章主要对建设工程纠纷的处理方式、处理建设工程纠纷相关法律制度等内容进行了阐述。

建设工程合同纠纷的四种解决途径:协商、调解、仲裁和诉讼。协商,是指合同当事人依据有关法律规定和合同约定,在自愿友好的基础上,互相谅解,经过谈判和磋商,自愿对争议事项达成协议,从而解决合同争议的一种方法。调解，是在第三方的主持下，通过对当事人进行说服教育，促使双方互相作出适当的让步，自愿达成协议，从而解决合同争议的方法。仲裁，亦称"公断"，是双方当事人在合同争议发生前或争议发生后达成协议，自愿将争议交给仲裁机构作出裁决，并负有自觉履行义务的一种解决争议的方式。诉讼，是通过司法程序解决合同争议，是合同当事人依法请求人民法院行使审判权，审理双方发生的合同争议，作出有国家强制保证实现其合法权益，从而解决争议的审判活动。

处理建设工程纠纷相关法律制度中，重点介绍了仲裁制度、民事诉讼法律制度、行政复议与行政诉讼法律制度。

【复习思考】

1. 建设工程合同纠纷发生后，当事人应如何选择处理纠纷的方式？
2. 仲裁具有哪些特点？仲裁的范围包括哪些？
3. 民事诉讼案件管辖如何？
4. 民事诉讼中举证责任如何分配？
5. 财产保全的种类如何
6. 简述民事诉讼一审程序如何？

【课后练习】

● 单项选择

1. 施工合同纠纷，一般是指（　　）对施工合同条款的理解产生异议，而不承担相应的义务等原因而产生的纠纷。

　　A. 施工质量监督部门　　　　　　B. 总监理工程师
　　C. 施工合同当事人　　　　　　　D. 工商行政部门负责人

2. 调解是指建设工程当事人对法律规定或者约定的权利、义务发生争议，（　　）通过查明事实，依据一定的道德和法律规范，促使双方在互谅互让的基础上，自愿达成协议从而解决争议的活动。

　　A. 业主　　　　　　　　　　　　B. 承包商
　　C. 双方当事人　　　　　　　　　D. 在第三人的参加与主持下

3. 仲裁是指合同当事人双方达成仲裁协议，自愿将争议交给第三者，由第三者对合同双方（　　）作出裁决的一种解决争议的方式。

　　A. 权利　　　B. 合同争议　　　C. 一般责任　　　D. 相互责任

4. 仲裁委员会仲裁一施工合同纠纷案件，首席仲裁员甲认为应裁决合同无效，仲裁庭组成人员乙、丙认为应裁决合同有效，但乙认为应裁决解除合同，丙认为应裁决继续履行合同，则仲裁庭应（　　）。

　　A. 按甲的意见作出　　　　　　　B. 按乙或丙的意见作出
　　C. 请求仲裁委员会主任并按其意见作出　　D. 重新组成仲裁庭经评议后作出

5. 根据我国《民事诉讼法》，当事人可以对下列人员申请回避的是（　　）。

　　A. 仲裁员、书记员、证人、鉴定人　　　B. 书记员、翻译人员、鉴定人、勘验人
　　C. 证人、审判员、书记员、勘验人　　　D. 调解员、仲裁员、鉴定人、勘验人

6. 诉讼，是指建设工程当事人请求（　　）行使审判权，审理双方当事人之间发生的纠纷，作出由国家强制保证实现其合法权益，从而解决纠纷的活动。

　　A. 仲裁委员会　　　B. 调解委员会　　　C. 人民法院　　　D. 人民检察院

7. 在司法实践中，如果发生工程纠纷的当事人未达成仲裁协议，则解决纠纷的最终方式只能为（　　）。

　　A. 诉讼　　　B. 和解　　　C. 调解　　　D. 仲裁

8. 我国仲裁的一般程序为（　　）。

A. 组成仲裁庭、仲裁申请和受理、开庭和裁决
　　B. 组成仲裁庭、仲裁申请和受理、裁决和开庭
　　C. 仲裁申请和受理、组成仲裁庭、开庭和裁决
　　D. 仲裁受理和申请、组成仲裁庭、开庭和裁决

- 多选选择

1. 建设工程合同纠纷的当事人可根据《民事诉讼法》的规定，协议选择（　　）法院管辖。
　　A. 发包人住所地　　　　　　　　B. 承包人住所地
　　C. 合同签订地　　　　　　　　　D. 施工行为地
　　E. 合同变更地

2. 某工程在订立施工合同过程中，双方协商一致采用仲裁的方式处理合同纠纷，则关于仲裁协议说法错误的有（　　）。
　　A. 仲裁协议应当采用书面形式
　　B. 仲裁协议可以采用口头形式，只要双方认可
　　C. 仲裁协议应当在纠纷发生前达成
　　D. 仲裁协议应当是独立于施工合同之外的仲裁协议书
　　E. 没有仲裁协议，就不存在有效的仲裁

3. 起诉必须符合以下条件（　　）。
　　A. 原告是与本案有直接利害关系的公民、法人和其他组织
　　B. 有明确的被告
　　C. 有具体的诉讼请求、事实和理由
　　D. 属于人民法院受理民事诉讼范围和受诉人民法院管辖
　　E. 有协议书

4. 诉讼代理人是代理当事人进行民事诉讼活动的人，下列能够作为诉讼代理人的包括（　　）。
　　A. 律师　　　　　　　　　　　　B. 法官
　　C. 限制民事行为能力人　　　　　D. 当事人的近亲属
　　E. 所在单位推荐的人

【案例分析】

【案件事实经过】

本案为建筑工程合同纠纷案。原告上海甲建设发展有限公司，被告1为上海乙有限公司，被告2为上海丙有限公司。

原告与被告1在2004年1月29日签订建筑装饰工程施工合同，工程总价款为395万元整人民币，工程竣工后被告尚有实际决算余款46.75万元未支付，但因原告所建工程存在漏水等质量问题致被告损失，原被告双方协议从该工程余款中扣除4万元作为对被告的补偿，并约定被告分期付款计划为：2006年8月29日支付人民币2.75万元整；2006年9月10日支付人民币10万元整；2006年9月30日支付人民币15万元整；2006年10月20日支付人民币15万元整；

同时补充协议明确约定被告1如不按其中任何一期约定履约付款视为整体逾期，被告将承担应付款日起至付款即日止的利息并支付全部工程未付款总额的千分之五违约金；协议还约定由被告2对工程款的清偿进行连带保证给付。

协议到期后因被告还有叁拾万元未清偿，原告于2006年12月12日向上海市黄浦区人民法院起诉要求追究被告违约责任，原告诉讼请求为：

（1）工程款30万元；
（2）利息5859元；

(3) 违约金 20.6 万元；

(4) 被告承担诉讼费。

吕平在接受被告委托后作为被告方代理律师，经过查阅卷宗，发现双方约定应于争议发生后先行协商调解，协商不成时则向上海市仲裁委员会申请仲裁，原告向法院提出诉讼与约定争议解决方式不符，按法律规定，黄浦区人民法院对此案无管辖权而不应受理。我国仲裁法第五条规定：当事人达成仲裁协议，一方向人民法院起诉的，人民法院不予受理，但仲裁协议无效的除外。本案中约定仲裁条款为真实、合法、有效合同条款内容之一，其效力应无任何异议，当事人双方都应受该仲裁条款约束。

另仲裁法第二十六条还规定：当事人达成仲裁协议，一方向人民法院起诉未声明有仲裁协议，人民法院受理后，另一方在首次开庭前提交仲裁协议的，人民法院应当驳回起诉，但仲裁协议无效的除外；另一方在首次开庭前未对人民法院受理该案提出异议的，视为放弃仲裁协议，人民法院应当继续审理。

吕平律师根据法律规定基本确定代理方案：一方面依法在开庭前提出法院受理存在异议，主张应驳回原告起诉；另一方面考虑到如原告即使撤诉亦可继续申请仲裁，且约定的违约责任是当事人双方真实意思表示，对于我方当事人也有较大的法律风险；另外原告亦通过法院冻结本律师所代理的两被告银行账户，不及时结案不利于我方当事人的外对经营，且违约行为的持续违约金亦会不断增加。因此，吕平律师决定采取避轻就重策略将压力回加于原告，告知其本案诉讼存在以下法律后果应慎重考虑调解结案：

1. 原告诉讼将被法院依法驳回；

2. 原告对申请采取财产保全事项承担损害赔偿责任；

3. 因本案原告将败诉，诉讼费用将由被告自行承担；

4. 即使在败诉后另行申请仲裁，又将在仲裁程序及时间上耗费很多精力；

5. 在仲裁时原告所有仲裁请求能否得到支持还未知，原告违约金诉求在本案中占有很大比例（20.6万元），即被告可以违约金过高向仲裁委员会要求减少降低违约金数额。

因此，本案最有利于双方的是调解结案，且调解时并不影响被告对法院受理案件提出异议。即使一审法院对被告异议不予理会，被告在二审程序中将继续提出，而根据最高人民法院关于适用民诉意见的司法解释第一百八十六条之规定：在二审程序中，人民法院认为依法不应由法院受理的案件，可由第二审法院直接裁定撤销原判，驳回起诉。

综上，通过吕平律师与对方原告取得联系，并告知其利害关系，对方原告经过权衡利弊，同意达成前述调解协议，为两被告挽回经济损失近 15 万元。

第八章 其他相关法律制度

学习目标
1. 掌握劳动法律制度
2. 熟悉标准化法律制度、环境保护法律制度、节约能源法律制度、档案法律制度、税收法律制度、公司法律制度

学习重点
1. 劳动合同
2. 劳动争议的解决

第一节 劳动法律制度

《中华人民共和国劳动法》(以下简称《劳动法》)于1994年7月5日第八届全国人民代表大会常务委员会第八次会议通过，自1995年1月1日起施行。《中华人民共和国劳动合同法》(以下简称《劳动合同法》)于2007年6月29日第十届全国人民代表大会常务委员会第二十八次会议通过，自2008年1月1日起施行。《中华人民共和国劳动争议调解仲裁法》(以下简称《劳动争议调解仲裁法》)于2007年12月29日第十届全国人民代表大会常务委员会第三十一次会议通过，自2008年5月1日起施行。这三部法律的立法目的均在于保护劳动者的合法权益，构建和发展和谐的劳动关系。

一、劳动合同制度

(一) 劳动合同的概念与特征

劳动合同，是劳动者与用人单位确立劳动关系，明确双方权利和义务的书面协议。与民事合同相比，劳动合同具有如下特征：

1. 劳动合同主体的特定性

劳动合同的主体是特定的，包括劳动者和用人单位。

2. 书面劳动合同是法定形式

《劳动合同法》第十条规定："建立劳动关系，应当订立书面劳动合同。"第16条还规定："劳动合同由用人单位与劳动者协商一致，并经用人单位与劳动者在劳动合同文本上签字或者盖章生效。"这表明书面劳动合同是确定劳动关系的普遍法律形式，但对于事实劳动关系，我国法律也是予以保护的。

3. 劳动合同具有较强的法定性

劳动合同内容主要以劳动法律、法规为依据，且具有强制性规定。法律虽规定允许劳动者和用人单位可以协商订立劳动合同，但是协商的内容不得违反法律、行政法规，否则无效。

（二）劳动合同的内容

根据《劳动合同法》第十七条，劳动合同应当具备以下条款：

1. 用人单位的名称、住所和法定代表人或者主要负责人；
2. 劳动者的姓名、住址和居民身份证或者其他有效身份证件号码；
3. 劳动合同期限；
4. 工作内容和工作地点；
5. 工作时间和休息休假；
6. 劳动报酬；
7. 社会保险；
8. 劳动保护、劳动条件和职业危害防护；
9. 法律、法规规定应当纳入劳动合同的其他事项。

劳动合同除前款规定的必备条款外，用人单位与劳动者可以约定试用期、培训、保守秘密、补充保险和福利待遇等其他事项。

（三）劳动合同的效力

劳动合同依法订立即具有法律约束力，当事人必须履行劳动合同规定的义务。

无效的劳动合同是指当事人违反法律、法规，订立的不具有法律效力的劳动合同。根据《劳动合同法》第二十六条，下列劳动合同无效或部分无效：

1. 以欺诈、胁迫的手段或者乘人之危，使对方在违背真实意思的情况下订立或者变更劳动合同的；
2. 用人单位免除自己的法定责任、排除劳动者权利的；
3. 违反法律、行政法规强制性规定的。

（四）劳动合同的解除

劳动合同的解除，是指劳动合同当事人在劳动合同期限届满之前依法提前终止劳动合同的法律行为。根据《劳动合同法》的规定，劳动合同的解除包括协商解除、劳动者单方解除和用人单位单方解除。

1. 协商解除

经劳动合同当事人协商一致，劳动合同可以解除。

2. 劳动者单方解除

《劳动合同法》第三十七条规定："劳动者提前三十日以书面形式通知用人单位，可以解除劳动合同。劳动者在试用期内提前三日通知用人单位，可以解除劳动合同。"

《劳动合同法》第三十八条规定，用人单位有下列情形之一的，劳动者可以解除劳动合同：

1）未按照劳动合同约定提供劳动保护或者劳动条件的；
2）未及时足额支付劳动报酬的；
3）未依法为劳动者缴纳社会保险费的；
4）用人单位的规章制度违反法律、法规的规定，损害劳动者权益的；
5）因本法第二十六条第一款规定的情形致使劳动合同无效的；
6）法律、行政法规规定劳动者可以解除劳动合同的其他情形。

用人单位以暴力、威胁或者非法限制人身自由的手段强迫劳动者劳动的，或者用人单位违章指挥、强令冒险作业危及劳动者人身安全的，劳动者可以立即解除劳动合同，不需事先告知用人单位。

3. 用人单位单方解除

1) 随时解除

随时解除，即用人单位无需以任何形式提前告知劳动者，可随时通知劳动者解除劳动合同。

《劳动合同法》第三十九条规定，劳动者有下列情形之一的，用人单位可以解除劳动合同：

（1）在试用期间被证明不符合录用条件的；

（2）严重违反用人单位的规章制度的；

（3）严重失职，营私舞弊，给用人单位造成重大损害的；

（4）劳动者同时与其他用人单位建立劳动关系，对完成本单位的工作任务造成严重影响，或者经用人单位提出，拒不改正的；

（5）因本法第二十六条第一款第一项规定的情形致使劳动合同无效的；

（6）被依法追究刑事责任的。

2) 预告解除

《劳动合同法》第四十条规定，有下列情形之一的，用人单位提前三十日以书面形式通知劳动者本人或者额外支付劳动者一个月工资后，可以解除劳动合同：

（1）劳动者患病或者非因工负伤，在规定的医疗期满后不能从事原工作，也不能从事由用人单位另行安排的工作的；

（2）劳动者不能胜任工作，经过培训或者调整工作岗位，仍不能胜任工作的；

（3）劳动合同订立时所依据的客观情况发生重大变化，致使劳动合同无法履行，经用人单位与劳动者协商，未能就变更劳动合同内容达成协议的。

3) 经济性裁员

《劳动合同法》第四十一条规定，有下列情形之一，需要裁减人员二十人以上或者裁减不足二十人但占企业职工总数百分之十以上的，用人单位提前三十日向工会或者全体职工说明情况，听取工会或者职工的意见后，裁减人员方案经向劳动行政部门报告，可以裁减人员：

（1）依照企业破产法规定进行重整的；

（2）生产经营发生严重困难的；

（3）企业转产、重大技术革新或者经营方式调整，经变更劳动合同后，仍需裁减人员的；

（4）其他因劳动合同订立时所依据的客观经济情况发生重大变化，致使劳动合同无法履行的。

裁减人员时，应当优先留用下列人员：

① 与本单位订立较长期限的固定期限劳动合同的；

② 与本单位订立无固定期限劳动合同的；

③ 家庭无其他就业人员，有需要扶养的老人或者未成年人的。

用人单位依照本条第一款规定裁减人员，在六个月内重新招用人员的，应当通知被裁减的人员，并在同等条件下优先招用被裁减的人员。

为了保护劳动者的合法权益，劳动法还规定了用人单位不得解除劳动合同的情形。

4）不得解除劳动合同情形

《劳动合同法》第四十二条规定，劳动者有下列情形之一的，用人单位不得依照预告解除、经济性裁员的规定解除劳动合同：

（1）从事接触职业病危害作业的劳动者未进行离岗前职业健康检查，或者疑似职业病病人在诊断或者医学观察期间的；

（2）在本单位患职业病或者因工负伤并被确认丧失或者部分丧失劳动能力的；

（3）患病或者非因工负伤，在规定的医疗期内的；

（4）女职工在孕期、产期、哺乳期的；

（5）在本单位连续工作满十五年，且距法定退休年龄不足五年的；

（6）法律、行政法规规定的其他情形。

《劳动合同法》第四十三条规定："用人单位单方解除劳动合同，应当事先将理由通知工会。用人单位违反法律、行政法规规定或者劳动合同约定的，工会有权要求用人单位纠正。用人单位应当研究工会的意见，并将处理结果书面通知工会。"

（五）劳动合同的终止

劳动合同的终止，是指终止劳动合同的法律效力。

根据《劳动合同法》第四十四条，有下列情形之一的，劳动合同终止：

1. 劳动合同期满的；
2. 劳动者开始依法享受基本养老保险待遇的；
3. 劳动者死亡，或者被人民法院宣告死亡或者宣告失踪的；
4. 用人单位被依法宣告破产的；
5. 用人单位被吊销营业执照、责令关闭、撤销或者用人单位决定提前解散的；
6. 法律、行政法规规定的其他情形。

（六）法律责任

1. 用人单位的法律责任

1）规章制度违法的法律责任

用人单位直接涉及劳动者切身利益的规章制度违反法律、法规规定的，由劳动行政部门责令改正，给予警告；给劳动者造成损害的，应当承担赔偿责任。

2）订立劳动合同违法应承担的法律责任

（1）用人单位自用工之日起超过1个月不满1年未与劳动者订立书面劳动合同的，应当向劳动者每月支付2倍的工资；

（2）用人单位违反规定不与劳动者订立无固定期限劳动合同的，自应当订立无固定期限劳动合同之日起向劳动者每月支付2倍的工资；

（3）用人单位违反规定与劳动者约定试用期的，由劳动行政部门责令改正；

（4）违法约定的试用期已经履行的，由用人单位以劳动者试用期满月工资为标准，按已经履行的超过法定试用期的期间向劳动者支付赔偿金；

（5）用人单位违反规定，扣押劳动者居民身份证等证件的，由劳动行政部门责令限期退还劳动者本人，并依照有关法律规定给予处罚；用人单位违反规定，以担保或者其他名

义向劳动者收取财物的,由劳动行政部门责令限期退还劳动者本人,并以每人500元以上2000元以下的标准处以罚款;

(6) 给劳动者造成损害的,应当承担赔偿责任。

3) 侵犯劳动者劳动报酬权应承担的法律责任

用人单位有下列情形之一的,由劳动行政部门责令限期支付劳动报酬、加班费或者经济补偿;劳动报酬低于当地最低工资标准的,应当支付其差额部分;逾期不支付的,责令用人单位按应付金额50%以上100%以下的标准向劳动者加付赔偿金:

(1) 未按照劳动合同的约定或者国家规定及时足额支付劳动者劳动报酬的;

(2) 低于当地最低工资标准支付劳动者工资的;

(3) 安排加班不支付加班费的;

(4) 解除或者终止劳动合同,未依照本法规定向劳动者支付经济补偿的。

4) 劳动合同无效应承担的法律责任

劳动合同依法被确认无效,给对方造成损害的,用人单位有过错的,用人单位一方应当承担赔偿责任。

5) 违法解除或终止劳动合同应承担的法律责任

用人单位违法解除或者终止劳动合同的,应当依照法律规定的经济补偿标准的2倍向劳动者支付赔偿金;用人单位违反本法规定未向劳动者出具解除或者终止劳动合同的书面证明,由劳动行政部门责令改正;给劳动者造成损害的,应当承担赔偿责任。

6) 侵犯劳动者人身权应承担的法律责任

用人单位有下列情形之一的,依法给予行政处罚;构成犯罪的,依法追究刑事责任;给劳动者造成损害的,应当承担赔偿责任:

(1) 以暴力、威胁或者非法限制人身自由的手段强迫劳动的;

(2) 违章指挥或者强令冒险作业危及劳动者人身安全的;

(3) 侮辱、体罚、殴打、非法搜查或者拘禁劳动者的;

(4) 劳动条件恶劣、环境污染严重,给劳动者身心健康造成严重损害的。

对不具备合法经营资格的用人单位的违法犯罪行为,依法追究法律责任;劳动者已经付出劳动的,该单位或者其出资人应当依照本法有关规定向劳动者支付劳动报酬、经济补偿、赔偿金;给劳动者造成损害的,应当承担赔偿责任。

2. 劳动者的法律责任

劳动者违法解除劳动合同,或者违反劳动合同中约定的保密义务或者竞业限制,给用人单位造成损失的,应当承担赔偿责任。

劳动合同依法被确认无效,给对方造成损害的,劳动者有过错的,劳动者应当承担赔偿责任。

3. 连带赔偿责任

1) 用人单位与劳动者的连带赔偿责任

用人单位招用与其他用人单位尚未解除或者终止劳动合同的劳动者,给其他用人单位造成损失的,应当承担连带赔偿责任。

2) 派遣单位与用工单位的连带赔偿责任

劳务派遣单位违反规定的,由劳动行政部门和其他有关主管部门责令改正;情节严重的，以每人 1000 元以上 5000 元以下的标准处以罚款，并由工商行政管理部门吊销营业执照；给被派遣劳动者造成损害的，劳务派遣单位与用工单位承担连带赔偿责任。

3）发包组织与个人承包经营者的连带赔偿责任

个人承包经营违反规定招用劳动者，给劳动者造成损害的，发包的组织与个人承包经营者承担连带赔偿责任。

二、劳动保护制度

1. 劳动安全卫生

劳动安全卫生，又称劳动保护，是指直接保护劳动者在劳动中的安全和健康的法律保障。根据《劳动法》的规定，用人单位和劳动者应当遵守如下有关劳动安全卫生的法律规定：

1）用人单位必须建立、健全劳动安全卫生制度，严格执行国家劳动安全卫生规程和标准，对劳动者进行劳动安全卫生教育，防止劳动过程中的事故，减少职业危害。

2）劳动安全卫生设施必须符合国家规定的标准。新建、改建、扩建工程的劳动安全卫生设施必须与主体工程同时设计、同时施工、同时投入生产和使用。

3）用人单位必须为劳动者提供符合国家规定的劳动安全卫生条件和必要的劳动防护用品，对从事有职业危害作业的劳动者应当定期进行健康检查。

4）从事特种作业的劳动者必须经过专门培训并取得特种作业资格。

5）劳动者在劳动过程中必须严格遵守安全操作规程。劳动者对用人单位管理人员违章指挥、强令冒险作业，有权拒绝执行；对危害生命安全和身体健康的行为，有权提出批评、检举和控告。

2. 女职工的特殊保护

《劳动法》对女职工的特殊保护规定包括：

1）禁止重体力。禁止安排女职工从事矿山井下、国家规定的第四级体力劳动强度的劳动和其他禁忌从事的劳动。

2）经期保护。不得安排女职工在经期从事高处、低温、冷水作业和国家规定的第三级体力劳动强度的劳动。

3）孕期保护。不得安排女职工在怀孕期间从事第三级体力劳动强度的劳动和孕期禁忌从事的劳动。对怀孕七个月以上的女职工，不得安排其延长工作时间和夜班劳动。

4）产假。女职工生育享受不少于九十天的产假。

5）哺乳期保护。不得安排女职工在哺乳未满一周岁的婴儿期间从事国家规定的第三级体力劳动强度的劳动和哺乳期禁忌从事的其他劳动，不得安排其延长工作时间和夜班劳动。

3. 未成年工的特殊保护

未成年人是指年满 16 周岁未满 18 周岁的劳动者。《劳动法》对未成年人的特殊保护规定主要包括：

1）不得安排未成年工从事矿山井下、有毒有害、国家规定的第四级体力劳动强度的劳动和其他禁忌从事的劳动。

2）用人单位应对未成年工定期进行健康检查。

4. 法律责任

1) 劳动安全设施和劳动卫生条件不符合要求的法律责任

用人单位的劳动安全设施和劳动卫生条件不符合国家规定或者未向劳动者提供必要的劳动防护用品和劳动保护设施的，由劳动行政部门或者有关部门责令改正，可以处以罚款；情节严重的，提请县级以上人民政府决定责令停产整顿；对事故隐患不采取措施，致使发生重大事故，造成劳动者生命和财产损失的，对责任人员追究刑事责任。

2) 强令劳动者违章冒险作业的法律责任

用人单位强令劳动者违章冒险作业，发生重大伤亡事故，造成严重后果的，对责任人员依法追究刑事责任。

3) 非法雇用童工的法律责任

用人单位非法招用未满十六周岁的未成年人的，由劳动行政部门责令改正，处以罚款；情节严重的，由工商行政管理部门吊销营业执照。

4) 侵害女职工和未成年工合法权益的法律责任

用人单位违反本法对女职工和未成年工的保护规定，侵害其合法权益的，由劳动行政部门责令改正，处以罚款；对女职工或者未成年工造成损害的，应当承担赔偿责任。

三、劳动争议的处理

（一）劳动争议

劳动争议，又称劳动纠纷，是指劳动关系当事人（用人单位与劳动者）之间关于劳动权利和义务的争议。适用《劳动争议调解仲裁法》的劳动争议包括：

1. 因确认劳动关系发生的争议；
2. 因订立、履行、变更、解除和终止劳动合同发生的争议；
3. 因除名、辞退和辞职、离职发生的争议；
4. 因工作时间、休息休假、社会保险、福利、培训以及劳动保护发生的争议；
5. 因劳动报酬、工伤医疗费、经济补偿或者赔偿金等发生的争议；
6. 法律、法规规定的其他劳动争议。

（二）劳动争议的处理方式

根据《劳动法》第七十七条规定："用人单位与劳动者发生劳动争议，当事人可以依法申请调解、仲裁、提起诉讼，也可以协商解决。"《劳动争议调解仲裁法》第四条规定："发生劳动争议，劳动者可以与用人单位协商，也可以请工会或者第三方共同与用人单位协商，达成和解协议。"第五条规定："发生劳动争议，当事人不愿协商、协商不成或者达成和解协议后不履行的，可以向调解组织申请调解；不愿调解、调解不成或者达成调解协议后不履行的，可以向劳动争议仲裁委员会申请仲裁；对仲裁裁决不服的，除法律另有规定的外，可以向人民法院提起诉讼。由此可见，我国劳动争议的解决途径有协商、调解、仲裁和诉讼。"

1. 协商

协商，是指当事人各方在自愿、互谅的基础上，按照法律规定，通过摆事实讲道理解决纠纷的一种方法。劳动者可以与用人单位协商，也可以请工会或者第三方共同与用人单位协商。协商解决劳动争议是一种简便易行、最有效、最经济的方法，能及时解决争议，消除分歧，提高办事效率，节省费用，也有利于双方的团结和相互的协作关系。

协商解决纠纷应在平等、自愿、合法的原则下进行，经协商达成的和解协议不具备强制执行力。

2. 调解

着重调解，是解决劳动争议的重要原则。通过调解解决劳动争议，有利于把争议及时解决在基层，最大限度地降低当事人双方的对抗性，节约仲裁资源和诉讼资源。为了充分发挥调解的作用，《劳动争议调解仲裁法》不仅规定在仲裁程序中，仲裁庭作出裁决前应当先行调解，而且单列一章专门规定调解程序，突出了调解的作用，意在引导当事人双方更多地通过调解解决劳动争议。

(1) 调解组织

发生劳动争议，当事人可以到下列调解组织申请调解：企业劳动争议调解委员会；依法设立的基层人民调解组织；在乡镇、街道设立的具有劳动争议调解职能的组织。

企业劳动争议调解委员会由职工代表和企业代表组成。职工代表由工会成员担任或者由全体职工推举产生，企业代表由企业负责人指定。企业劳动争议调解委员会主任由工会成员或者双方推举的人员担任。

劳动争议调解组织的调解员应当由公道正派、联系群众、热心调解工作，并具有一定法律知识、政策水平和文化水平的成年公民担任。

(2) 调解程序

当事人申请劳动争议调解可以书面申请，也可以口头申请。口头申请的，调解组织应当当场记录申请人基本情况、申请调解的争议事项、理由和时间。调解劳动争议，应当充分听取双方当事人对事实和理由的陈述，耐心疏导，帮助其达成协议。

(3) 调解协议

经调解达成协议的，应当制作调解协议书。调解协议书由双方当事人签名或者盖章，经调解员签名并加盖调解组织印章后生效，对双方当事人具有约束力，当事人应当履行。自劳动争议调解组织收到调解申请之日起十五日内未达成调解协议的，当事人可以依法申请仲裁。

达成调解协议后，一方当事人在协议约定期限内不履行调解协议的，另一方当事人可以依法申请仲裁。

(4) 申请支付令

因支付拖欠劳动报酬、工伤医疗费、经济补偿或者赔偿金事项达成调解协议，用人单位在协议约定期限内不履行的，劳动者可以持调解协议书依法向人民法院申请支付令。人民法院应当依法发出支付令。

(三) 劳动争议仲裁

1. 劳动争议仲裁的特点

劳动仲裁不同于仲裁法规定的一般经济纠纷的仲裁，其不同点在于：

1) 申请程序不同。一般经济纠纷的仲裁，要求双方当事人在事先或事后达成仲裁协议，然后才能据此向仲裁机构提出仲裁申请；而劳动争议的仲裁，则不要求当事人事先或事后达成仲裁协议，只要当事人一方提出申请，有关的仲裁机构即可受理。

2) 仲裁机构设置不同。《仲裁法》规定的仲裁机构，主要在直辖市、省会城市及根据需要在其他设区的市设立；而劳动争议仲裁机构的设置，主要是在省、自治区的市、县设立，或者直辖市的区、县设立。

3) 裁决的效力不同。《仲裁法》规定一般经济纠纷的仲裁实行一裁终局制度，即仲裁裁决作出后，当事人就同一纠纷再申请仲裁或者向人民法院起诉的，仲裁委员会或者人民法院不予受理；而当事人对劳动争议仲裁裁决不服的，除《劳动争议调解仲裁法》规定的几类特殊劳动争议外，可以向人民法院起诉。由此可见，劳动争议的裁决一般不是终局的，法律规定仲裁这一程序，主要是考虑到这类纠纷的处理专业性较强，由一些熟悉这方面业务的人员来处理效果比较好，有利于快速、高效地解决纠纷，同时也在一定程度上减轻了法院的诉讼压力，节约了审判资源。

与诉讼相比，劳动仲裁法律制度具有一定的优越性，包括：

1) 快捷性。用仲裁的方法解决争议，程序简便，时间比较短。劳动争议需要快速处理，当事人一般都不愿意在纠纷处理上花费很长时间和很多精力，仲裁正好适应了这一要求。

2) 专业性。参加仲裁的仲裁员是来自劳动和法律方面的专家，具有处理劳动争议的丰富经验，有利于提高仲裁办案质量。但是，仲裁裁决书发生法律效力后，当事人不履行仲裁裁决的，仲裁机构不能强制执行，只能由当事人申请人民法院强制执行。

3) 经济性。为了减轻申请劳动争议仲裁的劳动者的经济负担，规定劳动争议仲裁不收费，劳动争议仲裁委员会的经费由财政予以保障。

2. 劳动争议仲裁委员会与仲裁员

1) 劳动争议仲裁委员会

(1) 劳动争议仲裁委员会的设立

劳动争议仲裁委员会是依法成立的，通过仲裁方式处理劳动争议的专门机构，它独立行使劳动争议仲裁权。劳动争议仲裁委员会按照统筹规划、合理布局和适应实际需要的原则设立。省、自治区人民政府可以决定在市、县设立；直辖市人民政府可以决定在区、县设立。直辖市、设区的市也可以设立一个或者若干个劳动争议仲裁委员会。劳动争议仲裁委员会不按行政区划层层设立。

(2) 劳动争议仲裁委员会的组成

劳动争议仲裁委员会由劳动行政部门代表、工会代表和企业方面代表组成。劳动争议仲裁委员会组成人员应当是单数。

(3) 劳动争议仲裁委员会的职责

劳动争议仲裁委员会依法履行下列职责：聘任、解聘专职或者兼职仲裁员；受理劳动争议案件；讨论重大或者疑难的劳动争议案件；对仲裁活动进行监督。劳动争议仲裁委员会下设办事机构，负责办理劳动争议仲裁委员会的日常工作。

劳动争议仲裁委员会负责管辖本区域内发生的劳动争议。劳动争议由劳动合同履行地或者用人单位所在地的劳动争议仲裁委员会管辖。双方当事人分别向劳动合同履行地和用人单位所在地的劳动争议仲裁委员会申请仲裁的，由劳动合同履行地的劳动争议仲裁委员会管辖。

2) 仲裁员

(1) 仲裁员的条件

劳动争议仲裁委员会应当设仲裁员名册。仲裁员应当公道正派并符合下列条件之一：曾任审判员的；从事法律研究、教学工作并具有中级以上职称的；具有法律知识、从事人力资源管理或者工会等专业工作满五年的；律师执业满三年的。

(2) 仲裁员的回避

仲裁员有下列情形之一，应当回避，当事人也有权以口头或者书面方式提出回避申请：是本案当事人或者当事人、代理人的近亲属的；与本案有利害关系的；与本案当事人、代理人有其他关系，可能影响公正裁决的；私自会见当事人、代理人，或者接受当事人、代理人的请客送礼的。

3. 劳动争议仲裁的管辖

劳动争议仲裁委员会负责管辖本区域内发生的劳动争议。劳动争议由劳动合同履行地或者用人单位所在地的劳动争议仲裁委员会管辖。双方当事人分别向劳动合同履行地和用人单位所在地的劳动争议仲裁委员会申请仲裁的，由劳动合同履行地的劳动争议仲裁委员会管辖。

4. 劳动争议仲裁的程序

1) 申请和受理

劳动争议申请仲裁的时效期间为一年。仲裁时效期间从当事人知道或者应当知道其权利被侵害之日起计算。仲裁时效，因当事人一方向对方当事人主张权利，或者向有关部门请求权利救济，或者对方当事人同意履行义务而中断。从中断时起，仲裁时效期间重新计算。因不可抗力或者有其他正当理由，当事人不能在上述规定的仲裁时效期间申请仲裁的，仲裁时效中止。从中止时效的原因消除之日起，仲裁时效期间继续计算。

劳动关系存续期间因拖欠劳动报酬发生争议的，劳动者申请仲裁不受前款规定的仲裁时效期间的限制；但是，劳动关系终止的，应当自劳动关系终止之日起一年内提出。

申请人申请仲裁应当提交书面仲裁申请，并按照被申请人人数提交副本。书写仲裁申请确有困难的，可以口头申请，由劳动争议仲裁委员会记入笔录，并告知对方当事人。

劳动争议仲裁委员会收到仲裁申请之日起五日内，认为符合受理条件的，应当受理，并通知申请人；认为不符合受理条件的，应当书面通知申请人不予受理，并说明理由。对劳动争议仲裁委员会不予受理或者逾期未作出决定的，申请人可以就该劳动争议事项向人民法院提起诉讼。

劳动争议仲裁委员会受理仲裁申请后，应当在五日内将仲裁申请书副本送达被申请人。被申请人收到仲裁申请书副本后，应当在十日内向劳动争议仲裁委员会提交答辩书。劳动争议仲裁委员会收到答辩书后，应当在五日内将答辩书副本送达申请人。被申请人未提交答辩书的，不影响仲裁程序的进行。

2) 开庭和裁决

劳动争议仲裁委员会裁决劳动争议案件实行仲裁庭制。仲裁庭由三名仲裁员组成，设首席仲裁员。简单劳动争议案件可以由一名仲裁员独任仲裁。

当事人申请劳动争议仲裁后，可以自行和解。达成和解协议的，可以撤回仲裁申请。

仲裁庭在作出裁决前，应当先行调解。调解达成协议的，仲裁庭应当制作调解书。调解书应当写明仲裁请求和当事人协议的结果。调解书由仲裁员签名，加盖劳动争议仲裁委员会印章，送达双方当事人。调解书经双方当事人签收后，发生法律效力。调解不成或者调解书送达前，一方当事人反悔的，仲裁庭应当及时作出裁决。

仲裁庭裁决劳动争议案件，应当自劳动争议仲裁委员会受理仲裁申请之日起四十五日内结束。案情复杂需要延期的，经劳动争议仲裁委员会主任批准，可以延期并书面通知当事人，但是延长期限不得超过十五日。逾期未作出仲裁裁决的，当事人可以就该劳动争议事项向人民法院提起诉讼。仲裁庭裁决劳动争议案件时，其中一部分事实已经清楚，可以就该部分先行裁决。

仲裁庭对追索劳动报酬、工伤医疗费、经济补偿或者赔偿金的案件，根据当事人的申请，可以裁决先予执行，移送人民法院执行。仲裁庭裁决先予执行的，应当符合下列条件：

（1）当事人之间权利义务关系明确；

（2）不先予执行将严重影响申请人的生活。劳动者申请先予执行的，可以不提供担保。

5. 劳动争议仲裁体制

1）一裁终局制

《劳动争议调解仲裁法》第四十七条规定：下列劳动争议，除本法另有规定的外，仲裁裁决为终局裁决，裁决书自作出之日起发生法律效力：

（1）追索劳动报酬、工伤医疗费、经济补偿或者赔偿金，不超过当地月最低工资标准十二个月金额的争议；

（2）因执行国家的劳动标准在工作时间、休息休假、社会保险等方面发生的争议。

《劳动争议调解仲裁法》尽管规定了对两大类劳动争议案件的一裁终局制，但并未全然关闭诉讼大门，其特别向劳动者开通了法律救济的"绿色通道"。该法第四十八条规定："劳动者对本法第四十七条规定的仲裁裁决不服的，可以自收到仲裁裁决书之日起十五日内向人民法院提起诉讼。"可见，劳动者如果不认可该裁决，可以在十五天的法定期限内提起诉讼，那样仲裁裁决并不能产生终局效力。

特别值得注意的是，提出诉讼的权利，法律只赋予劳动者，用人单位对于此两类裁决不服，是不能向法院提出起诉的。在用人单位不能对该裁决提起诉讼的前提下，法律同时赋予用人单位权利救济的途径，即用人单位可以依据该法第四十九条的规定，向法院申请撤销违法裁决。《劳动争议调解仲裁法》第四十九条规定，用人单位有证据证明第四十七条规定的仲裁裁决有下列情形之一，可以自收到仲裁裁决书之日起三十日内向劳动争议仲裁委员会所在地的中级人民法院申请撤销裁决：

（1）适用法律、法规确有错误的；

（2）劳动争议仲裁委员会无管辖权的；

（3）违反法定程序的；

（4）裁决所根据的证据是伪造的；

（5）对方当事人隐瞒了足以影响公正裁决的证据的；

（6）仲裁员在仲裁该案时有索贿受贿、徇私舞弊、枉法裁决行为的。

人民法院经组成合议庭审查核实裁决有前款规定情形之一的，应当裁定撤销。

仲裁裁决被人民法院裁定撤销的，当事人可以自收到裁定书之日起十五日内就该劳动争议事项向人民法院提起诉讼。

2）一裁二审制

《劳动争议调解仲裁法》第五十条规定："当事人对本法第四十七条规定以外的其他劳

动争议案件的仲裁裁决不服的,可以自收到仲裁裁决书之日起十五日内向人民法院提起诉讼;期满不起诉的,裁决书发生法律效力。"一裁二审制将仲裁作为诉讼的一个前置程序,不经仲裁,当事人不能直接向人民法院提起诉讼。

(四)诉讼

《劳动争议调解仲裁法》中规定了三种可以向法院起诉的模式:

1. 申请人对不作为案件可以不经仲裁直接起诉。

根据《劳动争议调解仲裁法》第二十九条规定:"对劳动争议仲裁委员会不予受理或者逾期未作出决定的,申请人可以就该劳动争议事项向人民法院提起诉讼。"

2. 劳动者对一裁终局劳动争议的仲裁裁决不服可以起诉。

根据《劳动争议调解仲裁法》第四十八条规定:"劳动者对本法第四十七条规定的仲裁裁决不服的,可以自收到仲裁裁决书之日起十五日内向人民法院提起诉讼。"

3. 当事人对一般劳动争议仲裁裁决不服可以起诉。

根据《劳动争议调解仲裁法》第五十条规定,当事人对本法第四十七条规定以外的其他劳动争议案件的仲裁裁决不服的,可以自收到仲裁裁决书之日起十五日内向人民法院提起诉讼。人民法院处理劳动争议适用《民事诉讼法》规定的程序,由各级人民法院受理,实行二审终审。

第二节　标准化法律制度

《中华人民共和国标准化法》(以下简称《标准化法》)于1988年12月29日中华人民共和国主席令第11号公布,1989年4月1日正式施行。《标准化法》的立法目的在于发展社会主义商品经济,促进技术进步,改进产品质量,提高社会经济效益,维护国家和人民的利益,使标准化工作适应社会主义现代化建设和发展对外经济关系的需要。

继《标准化法》之后,我国陆续发布了与工程建设标准有关的一系列行政法规、部门规章。其中主要有:1990年4月6日实施的《中华人民共和国标准化法实施条例》(以下简称《标准化法实施条例》);1992年12月30日实施的《工程建设国家标准管理办法》;1992年12月30日实施的《工程建设行业标准管理办法》;2000年8月25日实施的《实施工程建设强制性标准监督规定》以及水利、交通、铁路等其他行业的标准管理办法。

一、工程建设标准的级别

《标准化法》按照标准的级别不同,把标准分为国家标准、行业标准、地方标准和企业标准。

(一)国家标准

《标准化法》第六条规定,对需要在全国范围内统一的技术标准,应当制定国家标准。也就是说,国家标准是对需要在全国范围内统一的技术要求制定的标准。

需要在全国范围内统一的下列技术要求,应制定国家标准(含标准样本的制作):

1. 通用的技术术语、符号、代号(含代码)、制图方法;

2. 保障人体健康和人身、财产安全的技术要求;基本原料、材料、燃料的技术要求;通用的试验检验方法;

3. 工程建设勘察、规划、设计、施工及验收的重要技术要求;

4. 工程建设、交通运输、资源等通用的管理技术要求；

5. 国家需要控制的其他重要产品和工程建设的通用技术要求等。

国家标准由国务院标准化行政主管部门编制计划，协调项目分工，组织制定、修订、统一编审、编号、发布。

工程建设国家标准由建设行政主管部门审批，国务院标准化行政主管部门统一编号，由工程建设行政主管部门和标准化行政主管部门联合发布。

国家标准的年限一般为五年，过了年限后，国家标准就要被修订或重新制定。此外，随着社会的发展，国家需要制定新的标准来满足人们生产、生活的需要。因此，标准是种动态信息。

国家标准分为强制性国标和推荐性国标。强制性国标是保障人体健康、人身、财产安全的标准和法律及行政法规规定强制执行的国家标准；推荐性国标是指生产、交换、使用等方面，通过经济手段或市场调节而自愿采用的国家标准。但推荐性国标一经接受并采用，或各方商定同意纳入合同中，就成为各方必须共同遵守的技术依据，具有法律上的约束性。

(二) 行业标准

《标准化法》第六条规定，对没有国家标准而又需要在全国某个行业范围内统一的技术要求，可以制定行业标准。

根据《标准化法》的规定，由我国各主管部、委(局)批准发布，在该部门范围内统一使用的标准，称为行业标准。例如：机械、电子、建筑、化工、冶金、轻工、纺织、交通、能源、农业、林业、水利等等，都制定有行业标准。

行业标准不得与国家标准相抵触，有关行业标准之间应保持协调、统一，不得重复。行业标准在相应的国家标准公布后，即行废止。

需要在行业内统一的下列技术要求，可以制定行业标准：

1. 技术术语、符号、代号(含代码)、制图等方法等；

2. 工程建设勘察、规划、设计、施工及验收的技术要求及方法；

3. 交通运输、资源等的技术要求及其管理技术要求等。

行业标准也分为强制性标准和推荐性标准。行业标准是由国务院该行业行政主管部门组织制定的，并由该部门统一审批、编号、发布，送国务院标准化行政主管部门备案。

(三) 地方标准

地方标准是指对没有国家标准、行业标准，而又需要在某个地区范围内统一的技术要求所制定的技术标准。地方标准根据当地的气象、地质、资源等特殊情况的技术要求而制定。各省、自治区、直辖市建设主管部门负责本地区工程建设标准的计划、组织草拟、审查和发布。例如，我国东北地区寒冷，有些地方是冻土，沿海一带是软土地区，中西部多为黄土地区，这些地区的地质情况与通常一般的地质情况是不一样的，允许这些地区在符合我国地基基础技术规范国家标准所规定的基本技术要求的前提下，结合当地地质的具体情况下，补充制定适合本地区地基基础的技术规范。

(四) 企业标准

《标准化法实施条例》第十七条规定："企业生产的产品没有国家标准、行业标准和地方标准的，应当制定相应的企业标准，作为组织生产的依据。"可见，企业标准是指没有国家标准、行业标准、地方标准，而企业为了组织生产需要在企业内部统一技术要求所制定的标准。企业标准是企业自己制订的，只适用于企业内部，作为本企业组织生产的依据，而不能作为合法交货、验收的依据。

企业标准不得违反有关法律、法规和国家、行业的强制性标准。企业标准一般应由企业按隶属关系报当地政府标准化行政主管部门备案。国家鼓励企业制定优于国家标准、行业标准、地方标准的企业标准，这主要是为了充分发挥企业的优势和特长，增强企业竞争能力，提高经济效益。

二、工程建设的强制性标准与推荐性标准

过去，我国的技术标准一经发布就是技术法规，必须严格执行，也就是说，过去我国实行单一的强制性标准，这是与我国实行计划经济管理体制相适应的。近年来，为了适应改革开放和经济建设的要求，我国《标准化法》按法律属性将国家标准划分为强制性标准和推荐性标准。这是我国标准规范体制的一项重要改革。

根据《标准化法》的规定，国家标准、行业标准分为强制性标准和推荐性标准。强制性标准是指保障人体健康、人身财产安全的标准以及法律法规规定强制执行的标准。对工程建设来说，凡属于有关安全、卫生、环境保护和政府需要控制的质量标准，重要的试验、检验和质量评定标准，以及国家规定需要强制执行的其他工程技术标准，都应当制定强制性标准。强制性标准一旦发布施行，就必须严格执行，并由政府机构组织监督和检查。推荐性标准是指强制性标准以外的其他技术标准。推荐性标准由政府有关部门批准发布，国家鼓励企业自愿采用，其本身不具有法规的约束力，但推荐性标准在工程承包合同中被当事人双方共同确认，那么该推荐性标准对合同的双方就具有约束力。工程质量达不到约定标准的，应当承担相应的违约责任。

根据《工程建设国家标准管理办法》第三条规定，下列工程建设国家标准属于强制性标准：

1）工程建设勘察、规划、设计、施工安装及验收通用的综合标准和重要的通用的质量标准；

2）工程建设通用的有关安全、卫生和环境保护的标准；

3）工程建设通用的术语、符号、代号、量与单位、建筑模数和制图方法标准；

4）工程建设重要的通用的试验、检验和评定方法等标准；

5）工程建设重要的通用的信息技术标准；

6）国家需要控制的其他工程通用标准。

根据《工程建设国家标准管理办法》第三条规定，下列工程建设行业标准属于强制性标准：

1）工程建设勘察、规划、设计、施工（包括安装）及验收等行业专用的综合性标准和重要的行业专用的质量标准；

2）工程建设行业专用的有关安全、卫生和环境保护的标准；

3）工程建设重要的行业专用术语、符号、代号、量与单位和制图方法等标准；

4）工程建设重要的行业专用的试验、检验和评定方法等标准；

5）工程建设行业专用的信息技术标准；

6）行业需要控制的其他工程建设标准。

三、强制性标准的监督管理

（一）监督检查机构

《实施工程建设强制性标准监督规定》中规定了实施工程建设强制性标准的监督机构，包括：

1）建设项目规划审查机关应当对工程建设规划阶段执行强制性标准的情况实施监督；

2）施工图设计审查单位应当对工程建设勘察、设计阶段执行强制性标准的情况实施监督；

3）建筑安全监督管理机构应当对工程建设施工阶段执行施工安全强制性标准的情况实施监督；

4）工程质量监督机构应当对工程建设施工、监理、验收等阶段执行强制性标准的情况实施监督；

5）工程建设标准批准部门应当对工程项目执行强制性标准情况进行监督检查。

（二）监督检查方式

工程建设标准批准部门应当定期对建设项目规划审查机关、施工图设计文件审查单位、建筑安全监督管理机构、工程质量监督机构实施强制性标准的监督进行检查，对监督不力的单位和个人，给予通报批评，建议有关部门处理。

工程建设标准批准部门应当对工程项目执行强制性标准情况进行监督检查。监督检查可以采取重点检查、抽查和专项检查的方式。

工程建设标准批准部门应当将强制性标准监督检查结果在一定范围内公告。

（三）监督检查内容

根据《实施工程建设强制性标准监督规定》，强制性标准监督检查的内容包括：

1. 有关工程技术人员是否熟悉、掌握强制性标准；
2. 工程项目的规划、勘察、设计、施工、验收等是否符合强制性标准的规定；
3. 工程项目采用的材料、设备是否符合强制性标准的规定；
4. 工程项目的安全、质量是否符合强制性标准的规定；
5. 工程中采用的导则、指南、手册、计算机软件的内容是否符合强制性标准的规定。

第三节　环境保护法律制度

环境保护法有广义和狭义之分。狭义的环境保护法指1989年12月26日实施的《中华人民共和国环境保护法》（以下简称《环境保护法》），广义的环境保护法指的是与环境保护相关的法律体系，包括《环境保护法》、《水污染防治法》、《大气污染防治法》、《环境噪声污染防治法》和《固体废物污染防治法》等。

一、环境保护基本制度

（一）环境影响评价制度

环境影响评价，是指对规划和建设项目实施后可能造成的环境影响进行分析、预测和评估，提出预防或者减轻不良环境影响的对策和措施，进行跟踪监测的方法与制度。2002年12月28日全国人民代表大会常务委员会发布了《环境影响评价法》，以法律的形式确立了规划和建设项目的环境影响评价制度。关于建设项目的环境影响评价制度，该法主要规定了如下内容：

1. 对建设项目的环境影响评价实行分类管理

建设单位应当按照下列规定组织编制环境影响报告书、环境影响报告表或者填报环境影响登记表（以下统称环境影响评价文件）：

1) 可能造成重大环境影响的，应当编制环境影响报告书，对产生的环境影响进行全面评价；

2) 可能造成轻度环境影响的，应当编制环境影响报告表，对产生的环境影响进行分析或者专项评价；

3) 对环境影响很小、不需要进行环境影响评价的，应当填报环境影响登记表。

2. 环境影响报告书的基本内容

建设项目的环境影响报告书应当包括下列内容：

1) 建设项目概况；
2) 建设项目周围环境现状；
3) 建设项目对环境可能造成影响的分析、预测和评估；
4) 建设项目环境保护措施及其技术、经济论证；
5) 建设项目对环境影响的经济损益分析；
6) 对建设项目实施环境监测的建议；
7) 环境影响评价的结论。

涉及水土保持的建设项目，还必须经由水行政主管部门审查同意的水土保持方案。

3. 建设项目环境影响评价机构

接受委托为建设项目环境影响评价提供技术服务的机构，应当经国务院环境保护行政主管部门考核审查合格后，颁发资质证书，按照资质证书规定的等级和评价范围，从事环境影响评价服务，并对评价结论负责。为建设项目环境影响评价提供技术服务的机构的资质条件和管理办法，由国务院环境保护行政主管部门制定。

国务院环境保护行政主管部门对已取得资质证书的为建设项目环境影响评价提供技术服务的机构的名单，应当予以公布。

为建设项目环境影响评价提供技术服务的机构，不得与负责审批建设项目环境影响评价文件的环境保护行政主管部门或者其他有关审批部门存在任何利益关系。

环境影响评价文件中的环境影响报告书或者环境影响报告表，应当由具有相应环境影响评价资质的机构编制。任何单位和个人不得为建设单位指定对其建设项目进行环境影响评价的机构。

4. 建设项目环境影响评价文件的审批管理

建设项目的环境影响评价文件，由建设单位按照国务院的规定报有审批权的环境保护行政主管部门审批；建设项目有行业主管部门的，其环境影响报告书或者环境影响报告表应当经行业主管部门预审后，报有审批权的环境保护行政主管部门审批。

审批部门应当自收到环境影响报告书之日起 60 日内，收到环境影响报告表之日起 30 日内，收到环境影响登记表之日起 15 日内，分别作出审批决定并书面通知建设单位。

建设项目的环境影响评价文件经批准后，建设项目的性质、规模、地点、采用的生产工艺或者防治污染、防止生态破坏的措施发生重大变动的，建设单位应当重新报批建设项目的环境影响评价文件。

建设项目的环境影响评价文件自批准之日起超过 5 年，方决定该项目开工建设的，其环境影响评价文件应当报原审批部门重新审核；原审批部门应当自收到建设项目环境影响评价文件之日起 10 日内，将审核意见书面通知建设单位。

建设项目的环境影响评价文件未经法律规定的审批部门审查或者审查后未予批准的，该项目审批部门不得批准其建设，建设单位不得开工建设。建设项目建设过程中，建设单位应当同时实施环境影响报告书、环境影响报告表以及环境影响评价文件审批部门审批意见中提出的环境保护对策措施。

5. 环境影响的后评价和跟踪管理

在项目建设、运行过程中产生不符合经审批的环境影响评价文件的情形的，建设单位应当组织环境影响的后评价，采取改进措施，并报原环境影响评价文件审批部门和建设项目审批部门备案；原环境影响评价文件审批部门也可以责成建设单位进行环境影响的后评价，采取改进措施。

环境保护行政主管部门应当对建设项目投入生产或者使用后所产生的环境影响进行跟踪检查，对造成严重环境污染或者生态破坏的，应当查清原因、查明责任。对属于为建设项目环境影响评价提供技术服务的机构编制不实的环境影响评价文件的，或者属于审批部门工作人员失职、渎职，对依法不应批准的建设项目环境影响评价文件予以批准的，依法追究其法律责任。

（二）"三同时"制度

"三同时"制度，是指建设项目中的环境保护设施必须与主体工程同时设计、同时施工、同时投产使用的制度。该制度适用于下几个方面的开发建设项目：新建、扩建、改建项目；技术改造项目；一切可能对环境造成污染和破坏的其他工程建设项目。

1. 设计阶段

建设项目的初步设计，应当按照环境保护设计规范的要求，编制环境保护篇章，并依据经批准的建设项目环境影响报告书或者环境影响报告表，在环境保护篇章中落实防治环境污染和生态破坏的措施以及环境保护设施投资概算。

2. 试生产阶段

建设项目的主体工程完工后，需要进行试生产的，其配套建设的环境保护设施必须与主体工程同时投入试运行。建设项目试生产期间，建设单位应当对环境保护设施运行情况和建设项目对环境的影响进行监测。

3. 竣工验收和投产使用阶段

建设项目竣工后，建设单位应当向审批该建设项目环境影响报告书、环境影响报告表或者环境影响登记表的环境保护行政主管部门，申请该建设项目需要配套建设的环境保护设施竣工验收。环境保护设施竣工验收，应当与主体工程竣工验收同时进行。需要进行试生产的建设项目，建设单位应当自建设项目投入试生产之日起 3 个月内，向审批该建设项目环境影响报告书、环境影响报告表或者环境影响登记表的环境保护行政主管部门，申请该建设项目需要配套建设的环境保护设施竣工验收。分期建设、分期投入生产或者使用的建设项目，其相应的环境保护设施应当分期验收。环境保护行政主管部门应当自收到环境保护设施竣工验收申请之日起 30 日内，完成验收。建设项目需要配套建设的环境保护设施经验收合格,该建设项目方可正式投入生产或者使用。

(三)排污申报登记制度

排污申报登记制度,是指由排污者向环境保护行政主管部门申报其污染物的排放和防止情况,并接受监督管理的一系列法律规范。该制度主要包括以下内容:

1. 申报登记的适用对象

排污申报登记适用于在中华人民共和国领域内及中华人民共和国管辖的其他海域内直接或间接向环境排放污染物、工业和建筑施工噪声、产生工业固体废物的单位。这里的污染物包括废水、废气和其他有害环境的物质。但是,排放生活废水、废气和生活垃圾以及生活噪声的,不需要申报登记。排放放射性废物的,有特殊的申报登记要求。

2. 申报登记的内容

申报登记的内容,因排放污染物的不同而异。但通常要包括排污单位的基本情况,使用的主要原料,排放污染物的种类、数量、浓度,排放地点、去向、方式,噪声源的种类、数量和噪声强度,污染防止的设施等。

(四)环境保护许可证制度

环境保护许可证制度,是指从事有害或可能有害环境的活动之前,必须向有关管理机关提出申请,经审查批准,发给许可证后,方可进行该活动的一整套管理措施。在环境保护方面,最经常涉及的是排污许可证制度,而目前我国只在水污染防治方面实行了水污染物的排污许可证制度。该制度主要包括:排污申报登记、分配排污量、发放许可证、发证后的监督管理。

(五)排污收费制度

排污收费制度,是指国家环境管理机关依照法律规定对排污者征收一定费用的一整套管理措施。

我国的排污收费制度主要包括以下内容:

1. 排污收费的对象

按照征收排污费暂行办法的规定,征收排污费的对象是超过国家或地方污染物排放标准排放污染物的企业、事业单位。

2. 排污收费的范围

排污收费的范围,是指对排放的哪些污染物征收排污费。按照有关规定,征收排污费的污染物包括污水、废气、固体废物、噪声、放射性物质等五大类。

但是,对于蒸汽机车和其他流动污染源排放的废气,在符合环境保护标准的贮存或处置的设施、处置的工业固体废物,进入城市水集中处理设施的污水,不征收排污费。

(六)环境标准制度

环境标准制度,是国家根据人体健康、生态平衡和社会经济发展对环境结构、状态的要求,在综合考虑本国自然环境特征、科学技术水平和经济条件的基础上,对环境要素间的配比、布局和各环境要素的组成以及进行环境保护工作的某些技术要求加以限定的规范。我国的环境标准制度主要包括以下内容:

1. 环境标准的分类

我国的环境标准分为五大类:环境质量标准、污染物排放标准、环境基础标准、环境方法标准和环境样品标准。

2. 环境标准的分级

我国的环境标准分为两级，即国家环境标准和地方环境标准。

3. 环境标准制定权利的划分

按照法律规定，国务院环境保护行政主管部门可以制定所有种类的环境标准。省、自治区、直辖市人民政府只能就国家环境质量标准中未规定的项目制定地方补充标准，对国家已有规定的，不能另行制定标准；对国家污染物排放标准中的未规定的项目，可以制定地方污染物排放标准；对国家污染物排放标准中已规定的项目，只能制定严于国家污染物排放标准的地方污染物排放标准，而不能制定宽于国家污染物排放标准的地方污染物排放标准。地方环境标准必须报国务院环境保护行政主管部门备案。省、自治区、直辖市人民政府无权制定环境基础标准、环境方法标准和环境样品标准。

（七）限期治理制度

限期治理制度，是指对现已存在的危害环境的污染源，由法定机关作出决定，令其在一定期限内治理并达到规定要求的一整套措施。

该制度主要包括以下几个方面内容：

1. 限期治理的对象

目前法律规定的限期治理对象主要有两类：

一是位于特别保护区域内的超标排污的污染源。在国务院、国务院有关主管部门和省、自治区、直辖市人民政府划定的风景名胜区、自然保护区和其他需要特别保护的区域内，按规定不得建设污染环境的工业生产设施；建设其他设施，其污染物排放不得超过规定的排放标准；已经建成的设施，其污染物排放超过规定的排放标准的，要限期治理。

二是造成严重污染的污染源。实践中通常是根据污染物的排放是否对人体健康有严重影响和危害、是否严重扰民、经济效益是否远小于环境危害所造成的损失、是否属于有条件治理而不治理等情况，来考虑是否属于严重污染。

2. 限期治理的决定权

按照法律规定，市、县或者市、县以下人民政府管辖的企业事业单位的限期治理，由市、县人民政府决定；中央或省、自治区、直辖市人民政府直接管辖的企业事业单位的限期治理，由省、自治区、直辖市人民政府决定。

3. 限期治理的目标和期限

限期治理的目标，就是限期治理要达到的结果。一般情况下是浓度目标，即通过限期治理使污染源排放的污染物达到一定的排放标准。

限期治理的期限由决定限期治理的机关根据污染源的具体情况、治理的难度、治理能力等因素来合理确定。其最长期限不得超过3年。

（八）环境规划制度

《环境保护法》第十二条规定："县级以上人民政府环境保护行政主管部门，应当会同有关部门对管辖范围内的环境状况进行调查和评价，拟订环境保护规划，经计划部门综合平衡后，报同级人民政府批准实施。"

1. 环境规划的分类和内容

1）按规划的时间期限分为：短期规划、中期规划和长规规划。通常短期规划以5年为限，中期规划以15年为限，长期规划以20、30、50年为限。

2）按规划的法定效力分为：强制性规划和指导性规划。

3）按规划的性质可以分为：污染控制规划、国民经济整体规划和国土利用规划三大类，每一类还可以按范围、行业或专业再细划成子项规划。其中，污染控制规划是针对污染引起的环境问题编制的，主要是对工农业生产、交通运输、城市生活等人类活动对环境造成的污染而规定的防治目标和措施。

2. 环境规划的编制程序

1）对象调查；

2）历史比较及有关环境问题的分类排队；

3）目标导向预测；

4）拟制方案；

5）系统分析，择优决策。

二、水污染防治法律制度

（一）水污染防治法概述

《中华人民共和国水污染防治法》（以下简称《水污染防治法》）于1984年5月11日第六届全国人民代表大会常务委员会第五次会议通过，于1996年5月15日第八届全国人民代表大会常务委员会第十九次会议、2008年2月28日第十届全国人民代表大会常务委员会第三十二次会议两次修订，新修订后的《水污染防治法》于2008年6月1日起施行。

中国的水环境质量已经到了一个危险的临界点，从松花江水污染事故，到太湖蓝藻暴发危及无锡群众饮水安全，直至刚刚发生的汉江严重污染致使20余万人无法正常用水，千吨融雪剂流入水源地造成广东上万村民饮水困难⋯⋯一起起水污染事件不断引起社会高度关注，也凸显了水环境保护面临的挑战。目前全国7大水系的26%是Ⅴ类和劣Ⅴ类，9大湖泊中有7个是Ⅴ类和劣Ⅴ类，水环境将是未来相当一个历史时期内环境领域的最重要、最紧迫的主题。

面对水环境的挑战，国家环境保护部提出了"让江河湖泊休养生息"的战略思想。新修订的《水污染防治法》，为"让江河湖泊休养生息"战略思想的实施提供了最有力的法律保障。这一战略下的五大强有力的对策——严格环境准入、淘汰落后产能、全面防治污染、强化综合手段、鼓励公众参与，在新修订的《水污染防治法》中都上升为了法律意志。

新修订的《水污染防治法》总结了现行水污染防治法实施的经验教训，结合我国水污染防治工作面临的新形势，对已实施11年的水污染防治法进行了大量修改，修订指导思想明确，内容比较全面，为水污染防治工作由被动应对转向主动防控、让江河湖泊休养生息奠定了坚实的法律基础。

新修订的《水污染防治法》有以下八个方面的新突破：

1. 饮用水安全保障成为首要任务

饮用水的安全问题，直接关系到人民群众的身体健康，关系到社会的和谐稳定，关系到经济社会的可持续发展。新修订的《水污染防治法》在第一条就增加了"保障饮用水安全"作为该法的立法目的，并且在第三条提出"水污染防治应当坚持预防为主、防治结合、综合治理的原则，优先保护饮用水水源，严格控制工业污染、城镇生活污染，防治农业面源污染，积极推进生态治理工程建设，预防、控制和减少水环境污染和生态破坏"，将"优先保护饮用水水源"放在了首位。新修订的《水污染防治法》将饮用水水源保护专门列为一章，显示了对于饮用水水源地保护的决心和重视程度。在这一章中，一是完善了饮用水水源保护区分级管理制度。新法规定饮用水水源保护区分为一级和二级保护区，必要时，可以在饮用水水源保护区外围划定一定的区域作为准保护区；二是明确了饮用水水源保护区的划定机关和争议解决机制；三是对饮用水水源保护区实行严格管理。新法规定禁止在饮用水水源保护区内设置排污口。四是在饮用水准保护区内实行积极的保护措施。新法规定县级以上地方人民政府应当根据保护饮用水水源地的实际需要，在准保护区内采取工程措施或者建造湿地、水源涵养林等生态保护措施，防止水污染物直接排入饮用水水体，确保饮用水安全。

2. 总量控制制度适用范围扩大

修订前的《水污染防治法》中是"对实现水污染物达标排放仍不能达到国家规定的水环境质量标准的水体，可以实施重点污染物排放的总量控制制度"，新修订的《水污染防治法》将总量控制范围扩大到对重点水污染物排放实施总量控制制度，为实施减排的目标责任状提供了法律支持。新修订的《水污染防治法》第十八条规定："省、自治区、直辖市人民政府应当按照国务院的规定削减和控制本行政区域的重点水污染物排放总量，并将重点水污染物排放总量控制指标分解落实到市、县人民政府。市、县人民政府根据本行政区域重点水污染物排放总量控制指标的要求，将重点水污染物排放总量控制指标分解落实到排污单位。省、自治区、直辖市人民政府可以根据本行政区域水环境质量状况和水污染防治工作的需要，确定本行政区域实施总量削减和控制的重点水污染物。"严格实施污染物排放总量控制制度，将加快淘汰落后生产能力，促进浪费资源、污染环境的违法排污企业停产关闭，推动循环经济和清洁生产的发展，促进产业结构优化升级。

3. "区域限批"制度趋向法制化

"区域限批"制度是以解决区域严重环境问题为切入点，从根本上推进地区产业结构升级和布局优化，走出低水平发展道路，实现经济发展与环境保护的协调统一。实践证明，"区域限批"制度作为环境执法手段，效果非常明显，既解决了一些遗留的严重环境违法问题，也扭转了一些地方政府先污染后治理的发展思路，使他们逐渐甩掉对高耗能产业规模数量的依赖，加速跨入发展新型产业的行列。新修订的《水污染防治法》规定："对超过重点水污染物排放总量控制指标的地区，有关人民政府环境保护主管部门应当暂停审批新增重点水污染物排放总量的建设项目的环境影响评价文件。"这使得"区域限批"制度法制化，使"区域限批"制度从过去运动式的"风暴"变成常规化的法律制度，将使"区域限批"制度在调整产业结构、转变经济增长方式、实现减排目标和打击环境违法行为方面发挥更大的作用。

新修订的《水污染防治法》第十九条还规定："国务院环境保护主管部门对未按照要求完成重点水污染物排放总量控制指标的省、自治区、直辖市予以公布。省、自治区、直辖市人民政府环境保护主管部门对未按照要求完成重点水污染物排放总量控制指标的市、县予以公布。县级以上人民政府环境保护主管部门对违反本法规定、严重污染水环境的企业予以公布。"

4. 强化地方政府责任

中国环境问题已从观念启蒙阶段进入利益博弈阶段，环境保护和环境污染的力量之间必定有一个此起彼伏的拉锯过程。环境指标纳入官员考核指标体系将是斩断这场拉锯战链条的利剑，新修订的《水污染防治法》第五条规定："国家实行水环境保护目标责任制和考核评价制度，将水环境保护目标完成情况作为对地方人民政府及其负责人考核评价的内容。"同时还规定："县级以上人民政府应当将水环境保护工作纳入国民经济和社会发展规划。县级以上地方人民政府应当采取防治水污染的对策和措施，对本行政区域的水环境质量负责"。在新修订的《水污染防治法》中，地方政府还有确定本行政区域实施总量削减和控制的重点水污染物、分配总量控制指标、制定或适时修订国家水环境质量标准中未作规定的项目的地方标准，调处跨行政区域的水污染纠纷、合理规划工业布局，提高本行政区域城镇污水的收集率和处理率、划定饮用水水源保护区等责任。

5. 构建全面防治水污染机制

当前，我国水污染排放的构成日趋复杂，工业污染还在发展，生活、农业污染又日益突出。让江河湖泊休养生息，必须在进一步加强工业污染防治的同时，实行工业、城镇、农业和农村、船舶水污染全面防治，实现上游、中游、下游水环境保护协调发展。现行的《水污染防治法》只是将水污染防治简单地分类为地表水和地下水的污染防治，新修订的《水污染防治法》将水污染防治重新进行归并划分为：一般规定、工业水污染防治、城镇水污染防治、农业和农村水污染防治以及船舶水污染防治，构建了一整套全面防治水污染的法律机制。

如在工业水污染防治方面，新修订的《水污染防治法》制定了排污许可制度，落后工艺和设备淘汰制度、限期治理制度和严格的环境准入制度，还通过公布禁止采用的工艺名录和禁止生产、销售、进口、使用的设备名录，加快落后产能的淘汰和重污染企业的关闭，促进区域产业结构优化升级，大幅度削减污染，努力实现经济增长、污染减排。在新修订的《水污染防治法》中，城镇水污染防治、农业和农村水污染防治的重要性得到凸显，污染防治措施、手段和要求更加明确和具体，可操作性加强。

6. 建立水环境信息统一发布制度

新修订的《水污染防治法》理顺了水环境监测机制，在第二十五条中规定由国务院环境保护主管部门负责制定水环境监测规范，统一发布国家水环境状况信息。很长一段时间以来，江河湖库水环境质量评价的标准并不一样，监管部门的评价标准也不一样，造成很多数据不一致，这对于污染情况和治污评价都有影响。而且多个部门向社会公告水质状况，往往因取水点位、计算方法、分析方法等的不同，造成向社会公告的环境质量数据有一定的差异，而使人民群众无所适从，甚至干扰正常的生产生活秩序而造成社会混乱。新修订的《水污染防治法》规定由国务院环境保护主管部门负责制定水环境监测规范，统一发布国家水环境状况信息，确保了向社会公布数据的统一和规范，今后将避免产生不同部门发布数据的差异，保证公众有效获得相关环境信息，为公众参与环境保护提供帮助，充分保障人民群众的环境知情权、监督权和参与权。

7. 加大违法成本

"守法成本高、违法成本低"一直是水污染防治的瓶颈。修订后的《水污染防治法》加大了水污染的违法成本，"重典"治污，大大增强了对违法行为的震慑力。

第一，对于造成水污染事故的罚款额不再有上限。现行的《水污染防治法实施细则》对水污染事故处罚的最高限额是100万元人民币，而新修订的《水污染防治法》则规定：

"对造成一般或者较大水污染事故的,按照水污染事故造成的直接损失的20%计算罚款;对造成重大或者特大水污染事故的,按照水污染事故造成的直接损失的30%计算罚款",同时,对超标排污或者超过重点水污染物排放总量控制指标的罚款数额,也修改为"处应缴纳排污费数额二倍以上五倍以下的罚款",也就是说,超标排放行为越严重,造成损失越大,罚款就越多,即上不封顶了。

第二,对造成水污染事故的直接负责的主管人员和其他直接责任人进行罚款,新法规定,企事业单位造成水污染事故的,除对单位给予处罚外,还可对直接负责的主管人员和其他直接责任人员处上一年度从本单位取得的收入50%以下的罚款。新法同时还规定,违反本法规定,构成违反治安管理行为的,依法给予治安管理处罚;构成犯罪的,依法追究刑事责任。

第三,对私设暗管排放水污染物的行为将予严惩。新修订的《水污染防治法》规定:违反法律、行政法规和国务院环境保护主管部门的规定设置排污口或者私设暗管的,由县级以上地方政府环境保护主管部门责令限期拆除,处2万以上10万以下的罚款;逾期不拆除的,强制拆除,所需费用由违法者承担,处10万以上50万以下罚款;私设暗管或者有其他严重情节的,县级以上地方政府环境保护主管部门责令停产整顿。

8. 增加水污染事故应急处置

从松花江事件后,平均每两天发生的一起环境突发事故中,70%是水污染事故。事实证明,水污染事故与公共危机往往只是一步之遥,水污染事故应急处置不好,对公众健康、经济发展、社会稳定甚至是外交局势都会造成重大损失。此次修订专门设定了"水污染事故处置"一章,将水污染事故的应急处置上升到了国家法律的高度。

新修订的《水污染防治法》一是完善了水污染事故报告制度,规定企业事业单位造成或者可能造成水污染事故的,应当立即向事故发生地的县级以上地方人民政府或者环境保护主管部门报告。有关地方人民政府及其环境保护主管部门要按规定上报事故,通告可能受到危害的毗邻或者相关地方人民政府和单位。造成渔业污染事故或者渔业船舶造成水污染事故的,向事故发生地的海事管理机构报告。二是明确了应急演练制度,规定对可能发生水污染事故的企业事业单位,应当制定有关水污染事故的应急方案,做好应急准备,并定期进行演练。新法同时还规定生产、储存危险化学品的企业事业单位,应当采取措施,防止在处理安全生产事故过程中产生的可能严重污染水体的消防废水、废液直接排入水体,防止措施不当引发新的污染,减少水污染事故对环境造成的危害。

(二)水污染防治措施

1. 一般规定

1)禁止向水体排放油类、酸液、碱液或者剧毒废液。禁止在水体清洗装贮过油类或者有毒污染物的车辆和容器。

2)禁止向水体排放、倾倒放射性固体废物或者含有高放射性和中放射性物质的废水。向水体排放含低放射性物质的废水,应当符合国家有关放射性污染防治的规定和标准。

3)向水体排放含热废水,应当采取措施,保证水体的水温符合水环境质量标准。

4)含病原体的污水应当经过消毒处理;符合国家有关标准后,方可排放。

5)禁止向水体排放、倾倒工业废渣、城镇垃圾和其他废弃物。禁止将含有汞、镉、砷、铬、铅、氰化物、黄磷等的可溶性剧毒废渣向水体排放、倾倒或者直接埋入地下。存放可溶性剧毒废渣的场所，应当采取防水、防渗漏、防流失的措施。

6）禁止在江河、湖泊、运河、渠道、水库最高水位线以下的滩地和岸坡堆放、存贮固体废弃物和其他污染物。

7）禁止利用渗井、渗坑、裂隙和溶洞排放、倾倒含有毒污染物的废水、含病原体的污水和其他废弃物。

8）禁止利用无防渗漏措施的沟渠、坑塘等输送或者存贮含有毒污染物的废水、含病原体的污水和其他废弃物。

9）多层地下水的含水层水质差异大的，应当分层开采；对已受污染的潜水和承压水，不得混合开采。

10）兴建地下工程设施或者进行地下勘探、采矿等活动，应当采取防护性措施，防止地下水污染。

11）人工回灌补给地下水，不得恶化地下水质。

2. 工业水污染防治

1）国务院有关部门和县级以上地方人民政府应当合理规划工业布局，要求造成水污染的企业进行技术改造，采取综合防治措施，提高水的重复利用率，减少废水和污染物排放量。

2）国家对严重污染水环境的落后工艺和设备实行淘汰制度。国务院经济综合宏观调控部门会同国务院有关部门，公布限期禁止采用的严重污染水环境的工艺名录和限期禁止生产、销售、进口、使用的严重污染水环境的设备名录。生产者、销售者、进口者或者使用者应当在规定的期限内停止生产、销售、进口或者使用列入前款规定的设备名录中的设备。工艺的采用者应当在规定的期限内停止采用列入前款规定的工艺名录中的工艺。规定被淘汰的设备，不得转让给他人使用。

3）国家禁止新建不符合国家产业政策的小型造纸、制革、印染、染料、炼焦、炼硫、炼砷、炼汞、炼油、电镀、农药、石棉、水泥、玻璃、钢铁、火电以及其他严重污染水环境的生产项目。

4）企业应当采用原材料利用效率高、污染物排放量少的清洁工艺，并加强管理，减少水污染物的产生。

三、大气污染防治法律制度

《中华人民共和国大气污染防治法》（以下简称《大气污染防治法》）于2000年4月29日中华人民共和国第九届全国人民代表大会常务委员会第十五次会议修订通过，并于2000年9月1日起施行。这里的大气污染，是指有害物质进入大气，对人类和生物造成危害的现象。

（一）防治大气污染的监督管理体制

《大气污染防治法》规定："国务院和地方各级人民政府，必须将大气环境保护工作纳入国民经济和社会发展计划，合理规划工业布局，加强防治大气污染的科学研究，采取防治大气污染的措施，保护和改善大气环境。""县级以上人民政府环境保护部门对大气污染防治实施监督管理。各级公安、交通、铁道、渔业管理部门根据各自的职责，对机动车船污染大气实施监督管理。县级以上人民政府其他有关主管部门在各自职责范围内对大气污染防治实施监督管理。"这是该法对防治大气污染的监督管理体制的规定。我国大气污防治任务艰巨，大气污染源多，牵涉面广，危害范围大，仅由环境保护部门承担监督管理职责是难以胜任的。该法同时规定，由公安、交通、铁道、渔业管理部门根据各自的职责，分管机动车船污染大气的监督管理工作。

《大气污染防治法》对国务院和地方各级人民政府在大气污染防治中总的职责作出规定，可概括为四个方面：

1. 统一规划管理。"国务院和地方各级人民政府，必须将大气环境保护工作纳入国民经济和社会发展计划，合理规划工业布局，加强防治大气污染的科学研究，采取防治大气污染的措施，保护和改善大气环境。"这一规定将大气环保工作纳入国家发展计划，是保障大气污染防治与经济建设协调发展的关键。

2. 依靠科学技术。国务院和地方各级人民政府必须加强大气污染防治的科学研究，并采取各种防治大气污染的技术措施，如改进城市燃料结构等。只有国家和地方各级行政机关亲自组织推广，这些科学技术措施才能在大气环境保护中得以有效的实施。

3. 综合手段调整。"国家采取有利于大气污染防治以及相关的综合利用活动的经济、技术政策和措施"是修改后的《大气污染防治法》新设置的重要条款。这里所指的经济政策，如中国人民银行规定，大气污染防治投资项目可享受优先贷款的待遇。在技术政策方面，如国家鼓励、支持生产无铅汽油技术等。

4. 重视植树绿化。"各级人民政府应当加强植树造林、城市绿化工作。"树林和草地具有阻挡烟尘、净化大气的作用，搞好绿化是保护和改善大气环境质量的重要工作。

（二）大气污染防治措施

1. 防治燃煤产生的大气污染

我国能源主要依靠燃煤，防治大气污染应以防治燃煤所产生的烟尘和二氧化硫为主。为此，修订后的《大气污染防治法》设专章作了明确的规定，主要包括从燃煤污染的一般防治和燃煤二氧化硫污染的特殊防治两个方面的内容。

1）燃煤污染的一般防治

（1）锅炉产品必须符合标准才能制造、销售或者进口

《大气污染防治法》规定，国务院有关主管部门应当根据国家规定的锅炉大气污染物排放标准，在锅炉产品质量标准中规定相应的要求；达不到规定要求的锅炉，不得制造、销售或者进口。过去我国锅炉产品中没有烟的黑度、尘的浓度等环保指标，一投入使用就成了新的污染源。因此，该条规定从污染源头进行防治，体现了预防为主的原则，可望改变锅炉污染大气的现象。

（2）发展城市集中供热

《大气污染防治法》第二十八条规定："城市建设应当统筹规划，统一解决热源，发展集中供热。"发展集中供热，使用高效、低排污的锅炉，可以节省燃料、减少污染，又可以充分利用余热，方便生产和生活。可见，发展城市集中供热是防治烟尘污染的有效途径。

（3）新建、扩建燃煤设施的排污不得超过标准

《大气污染防治法》第三十条规定："新建、扩建排放二氧化硫的火电厂和其他大中型企业，超过规定的污染物排放标准或者问题控制指标的，必须建设配套脱硫、除尘装置或者采取其他控制二氧化硫排放、除尘的措施。"

(4) 改进城市能源结构，推广清洁能源的生产和使用

《大气污染防治法》第二十五条规定："国务院有关主管部门和地方各级人民政府应当采取措施，改进城市能源结构，推广清洁能源的生产和使用。"改进能源结构，因地制宜地推广天然气、沼气、太阳能、风能、水电等能源是减少煤烟污染的重要途径。将散煤气化发电、发展城市煤气化在减少煤烟尘污染方面成效显著，但投资额较大，一时难以普及。因此，应积极推广成型煤的生产和使用。"成型煤"即将散煤加工成的蜂窝煤，在制作蜂窝煤时加入固硫剂，在使用方式上推广上燃式的点燃方式。实践证明，燃用蜂窝煤，尤其是上点火蜂窝煤比散煤燃烧充分，热效率高，还可大量减少二氧化硫、烟尘的排放。

2) 对燃煤产生的二氧化硫污染的特殊防治

燃煤除了产生烟尘污染大气环境之外，还会产生二氧化硫并引起酸雨污染，这种污染危害极大，是燃煤污染防治的重点。1998年，我国二氧化硫排放量高达2087万吨，预计2000年将增至3100万吨，居世界第一位。酸雨和二氧化硫污染将是我国大气污染的主要类型。为了遏止这种趋势，新的《大气污染防治法》作了如下规定：

(1) 划定酸雨控制区和二氧化硫污染控制区

《大气污染防治法》第十八条规定："国务院环境保护部门会同国务院有关部门，根据气象、地形、土壤等自然条件，可以对已经产生、可能产生酸雨的地区或者其他二氧化硫污染严重的地区，经国务院批准后，划定为酸雨控制区或者二氧化硫污染控制区。"可见，划分控制区，不仅要考虑当地的污染状况，还要根据气象、地形等自然条件，考虑是否受异地排污输送的影响和当地经济、社会等因素的影响。划定控制区的目的，是为了强化对酸雨和二氧化硫污染的防治。

这些规定表明，我国对燃煤产生的大气污染，已由原来单纯控制烟尘污染转变为以改善大气环境质量为目标的各种污染物质的控制。这是我国环境保护法首次规定的区域污染综合防治新模式，具有重大意义。

(2) 推行煤炭洗选加工，限制高硫分和高灰分煤炭开采

《大气污染防治法》第二十四条规定："国家推行煤炭洗选加工，降低煤的硫分和灰分，限制高硫分、高灰分煤炭的开采。"这是该法为了提高煤炭品质，防治燃煤污染而对煤矿企业的强制性要求。提高煤炭品质最重要的环节是推行煤炭洗选加工。这样做，可以降低其硫分和灰分，使燃煤锅炉减少污染物的排放，也可使燃烧器械延长寿命、降低成本。"限制高硫分、高灰分煤炭的开采"，这是《大气污染防治法》为提高燃煤品质所作的另一项重要规定。我国以前没有这方面的要求，致使大量劣质煤直接用于作燃料，而对燃烧所用的煤炭提出含硫分、灰分的，品质要求，是当今世界许多经济发达国家的做法。

为了降低煤的硫分和灰分，除了限制高硫分、高灰分煤炭的开采之外，《大气污染防治法》还规定，新建的所采煤炭属于高硫分、高灰分的煤矿企业，必须建设配套的煤炭洗选设备；对已建成所采煤炭属于高硫分、高灰分的煤矿企业，必须建设配套的煤炭洗选设备；对已建成所采煤炭属于高硫分、高灰分的煤矿企业，则应当按照国务院批准的规划，限期建成配套的煤炭洗选设施。此外《大气污染防治法》还规定，国家禁止一切单位和个人开采含放射性和砷等有毒有害物质超过规定标准的煤炭。这些有毒有害物质均不可能通过洗选程序而去除其危害性。

2. 防治废气、粉尘和恶臭污染

《大气污染防治法》对防治废气、粉尘和恶臭污染作了专章规定。基本内容有：

1) 严格限制含有毒物质的废气和粉尘的排放

工矿企业在生产过程中会向环境排放大量含有毒物质的废气，如汞蒸气、氯气等，对人体健康十分有害。粉尘是工业锅炉以及烧汽油的汽车所排放的直径小于烟尘的微粒，对人体危害性更大。因此，《大气污染防治法》第三十六条规定："严格限制向大气排放含有毒物质的废气和粉尘；确需排放的，必须经过净化处理，不超过规定的排放标准。"对于毒性较小或者不含毒性物质的粉尘，排放单位必须采取除尘措施，如大型工业窑炉采用静电、袋式等高效除尘技术。

为了防止运输、装卸、贮存过程中有毒有害气体或粉尘散发污染大气环境，《大气污染防治法》第四十二条规定："运输、装卸、贮存能够散发有毒有害气体或者粉尘物质的，必须采取密闭措施或其他防护措施。"如采用密闭式车辆运输，或在运输前加湿等。

2) 防止可燃性气体污染大气

工业生产中排放的许多可燃性气体，如焦炉气、石油化工尾气等，是可以回收利用作为工业或民用的燃料和热源的。《大气污染防治法》规定，不具备回收利用条件而向大气排放的，应当进行防治污染处理，如进行过滤净化或者使其充分燃烧等。对于含有毒有害物质的可燃性气体，如电石气、有机烃类尾气等，因排入环境会造成对人体健康的危害，需要严格控制和采取防范措施，排放之前须报当地环境保护行政主管部门批准。

3) 配备脱硫装置

减少温室气体排放、防止全球气候变暖是当今世界各国共同关注的全球环境问题。《大气污染防治法》第三十八条规定："炼制石油、生产合成氨、煤气和燃煤焦化、有色金属冶炼过程中排放有硫化物气体的，应当配备脱硫装置或者采取其他脱硫措施。"硫是十分重要的化工原料，积极采取措施回收利用硫，既保护了环境，又增加了经济收入。但是，回收硫的成本很高，《大气污染防治法》只规定了对排硫量大的上述五类企业应当配备脱硫装置或采取其他脱硫措施，如采取排烟脱硫等。

4) 防止放射性物质污染大气和保护臭氧层的规定

《大气污染防治法》第三十九条规定："向大气排放含放射性物质的气体和气溶胶，必须符合国家有关放射性防护的规定，不得超过规定的排放标准。"大气中的放射性物质，除了自然因素之外，主要来自人们从事核材料的开采和冶炼、核工业的排放物、核电站和核试验的散落物等，这些放射性物质进入人体，到达一定剂量会引起病变，因此，它们只有不超过规定的排放标准才准予排放。为此，我国制定了有关放射性防护的规定。

新修改的《大气污染防治法》还增加了保护臭氧层的规定，这是根据我国承认的有关国际环境保护公约作出的规定。该法第四十五条规定："国家鼓励、支持消耗臭氧层物质替代品的生产和使用，逐步减少消耗臭氧层物质的产量，直至停止消耗臭氧层物质的生产和使用。在国家规定的期限内，生产、进口消耗臭氧层物质的单位必须按照国务院有关行政主管部门核定的配额进行生产、进口。"

5) 防治饮食服务业排放油烟污染

《大气污染防治法》第四十四条规定："城市饮食服务业的经营者，必须采取措施，防治油烟对附近居民的居住环境造成污染。"这是针对近年来迅速发展的城市第三产业所作的新规定。为贯彻该项规定，国家环境保护局和国家工商行政管理局于1995年2月11日联合发布了《关于加强饮食娱乐服务企业环境管理的通知》。

6) 防治恶臭气体和有毒有害烟尘污染

恶臭气体是指能刺激人的感官引起不快或有有害影响的气体。恶臭气体可对人体呼吸系统、消化系统、心血管系统、内分泌系统及神经系统产生不利影响。高浓度的恶臭气体会引起吸入者发生肺水肿甚至死亡。《大气污染防治法》第四十条规定："向大气排放恶臭气体的排污单位，必须采取措施防止周围居民区受到污染。"这些措施包括防止泄漏、高温燃烧、水洗、掩埋等。《大气污染防治法》第四十一条还规定："在人口集中地区和其他依法需要特殊保护的区域内，禁止焚烧沥青、油毡、橡胶、塑料、皮革、垃圾以及其他产生有毒有害烟尘和恶臭气体的物质。禁止在人口集中地区、机场周围、交通干线附近以及当地人民政府划定的区域露天焚烧秸秆、落叶等烟尘的物质。"焚烧这些物质不仅有恶臭气味，而且还产生对人体健康有毒有害的气体和粉尘，并可能对交通安全造成威胁，所以必须禁止。

7) 防治沙尘污染

由沙尘造成的大气污染是我国近年来城市大气污染的重要污染源，且污染程度急剧加深，新修改的《大气污染防治法》对这类污染的防治作出专门规定。第十条规定："各级人民政府应当加强植树种草、城乡绿化工作，因地制宜地采取有效措施做好防沙治沙工作，改善大气环境质量。"第四十三条规定："城市人民政府应当采取绿化责任制，加强建设施工管理，扩大地面铺装面积，控制渣土堆放和清洁运输等措施，提高人均占有绿地面积，减少市区裸露地面和地面尘土，防治城市扬尘污染。"防治沙尘污染不同于传统的污染防治，而必须强调自然资源保护和污染防治的结合，这类法律规定体现了现代环境法的发展趋势。

3. 防治机动车船污染

近年来，我国汽车使用量急剧增加，氮氧化物污染已成为北京等特大城市冬季的主要污染物。为了遏止这种趋势，新修改的《大气污染防治法》对防治车船污染列专章予以规定。第三十二条规定："机动车船向大气排放污染物不得超过规定的排放标准。任何单位和个人不得制造、销售或者进口污染物排放超过规定排放标准的机动车船。"对超过规定的排放标准的机动车船，应当采取治理措施。其中的"排放标准"是指《汽车柴油机全负荷烟度排放标准》、《汽油车怠速污染物排放标准》等等。"治理措施"是指如年检达不到国家规定排放标准的不准继续行驶、强制安装催化净化装置等措施。

同时，《大气污染防治法》规定："国家鼓励生产和消费使用清洁能源的机动车船。国家鼓励和支持生产、使用优质燃料油，采取措施减少燃料油中有害物质对大气环境的污染。单位和个人应当按照国务院规定的期限，停止生产、进口销售含铅汽油。"

四、环境噪声污染防治法律制度

《中华人民共和国环境噪声污染防治法》（以下简称《环境噪声污染防治法》）于1996年10月29日全国人大八届二十二次常委会通过，自1997年3月1日起施行。

(一) 环境噪声污染防治监督管理体制

现实生活中能够产生环境噪声的噪声源比较多，涉及工业生产、建筑施工、交通运输和社会生活，我国环境噪声污染防治的监督管理体制是环境保护部门负责统一监督管理与其他有关部门按照各自职责分别实施监督管理相结合的体制。

1. 环境保护行政主管部门对环境噪声污染防治实施统一监督管理。

1) 国务院环境保护行政主管部门作为对全国环境噪声污染防治工作实施统一监督管理的部门,负责下列主要工作:

(1) 分别不同的功能区,制定国家声环境质量标准;

(2) 根据国家声环境质量标准和国家经济、技术条件,制定国家环境噪声排放标准;

(3) 建立环境噪声监测制度,制定监测规范,并会同有关部门组织监测网络等。

2) 县级以上地方人民政府环境保护行政主管部门作为对本行政区域内的环境噪声污染防治工作实施统一监督管理的部门,负责下列主要工作:

(1) 建设项目环境影响报告书的审批;

(2) 建设项目中环境噪声污染防治设施的验收;

(3) 企事业单位拆除或者闲置环境噪声污染防治设施申报的审批;

(4) 对排放环境噪声的单位进行现场检查;

(5) 负责接受工业企业使用产生环境噪声污染的固定设备的申报;

(6) 负责接受城市市区范围内施工单位使用机械设备产生环境噪声的申报;

(7) 负责接受城市市区噪声敏感建筑物集中区域内商业企业使用固定设备造成环境噪声污染的申报;

(8) 依法对违法行为给予行政处罚等。

2. 其他有关部门按照各自职责分别对有关的环境噪声污染防治工作实施监督管理。

各级公安、交通、铁路、民航等主管部门,根据各自的职责,对交通运输和社会生活噪声污染防治实施监督管理。如城市人民政府公安机关可以根据本地城市市区区域声环境保护的需要,划定禁止机动车辆行驶和禁止其使用声响装置的路段和时间,向社会公告;并进行监督管理,对违反者予以处罚等。

(二) 环境噪声污染防治措施

1. 工业与建筑施工噪声污染防治

《环境噪声污染防治法》第二十二条到三十条对防治工业建筑施工噪声污染做了规定:

1) 在城市范围内向周围生活环境排入工业与建筑施工噪声的,应当符合国家规定的工业企业厂界和建筑施工场界环境噪声排放标准。

2) 产生环境噪声污染的工业企业,应当采取有效措施,减轻噪声对周围生活的影响。

3) 国务院有关部门要对产生噪声污染的工业设备,根据噪声环境保护要求和技术经济条件,逐步在产品的国家标准和行业标准中规定噪声限值。

4) 在城市市区范围内,建筑施工过程中使用机械设备,可能产生环境噪声污染的,施工单位必须在开工15日以前向所在地县以上环境行政主管部门申报该工程的项目名称、施工场所和期限、可能产生的环境噪声值以及所采取的环境噪声污染防治措施的情况。

5) 在城市市区噪声敏感区域内,禁止夜间进行产生噪声污染的施工作业,但抢修、抢险作业和因生产工艺上要求或者特殊需要必须连续作业的除外。因特殊需要必须连续作业的,必须有县级以上人民政府或者其有关主管部门的证明。夜间作业的,必须公告附近居民。

2. 交通运输噪声污染防治

《环境噪声污染防治法》第三十一条到四十条对防治交通运输噪声污染做了规定:

1）禁止制造、销售或者进口超过规定的噪声限值的汽车。

2）在市区范围内行驶的机动车的消声器和喇叭必须符合国家规定的要求，必须使用喇叭的，应控制音量。

3）机动车和机动船在市内航道行驶，铁路机动车驶经或者进入市区、疗养区，必须按规定使用声响装置。

4）城市公安机关可根据声环需要，划定禁止机动车行驶和禁鸣喇叭路段。

5）民用航空器除起飞降落一般不得飞越城市上空。

3. 社会生活噪声污染防治

《环境噪声污染防治法》第四十一条到第四十七条对防治社会生活噪声污染做了规定。

1）商业活动造成噪声污染，必须向县以上环保行政主管部门申报防治噪声污染设施情况，禁用高音喇叭招揽顾客。

2）文化娱乐场所的边界噪声必须符合国家规定的标准，不符合规定的不发许可和营业执照。

3）禁止单位和个人在噪声敏感区使用高音量广播。

4）使用家用电器、乐器，应控制音量，避免对周围造成噪声污染。

五、固体废物污染防治法律制度

《中华人民共和国固体废物污染防治法》于1995年10月30日第八届全国人民代表大会常务委员会第十六次会议通过，自1996年4月1日起施行。固体废物污染是指固体废物在产生、收集、贮藏、运输、利用、处置的过程中产生的危害环境的现象。

1. 固体废物污染环境防治措施

1）产生固体废物的单位和个人，应当采取措施，防止或者减少固体废物对环境的污染。

2）收集、贮存、运输、利用、处置固体废物的单位和个人，必须采取防扬散、防流失、防渗漏或者其他防止污染环境的措施。不得在运输过程中沿途丢弃、遗撒固体废物。

3）在国务院和国务院有关主管部门及省、自治区、直辖市人民政府划定的自然保护区、风景名胜区、生活饮用水源地和其他需要特别保护的区域内，禁止建设工业固体废物集中贮存、处置设施、场所和生活垃圾填埋场。

4）转移固体废物出省、自治区、直辖市行政区域贮存、处置的，应当向固体废物移出地的省级人民政府环境保护行政主管部门报告，并经固体废物接受地的省级人民政府环境保护行政主管部门许可。

5）禁止中国境外的固体废物进境倾倒、堆放、处置。

6）国家禁止进口不能用作原料的固体废物，限制进口可以用作原料的固体废物。

7）露天贮存冶炼渣、化工渣、燃煤灰渣、废矿石、尾矿和其他工业固体废物的，应当设置专用的贮存设施、场所。

8）建设工业固体废物贮存、处置的设施、场所，必须符合国务院环境保护行政主管部门规定的环境保护标准。

9）施工单位应当及时清运、处置建筑施工过程中产生的垃圾，并采取措施，防止污染环境。

2. 危险废物污染环境防治措施

危险废物，是指列入国家危险废物名录或者根据国家规定的危险废物鉴别标准和鉴别方法认定的具有危险特性的废物。

1) 对危险废物的容器和包装物以及收集、贮存、运输、处置危险废物的设施、场所，必须设置危险废物识别标志。

2) 以填埋方式处置危险废物不符合国务院环境保护行政主管部门的规定的，应当缴纳危险废物排污费。危险废物排污费征收的具体办法由国务院规定。危险废物排污费用于危险废物污染环境的防治，不得挪作他用。

3) 从事收集、贮存、处置危险废物经营活动的单位，必须向县级以上人民政府环境保护行政主管部门申请领取经营许可证，具体管理办法由国务院规定。禁止无经营许可证或者不按照经营许可证规定从事危险废物收集、贮存、处置的经营活动。禁止将危险废物提供或者委托给无经营许可证的单位从事收集、贮存、处置的经营活动。

4) 收集、贮存危险废物，必须按照危险废物特性分类进行。禁止混合收集、贮存、运输、处置性质不相容而未经安全性处置的危险废物。禁止将危险废物混入非危险废物中贮存。

5) 转移危险废物的，必须按照国家有关规定填写危险废物转移联单，并向危险废物移出地和接受地的县级以上地方人民政府环境保护行政主管部门报告。

6) 运输危险废物，必须采取防止污染环境的措施，并遵守国家有关危险货物运输管理的规定。禁止将危险废物与旅客在同一运输工具上载运。

7) 收集、贮存、运输、处置危险废物的场所、设施、设备和容器、包装物及其他物品转作他用时，必须经过消除污染的处理，方可使用。

8) 直接从事收集、贮存、运输、利用、处置危险废物的人员，应当接受专业培训，经考核合格，方可从事该项工作。

9) 产生、收集、贮存、运输、利用、处置危险废物的单位，应当制定在发生意外事故时采取的应急措施和防范措施，并向所在地县级以上地方人民政府环境保护行政主管部门报告，环境保护行政主管部门应当进行检查。

10) 禁止经中华人民共和国过境转移危险废物。

第四节　节约能源法律制度

一、节约能源法概述

（一）节约能源与节约能源法

节约能源，是指加强用能管理，采取技术上可行、经济上合理以及环境和社会可以承受的措施，从能源生产到消费的各个环节，降低消耗、减少损失和污染物排放、制止浪费，有效、合理地利用能源。

为增强全社会的节能意识，树立节能新风尚，营造良好的节能社会氛围，早在1997年我国就制定了《中华人民共和国节约能源法》（以下简称《节约能源法》），由于原《节约能源法》的指导思想沿袭了计划经济的思路，既没有形成符合市场经济要求的强制与激励相结合的机制，也忽略了市场机制指导下政府的定位问题，因而其实际作用有一定局限性。近些年社会各界呼吁修改《节约能源法》的声音接连不断，尤其是中央提出建设资源节能型、环境友好型社会以来，修改《节约能源法》更是迫在眉睫。2007年10月28日，胡锦涛主席签署七十七号主席令，新修改的《节约能源法》由全国人大常委会第三十次会议通过，于2008年4月1日起开始正式施行。

（二）新修订《节约能源法》的特点

新修订的《节约能源法》最主要的进步是完善了促进节能的经济政策。主要表现出五个方面的特点：

一是扩大了法律调整的范围。修订后的《节约能源法》增加了建筑节能、交通运输节能、公共机构节能等内容，这对加强这些领域的节能工作必将起到积极的促进作用。

二是健全了节能管理制度和标准体系。新修订的《节约能源法》设立了一系列节能管理制度，如节能目标责任评价考核制度、能效标识管理制度、节能奖励制度等。

三是完善了促进节能的激励政策。修订后的《节约能源法》规定中央财政和省级地方财政要安排节能专项资金支持节能工作，对生产、使用列入推广目录需要支持的节能技术和产品实行税收优惠，对节能产品的推广和使用给予财政补贴，引导金融机构增加对节能项目的信贷支持等，从总体上构建了推动节能的政策框架。

四是明确了节能管理和监督主体。修订后的《节约能源法》规定了统一管理、分工协作、相互协调的节能管理体制，理顺了节能主管部门与各相关部门在节能监督管理中的职责。

五是强化了法律责任。修订后的《节约能源法》规定了十九项法律责任，明确了相应的处罚措施，加大了处罚范围和力度。

（三）新修订《节约能源法》的刚性化管理问责制

1. 目标责任制和节能考核评价制度。修订后的《节约能源法》规定，实行节能目标责任制和节能考核评价制度，将节能目标完成情况作为对地方政府及其负责人考核评价的内容，省级地方政府每年要向国务院报告节能目标责任的履行情况。这使节能问责制的要求刚性化、法定化，有利于增强各级领导干部的节能责任意识，强化政府的主导责任。

2. 固定资产投资项目节能评估和审查制度。《节约能源法》规定建立固定资产投资项目节能评估和审查制度，通过项目评估和节能评审，控制不符合强制性节能标准和节能设计规范的投资项目。

3. 落后高耗能产品、设备和生产工艺淘汰制度。一方面把住了高耗能产品、设备和生产工艺的市场入口关，同时也加大了淘汰力度。

4. 用能单位节能管理制度。《节约能源法》明确了重点用能单位的范围，对重点用能单位和一般用能单位实行分类指导与管理，规定重点用能单位必须设立能源管理岗位，聘任能源管理负责人。

5. 标识管理制度。新修订的《节约能源法》将能效标识管理作为一项法律制度确立下来，明确了能效标识的实施对象，并对违规使用能效标识等行为规定了具体的处罚措施。

6. 节能表彰奖励制度。《节约能源法》规定，各级人民政府对在节能管理、节能科学技术研究和推广应用中有显著成绩以及检举严重浪费能源行为的单位与个人，给予表彰和奖励。

二、建筑节能法律规定

（一）建筑节能监督管理体制

国务院建设主管部门负责全国建筑节能的监督管理工作。

县级以上地方各级人民政府建设主管部门负责本行政区域内建筑节能的监督管理工作。县级以上地方各级人民政府建设主管部门会同同级管理节能工作的部门编制本行政区域内的建筑节能规划。建筑节能规划应当包括既有建筑节能改造计划。

建设主管部门应当加强对在建建筑工程执行建筑节能标准情况的监督检查。

（二）建筑节能制度

1. 使用空调采暖、制冷的公共建筑应当实行室内温度控制制度。

2. 国家采取措施，对实行集中供热的建筑分步骤实行供热分户计量、按照用热量收费的制度。新建建筑或者对既有建筑进行节能改造，应当按照规定安装用热计量装置、室内温度调控装置和供热系统调控装置。

3. 国家鼓励在新建建筑和既有建筑节能改造中使用新型墙体材料等节能建筑材料和节能设备，安装和使用太阳能等可再生能源利用系统。

（三）建筑节能责任

建筑工程的建设、设计、施工和监理单位应当遵守建筑节能标准。不符合建筑节能标准的建筑工程，建设主管部门不得批准开工建设；已经开工建设的，应当责令停止施工、限期改正；已经建成的，不得销售或者使用。

1. 建设单位节能责任

建设单位应当按照节能政策要求和节能标准委托工程项目的设计。建设单位不得以任何理由要求设计单位、施工单位擅自修改经审查合格的节能设计文件，降低节能标准。

2. 设计单位节能责任

设计单位应当依据节能标准的要求进行设计，保证节能设计质量。

3. 施工图设计文件审查机构节能责任

施工图设计文件审查机构在进行审查时，应当审查节能设计的内容，在审查报告中单列节能审查章节；不符合节能强制性标准的，施工图设计文件审查结论应当定为不合格。

4. 监理单位节能责任

监理单位应当依照法律、法规以及节能标准、节能设计文件、建设工程承包合同及监理合同对节能工程建设实施监理。

5. 施工单位节能责任

施工单位应当按照审查合格的设计文件和节能施工标准的要求进行施工，保证工程施工质量。

第五节　档案法律制度

《中华人民共和国档案法》（以下简称《档案法》）于1987年9月5日第六届全国人民代表大会常务委员会第二十二次会议通过，1996年7月5日第八届全国人民代表大会常务委员会第二十次会议对其进行了修正。《档案法》的立法目的在于加强对档案的管理和收集、整理工作，有效地保护和利用档案，为社会主义现代化建设服务。

依据《档案法》，2001年3月5日，建设部、国家质量监督总局联合发布了《建设工程文件归档整理规范》，该规范自2001年7月1日起实施，适用于建设工程文件的归档整理以及建设工程档案的验收。此外，2006年6月14日，国家档案局、国家发展和改革委员会联合印发了《重大建设项目档案验收办法》，该办法对重大建设项目档案验收的组织、验收申请、验收要求作出了更具体的规定。

一、建设工程文件的种类

建设工程文件是在工程建设过程中形成的各种形式的信息记录，包括工程准备阶段文件、监理文件、施工文件、竣工图和竣工验收文件，也可简称为工程文件。

1. 工程准备阶段文件

工程准备阶段文件是指工程开工以前，在立项、审批、征地、勘察、设计、招投标等工程准备阶段形成的文件，包括：

1）立项文件；
2）建设用地、征地、拆迁文件；
3）勘察、测绘、设计文件；
4）招投标文件；
5）开工审批文件；
6）财务文件；
7）建设、施工、监理机构及负责人名单等。

2. 监理文件

监理文件，是指监理单位在工程设计、施工等监理过程中形成的文件。主要包括：

1）监理规划；
2）监理月报中的有关质量问题；
3）监理会议纪要中的有关质量问题；
4）进度控制文件；
5）质量控制文件；
6）造价控制文件；
7）分包资质文件；
8）监理通知；
9）合同与其他事项管理文件；
10）监理工作总结。

3. 施工文件

施工文件，指施工单位在工程施工过程中形成的文件。不同专业的工程对施工文件的要求不尽相同，一般包括：

1）施工技术准备文件；
2）施工现场准备文件；
3）地基处理记录；
4）工程图纸变更记录；
5）施工材料、预制构件质量证明文件及复试试验报告；
6）设备、产品质量检查、安装记录；

7) 施工试验记录、隐蔽工程检查记录；
8) 施工记录；
9) 工程质量事故处理记录；
10) 工程质量检验记录。

4. 竣工图和竣工验收文件

竣工图是指工程竣工验收后，真实反映建设工程项目施工结果的图样。竣工验收文件是指建设工程项目竣工验收活动中形成的文件。竣工验收文件主要包括：
1) 工程竣工总结；
2) 竣工验收记录；
3) 财务文件；
4) 声像、缩微、电子档案。

二、建设工程文件归档整理

1. 基本规定

1) 建设、勘察、设计、施工、监理等单位应将工程文件的形成和积累纳入工程建设管理的各个环节和有关人员的职责范围。

2) 在工程文件与档案的整理立卷、验收移交工作中，建设单位应履行下列职责：

（1）在工程招标及勘察、设计、施工、监理等单位签订协议、合同时，应对工程文件的套数、费用、质量、移交时间等提出明确要求；

（2）收集和整理工程准备阶段、竣工验收阶段形成的文件，并应进行立卷归档；

（3）负责组织、监督和检查勘察、设计、施工、监理等单位的工程文件的形成、积累和立卷归档工作；

（4）收集和汇总勘察、设计、施工、监理等单位立卷归档的工程档案；

（5）在组织工程竣工验收前，应提请当地的城建档案管理机构对工程档案进行预验收；未取得工程档案验收认可文件，不得组织工程竣工验收；

（6）对列入城建档案馆（室）接收范围的工程，工程竣工验收后3个月内，向当地城建档案馆（室）移交一套符合规定的工程档案。

3) 勘察、设计、施工、监理等单位应将本单位形成的工程文件立卷后向建设单位移交。

4) 建设工程项目实行总承包的，总包单位负责收集、汇总各分包单位形成的工程档案，并应及时向建设单位移交；各分包单位应将本单位形成的工程文件整理、立卷后及时移交总包单位。建设工程项目由几个单位承包的，各承包单位负责收集、整理立卷其承包项目的工程文件，并应及时向建设单位移交。

5) 城建档案管理机构应对工程文件的立卷归档工作进行监督、检查、指导。在工程竣工验收前，应对工程档案进行预验收，验收合格后，须出具工程档案认可文件。工程实行总承包的，总包单位负责收集、汇总各分包单位形成的档案，并应及时向建设单位移交；工程由几个单位承包的，各承包单位负责收集、整理立卷其承包项目的工程文件，并应及时移交给建设单位。

2. 工程文件的归档

对与工程建设有关的重要活动、记载工程建设主要过程和现状、具有保存价值的各种载体的文件，均应收集齐全，整理立卷后归档。

1）归档文件必须完整、准确、系统，能够反映工程建设活动的全过程。归档的文件必须经过分类整理，并应组成符合要求的案卷。

2）归档时间：根据建设程序和工程特点，归档可以分阶段进行，也可以在单位或分部工程通过竣工验收后进行。勘察、设计单位应当在任务完成时，施工、监理单位应当在工程竣工验收前，将各自形成的有关工程档案向建设单位归档。

3）勘察、设计、施工单位在收齐工程文件并整理立卷后，建设单位、监理单位应根据城建管理机构的要求对档案文件完整、准确、系统情况和案卷质量进行审查。审查合格后向建设单位移交。

4）工程档案一般不少于两套，一套由建设单位保管，一套（原件）移交当地城建档案馆（室）。

5）勘察、设计、施工、监理等单位向建设单位移交档案时，应编制移交清单，双方签字，盖章后方可交接。

6）凡设计、施工及监理单位需要向本单位归档的文件，应按国家有关规定的要求单独立卷归档。

3. 工程档案的验收与移交

1）列入城建档案馆（室）档案接收范围的工程，建设单位在组织工程竣工验收前，应提请城建档案管理机构对工程档案进行预验收。建设单位未取得城建档案管理机构出具的认可文件，不得组织工程竣工验收。

2）城建档案管理机构在进行工程档案预验收时，应重点验收以下内容：

（1）工程档案齐全、系统、完整；

（2）工程档案的内容真实、准确地反映工程建设活动和工程实际状况；

（3）工程档案已整理立卷，立卷符合本规范的规定；

（4）竣工图绘制方法、图式及规格等符合专业技术要求，图面整洁，盖有竣工图章；

（5）文件的形成，来源符合实际，要求单位或个人签章的文件，其签章手续完备；

（6）文件材质、幅面、书写、绘图、用墨、托裱等符合要求。

3）列入城建档案馆（室）接收范围的工程，建设单位在工程竣工验收后3个月内，必须向城建档案馆（室）移交一套符合规定的工程档案。

4）停建、缓建建设工程的档案，暂由建设单位保管。

5）对改建、扩建和维修工程，建设单位应当组织设计、施工单位据实修改、补充和完善原工程档案。对改变的部位，应当重新编制工程档案，并在工程验收后3个月内向城建档案馆（室）移交。

6）建设单位向城建档案馆（室）移交工程档案时，应办理移交手续，填写移交目录，双方签字、盖章后交接。

三、重大建设项目档案验收

1. 适用范围

《重大建设项目档案验收办法》适用于各级政府投资主管部门组织或委托组织进行竣工验收的固定资产投资项目。所称的各级政府投资主管部门指各级政府发展改革部门和具有投资管理职能的经济（贸易）部门。

2. 验收组织

1）验收的组织与验收组的组成

（1）国家发展和改革委员会组织验收的项目，由国家档案局组织项目档案的验收；

（2）国家发展和改革委员会委托中央主管部门（含中央管理企业）、省级政府投资主管部门组织验收的项目，由中央主管部门档案机构、省级档案行政管理部门组织项目档案的验收，验收结果报国家档案局备案；

（3）省以下各级政府投资主管部门组织验收的项目，由同级档案行政管理部门组织项目档案的验收；

（4）国家档案局对中央主管档案机构、省级档案行政管理部门组织的项目档案验收进行监督、指导。项目主管部门、各级档案行政管理部门应加强项目档案验收前的指导和咨询，必要时可组织预检。

2）项目档案验收组的组成

（1）国家档案局组织的项目档案验收，验收组由国家档案局、中央主管部门、项目所在地省级档案行政管理部门等单位组成。

（2）中央主管部门档案机构组织的项目档案验收，验收组由中央主管部门档案机构及项目所在地省级档案行政管理部门等单位组成。

（3）省级及省以下各级档案行政管理部门组织的项目档案验收，由档案行政管理部门、项目主管部门等单位组成。

（4）凡在城市规划区范围内建设的项目，项目档案验收成员应包括项目所在地的城建档案接收单位。

（5）项目档案验收组人数为不少于5人的单数，组长由验收组织单位人员担任。必要时可邀请有关专业人员参加验收组。

3. 验收申请

1）申请项目档案验收应具备的条件。

（1）项目主体工程和辅助设施已按照设计建成，能满足生产或使用的需要；

（2）项目试运行指标考核合格或者达到设计能力；

（3）完成了项目建设全过程文件材料的收集、整理与归档工作；

（4）基本完成了项目档案的分类、组卷、编目等整理工作。

2）项目建设单位应向项目档案验收组织单位报送档案验收申请报告，并填报《重大建设项目档案验收申请表》。

3）项目档案验收组织单位应在收到申请报告后的10个工作日内作出答复。

4）项目档案验收申请报告的主要内容。

（1）项目建设及项目档案管理概况；

（2）保证项目档案的完整、准确、系统所采取的控制措施；

（3）项目文件材料的形成、收集、整理与归档情况，竣工图的编制情况及质量状况；

（4）档案在项目建设、管理、试运行中的作用；

（5）存在的问题及解决措施。

4. 验收要求

1）项目档案验收会议

项目档案验收应在项目竣工验收3个月之前完成。项目档案验收以验收组织单位召集验收会议的形式进行。

项目档案验收会议的主要议程包括：

（1）项目建设单位（法人）汇报项目建设概况、项目档案工作情况；

（2）监理单位汇报项目档案质量的审核情况；

（3）项目档案验收组检查项目档案及档案管理情况；

（4）项目档案验收组对项目档案质量进行综合评价；

（5）项目档案验收组形成并宣布项目档案验收意见。

2）项目档案质量的评价

检查项目档案，采用质询、现场查验、抽查案卷的方式。抽查档案数量应不少于100卷，抽查重点为项目前期管理性文件、隐蔽工程文件、竣工文件、质检文件、重要合同、协议等。

3）项目档案验收意见

项目档案验收意见的主要内容包括：

（1）项目建设概况；

（2）项目档案管理情况，包括：项目档案工作的基础管理工作，项目文件材料的形成、收集、整理与归档情况，竣工图的编制情况及质量，档案的种类、数量，档案的完整性、准确性、系统性及安全性评价，档案验收的结论性意见；

（3）存在的问题、整改要求与建议

4）项目档案验收结果

档案验收结果分为合格与不合格。项目档案验收组半数以上成员同意通过验收的为合格。

项目档案验收合格的项目，由项目档案验收组出具项目档案验收意见。

项目档案验收不合格的项目，由项目档案验收组提出整改意见，要求建设单位于项目竣工验收前对存在的问题限期整改，并进行复查。复查后仍不合格的，不得进行竣工验收，并由档案验收组提请有关部门对建设单位进行通报批评。造成档案损失的，应依法追究有关单位及人员的责任。

第六节 税收法律制度

一、税收与税法概述

（一）税法的概念

税法是调整税收征纳关系的法律规范的总称，它主要包括《税收征收管理法》、《企业所得税法》、《个人所得税法》、《企业所得税暂行条例》等税收法律法规。

（二）税收制度

1. 税收的概念与特征

税收是国家凭借政治权力或公共权力对社会产品进行分配的形式。税收是满足社会公共需要的分配形式。税收具有强制性、无偿性、固定性。税收作为经济杠杆之一，具有调节收入分配、促进资源配置、促进经济增长的作用。

2. 税收制度的构成要素

在任何一个国家里，不论采用什么样的税收制度，构成税种的要素都不外乎以下几项：纳税人、征税对象、税目、税率、计税方法、纳税环节、纳税期限、纳税地点、税收优惠。

1）纳税人

纳税人是纳税义务人的简称，是税法规定的直接负有纳税义务的法人和自然人，法律术语称为课税主体。

纳税人是税收制度构成的最基本的要素之一，任何税种都有纳税人。从法律角度划分，纳税人包括法人和自然人两种。法人是指依法成立并能以自己的名义行使权利和负担义务的组织。作为纳税人的法人，一般系指经工商行政管理机关审查批准和登记、具备必要的生产手段和经营条件、实行独立经济核算并能承担经济责任、能够依法行使权利和义务的单位、团体。作为纳税人的自然人，是指负有纳税义务的个人，如从事工商营利经营的个人、有应税收入或有应税财产的个人等。

2）课税对象

课税对象又称征税对象，是税法规定的征税的目的物，法律术语称为课税客体。

课税对象是一个税种区别于另一种税种的主要标志，是税收制度的基本要素之一。每一种税都必须明确规定对什么征税，体现着税收范围的广度。一般来说，不同的税种有着不同的课税对象，不同的课税对象决定着税种所应有的不同性质，国家为了筹措财政资金和调节经济的需要，可以根据客观经济状况选择课税对象。正确选择课税对象，是实现税制优化的关键。

3）税目

税目是课税对象的具体项目。设置税目的目的一是为了体现公平原则根据不同项目的利润水平和国家经济政策，通过设置不同的税率进行税收调控；二是为了体现"简便"原则，对性质相同、利润水平相同且国家经济政策调控方向也相同的项目进行分类，以便按照项目类别设置税率。有些税种不分课税对象的性质，一律按照课税对象的应税数额采用同一税率计征税款，因此没有必要设置税目，如企业所得税。有些税种具体课税对象复杂，需要规定税目，如消费税、营业税，一般都规定有不同的税目。

4）税率

税率是应纳税额与课税对象之间的比例，是计算应纳税额的尺度，它体现征税的深度。税率的设计，直接反映着国家的有关经济政策，直接关系着国家的财政收入的多少和纳税人税收负担的高低，是税收制度的中心环节。

我国现行税率大致可分为三种：

（1）比例税率。实行比例税率，对同一征税对象不论数额大小，都按同一比例征税。比例税率的优点表现在：同一课税对象的不同纳税人税收负担相同，能够鼓励先进，鞭策落后，有利于公平竞争；计算简便，有利于税收的征收管理。但是，比例税率不能体现能力大者多征、能力小者少征的原则。

比例税率在具体运用上可分为以下几种：

行业比例税率：即按不同行业规定不同的税率，同一行业采用同一税率。

产品比例税率：即对不同产品规定不同税率，同一产品采用同一税率。

地区差别比例税率：即对不同地区实行不同税率。

幅度比例税率：即中央只规定一个幅度税率，各地可在此幅度内，根据本地区实际情况，选择、确定一个比例作为本地适用税率。

（2）定额税率。定额税率是税率的一种特殊形式。它不是按照课税对象规定征收比例，而是按照征税对象的计量单位规定固定税额，所以又称为固定税额，一般适用于从量计征的税种。定额税率的优点是：从量计征，不是从价计征，有利于鼓励纳税人提高产品质量和改进包装，计算简便。但是，由于税额的规定同价格的变化情况脱离，在价格提高时，不能使国家财政收入随国民收入的增长而同步增长，在价格下降时，则会限制纳税人的生产经营积极性。

在具体运用上又分为以下几种：

地区差别税额。即为了照顾不同地区的自然资源、生产水平和盈利水平的差别，根据各地区经济发展的不同情况分别制定的不同税额。

幅度税额。即中央只规定一个税额幅度，由各地根据本地区实际情况，在中央规定的幅度内，确定一个执行数额。

分类分级税额。把课税对象划分为若干个类别和等级，对各类各级由低到高规定相应的税额，等级高的税额高，等级低的税额低，具有累进税的性质。

（3）累进税率。累进税率指的是这样一种税率，即按征税对象数额的大小，划分若干等级，每个等级由低到高规定相应的税率，征税对象数额越大税率越高，数额越小税率越低。累进税率因计算方法和依据的不同，又分以下几种：

全额累进税率。即对征税对象的金额按照与之相适应等级的税率计算税额。在征税对象提高到一个级距时，对征税对象金额都按高一级的税率征税。

全率累进税率。它与全额累进税率的原理相同，只是税率累进的依据不同。全额累进税率的依据是征税对象的数额，而全率累进税率的依据是征税对象的某种比率，如销售利润率、资金利润率等。

超额累进税率。即把征税对象按数额大小划分为若干等级，每个等级由低到高规定相应的税率，每个等级分别按该级的税率计税。

超率累进税率。它与超额累进税率的原理相同，只是税率累进的依据不是征税对象的数额而是征税对象的某种比率。

在以上几种不同形式的税率中，全额累进税率和全率累进税率的优点是计算简便，但在两个级距的临界点税负不合理。超额累进税率和超率累进税率的计算比较复杂，但累进程度缓和，税收负担较为合理。

5）纳税环节

纳税环节是商品在过程中缴纳税款的环节。任何税种都要确定纳税环节，有的比较明确、固定，有的则需要在许多流转环节中选择确定。如对一种产品，在生产、批发、零售诸环节中，可以选择只在生产环节征税，称为一次课征制，也可以选择在两个环节征税，称为两次课征制。还可以实行在所有流转环节都征税，称为多次课征制。

确定纳税环节，是流转课税的一个重要问题。它关系到税制结构和税种的布局，关系到税款能否及时足额入库，关系到地区间税收收入的分配，同时关系到企业的经济核算和是否便利纳税人缴纳税款等问题。所以，选择确定纳税环节，必须和价格制度、企业财务核算制度相适应，同纯收入在各个环节的分布情况相适应，以利于经济发展和控制税源。

6）纳税期限

纳税期限是负有纳税义务的纳税人向国家缴纳税款的最后时间限制。它是税收强制性、固定性在时间上的体现。确定纳税期限，要根据课税对象和国民经济各部门生产经营的不同特点来决定。

7）税收优惠，是指税法对某些特定的纳税人或征税对象给予免除部分或全部纳税义务的规定。减税是对应纳税额少征一部分税款；免税是对应纳税额全部免征。减税免税是对某些纳税人和征税对象给予鼓励和照顾的一种措施。

3. 现行的税收分类及税种

按现在的分类，主要是流转税、所得税、财产税、资源税、行为税：

1）流转税：增值税、消费税、营业税、关税等；

2）所得税：企业所得税、个人所得税等；

3）财产税：房产税、城市房地产税等；

4）资源税：资源税、城镇土地使用税、土地增值税等；

5）行为税：印花税、城市维护建设税等。

二、纳税人的权利与义务

根据《税收征收管理法》规定，法律、行政法规规定负有纳税义务的单位和个人为纳税人。法律、行政法规规定负有代扣代缴、代收代缴税款义务的单位和个人为扣缴义务人。纳税人、扣缴义务人必须依照法律、行政法规的规定缴纳税款、代扣代缴、代收代缴税款。

1. 纳税人的权利

1）依法提出申请享受税收优惠的权利。

2）依法请求税务机关退回多征税款的权利。

3）依法提起税务行政复议和税务行政诉讼的权利。

4）依法对税务人员的违法行为进行检举和控告的权利。

5）因税务机关的行为违法或不当，致使纳税人合法权益遭受损害时，有依法请求得到赔偿的权利。

6）向税务机关咨询税法及纳税程序的权利。

7）要求税务机关为其保密的权利。

8）对税务机关作出的决定享有陈述和申辩的权利。

2. 纳税人的义务

1）依法办理税务登记、变更或注销税务登记。

2）依法进行账簿、凭证管理。

3）按期进行纳税申报，按时足额缴纳税款。

4）向税务机关提供生产销售情况和其他资料，主动接受并配合税务机关的税务检查。

5）执行税务机关的行政处罚决定，按照规定缴纳滞纳金和罚款。

三、税务管理制度

1. 税务登记制度

1）开业、变更、注销登记

企业及其在外地设立的分支机构等从事生产、经营的纳税人，应当自领取营业执照起30日内，向税务机关申报办理税务登记。税务登记内容发生变化的，纳税人应当自办理工商变更登记起30日内，向税务机关办理变更登记。在办理工商注销登记前，先办理税务注销。

2）税务登记证件

纳税人办理下列事项时，必须持税务登记证件：开立银行账户；申请减税、免税、退税；申请办理延期申报、延期缴纳税款；领购发票；申请开具外出经营活动税收管理证明；办理停业、歇业等。

2. 账簿凭证管理制度

根据《税收征收管理法》的有关规定，纳税人、扣缴义务人按照有关法律、行政法规和国务院财政、税务主管部门的规定设置账簿，根据合法、有效凭证记账，进行核算。从事生产、经营的纳税人、扣缴义务人必须按照国务院财政、税务主管部门规定的保管期限保管账簿、记账凭证、完税凭证及其他有关资料，账簿、记账凭证、完税凭证及其他有关资料不得伪造、变造或者擅自损毁。

3. 纳税申报管理制度

纳税人必须依照法律、行政法规规定或者税务机关依照法律、行政法规的规定确定的申报期限、申报内容如实办理纳税申报，报送税务申报表、财务会计报表以及税务机关根据实际需要要求纳税人报送的其他纳税资料。扣缴义务人必须依照法律、行政法规规定或者税务机关依照法律、行政法规的规定确定的申报期限、申报内容如实办理纳税申报，报送代扣代缴、代收代缴税款报告表以及税务机关根据实际需要要求纳税人报送的其他有关资料。

纳税人、扣缴义务人不能按期办理纳税申报或者报送代扣代缴、代收代缴税款报告表的，经税务机关核准，可以延期申报，但应在核准的延期内办理税款结算。

四、税款征收制度

1. 代扣代缴、代扣代缴税款制度

扣缴义务人依照法律、行政法规的规定履行代扣、代收税款的义务。对法律、行政法规没有规定负有代扣、代收税款义务的单位和个人，税务机关不得要求其履行代扣、代收税款义务。扣缴义务人依法履行代扣、代收税款义务时，纳税人不得拒绝。纳税人拒绝的，扣缴义务人应当及时报告税务机关处理。税务机关按照规定付给扣缴义务人代扣、代收手续费。

2. 延期缴纳税款制度

纳税人、扣缴义务人按照法律、行政法规规定或者税务机关依照法律、行政法规的规定确定的期限，缴纳或者解缴税款。纳税人因有特殊困难，不能按期缴纳税款的，经省、自治区、直辖市国家税务局、地方税务局批准，可以延期缴纳税款，但最长不得超过3个月。

3. 税收滞纳金征收制度

纳税人未按照规定期限缴纳税款的，扣缴义务人未按照规定期限解缴税款的，税务机关除责令限期缴纳外，从滞纳税款之日起，按日加收滞纳税款万分之五的滞纳金。

4. 税收保全措施

税务机关有根据认为从事生产、经营的纳税人有逃避纳税义务行为的，可以在规定的纳税期之前，责令限期缴纳应纳税款；在限期内发现纳税人有明显的转移、隐匿其应纳税的商品、货物以及其他财产或者应纳税的收入的迹象的，税务机关可以责成纳税人提供纳税担保。如果纳税人不能提供纳税担保，经县以上税务局（分局）局长批准、税务机关可以采取下列税收保全措施：书面通知纳税人开户银行或者其他金融机构暂停支付纳税人的金额相当于应纳税款的存款；扣押、查封纳税人的价值相当于应纳税款的商品、货物或者其他财产。

纳税人在前款规定的限期内缴纳税款的，税务机关必须立即解除税收保全措施；限期期满仍未缴纳税款的，经县以上税务局（分局）局长批准，税务机关可以书面通知纳税人开户银行或者其他金融机构从其暂停支付的存款中扣缴税款，或者拍卖所扣押、查封的商品、货物或者其他财产，以拍卖所得抵缴税款。

采取税收保全措施不当，或者纳税人在限期内已缴纳税款，税务机关未立即解除税收保全措施，使纳税人的合法利益遭受损失的，税务机关应当承担赔偿责任。

5. 税收强制执行措施

从事生产、经营的纳税人、扣缴义务人未按照规定的期限缴纳或者解缴税款，纳税担保人未按照规定的期限缴纳所担保的税款，由税务机关责令限期缴纳，逾期仍未缴纳的，经县以上税务局（分局）局长批准，税务机关可以采取下列强制执行措施：书面通知其开户银行或者其他金融机构从其存款中扣缴税款；扣押、查封、拍卖其价值相当于应纳税款的商品、货物或者其他财产，以拍卖所得抵缴税款。税务机关采取强制执行措施时，对前款所列纳税人、扣缴义务人、纳税担保人未缴纳的滞纳金同时强制执行。

五、违反税法的法律责任

1. 法律责任的形式

经济责任主要包括加收滞纳金和赔偿损失。

行政责任主要包括行政处罚和行政处分。前者主要是针对纳税人和扣缴义务人的，主要包括责令限期改正，责令缴纳税款；采取税收保全措施和税收强制执行措施；罚款；吊销税务登记证，收回税务机关发给的票证，吊销营业执照等。行政处分是针对税务机关的工作人员的，主要包括警告、记过、记大过、降级、撤职和开除。

刑事责任主要包括罚金、拘役、有期徒刑、无期徒刑。

2. 主要违法行为的法律责任

1) 纳税人未按照规定期限缴纳税款的，扣缴义务人未按照规定期限解缴税款的，税务机关除责令限期缴纳外，从滞纳税款之日起，按日加收滞纳税款万分之五的滞纳金。

2) 纳税人有下列行为之一的，由税务机关责令限期改正，可以处2000元以下的罚款；情节严重的，处2000元以上1万元以下的罚款：未按照规定的期限申报办理税务登记、变更或者注销登记的；未按照规定设置、保管账簿或者保管记账凭证和有关资料的；未按照规定将财务、会计制度或者财务、会计处理办法和会计核算软件报送税务机关备查的；未按照规定将其全部银行账号向税务机关报告的；未按照规定安装、使用税控装置，或者损毁或擅自改动税控装置的。

3) 对纳税人偷税的，由税务机关追缴其不缴或者少缴的税款、滞纳金，并处不缴或者少缴的税款50%以上5倍以下的罚款；偷税数额占应纳税额的10%以上不满30%并且偷税数额在1万元以上不满10万元的,或者因偷税被税务机关给予两次行政处罚又偷税的,处3年以下有期徒刑或者拘役,并处偷税数额1倍以上5倍以下罚金;偷税数额占应纳税额的30%以上并且偷税数额在10万元以上的,处3年以上7年以下有期徒刑,并处偷税数额1倍以上5倍以下罚金。

4) 纳税人欠缴应纳税款,采取转移或者隐匿财产的手段,妨碍税务机关追缴欠缴的税款的,由税务机关追缴欠缴的税款、滞纳金,并处欠缴税款50%以上5倍以下的罚款;欠缴税款数额在1万元以上不满10万元的,处3年以下有期徒刑或者拘役,并处或者单处欠缴税款1倍以上5倍以下罚金;数额在10万元以上的,处3年以上7年以下有其刑,并处欠缴税款1倍以上5倍以下罚金。以暴力、威胁方法拒不缴纳税款的,除由税务机关追缴其拒缴的税款、滞纳金外,处3年以下有期徒刑或者拘役,并处拒缴税款1倍以上5倍以下罚金;情节严重的,处3年以上7年以下有期徒刑,并处拒缴税款1倍以上5倍以下罚金。情节轻微,未构成犯罪的,由税务机关追缴其拒缴的税款、滞纳金,并处拒缴税款1倍以上5倍以下罚款。

5) 纳税人、扣缴义务人的开户银行或者其他金融机构拒绝接受税务机关依法检查纳税人、扣缴义务人存款账户,或者拒绝执行税务机关作出的冻结存款或者扣缴税款的决定,或者在接到税务机关的书面通知后帮助纳税人、扣缴义务人转移存款,造成税款流失的,由税务机关处10万元以上50万元以下的罚款,对直接负责的主管人员和其他直接责任人员处1000元以上1万元以下的罚款。

6) 税务机关违反规定擅自改变税收征收管理范围和税款入库预算级次的,责令限期改正,对直接负责的主管人员和其他直接责任人员依法给予降级或者撤职的行政处分。

7) 未经税务机关依法委托征收税款的,责令退还收取的财物,依法给予行政处分或行政处罚;致使他人合法权益受到损失的,依法承担赔偿责任;构成犯罪的,依法追究刑事责任。

8) 税务人员利用职务上的便利,收受或索取纳税人、扣缴义务人财物或者谋取其他不正当利益,构成犯罪的,依法追究刑事责任;不构成犯罪的,依法给予行政处分。

9) 税务人员徇私舞弊或者玩忽职守,不征或者少征应征税款,致使国家税收遭受重大损失,构成犯罪的,依法追究刑事责任;尚不构成犯罪的,依法给予行政处分。

10) 违反法律、行政法规的规定,擅自作出的开征、停征或者减税、免税、退税、补税以及其他同税收法律、行政法规相抵触的决定的,除依照本法规定撤销其擅自作出的决定外,补征应征未征税款,退还不应征收而征收的税款,并由上级机关追究直接负责的主管人员和其他直接责任人员的行政责任,构成犯罪的,依法追究刑事责任。

3. 追究法律责任的主体和期限

追究法律责任的主体主要包括征税机关和人民法院。行政处罚,罚款额在2000元以下的,可以由税务所决定。违反税收法律、行政法规应当给予行政处罚,在五年内未被发现的,不再给予行政处罚。

【本章小结】

本章主要对劳动法律制度、标准化法律制度、环境保护法律制度、节约能源法律制度、档案法律制度、税收法律制度等内容进行了阐述。

劳动法律制度中，主要介绍劳动合同制度、劳动保护制度、劳动争议的处理。劳动合同制度中包括：劳动合同的概念与特征、劳动合同的内容、劳动合同的效力、劳动合同的解除、劳动合同的终止、法律责任等。劳动保护制度包括：劳动安全卫生、女职工的特殊保护、未成年工的特殊保护、法律责任等。我国劳动争议的解决途径有协商、调解、劳动争议仲裁和诉讼。

标准化法律制度中，重点介绍了工程建设标准的级别、工程建设的强制性标准与推荐性标准、强制性标准的监督管理等。《标准化法》按照标准的级别不同，把标准分为国家标准、行业标准、地方标准和企业标准。

环境保护法律制度中，主要介绍了环境保护基本制度、水污染防治、大气污染防治、环境噪声污染防治、固体废物污染防治等。

节约能源法律制度中，主要介绍了新《节约能源法》的特点、建筑节能的法律规定等。

档案法律制度中，主要介绍了建设工程文件的种类、建设工程文件归档整理、重大建设项目档案验收等。

税收法律制度中，主要介绍了税收基本制度、纳税人的权利与义务、税务管理制度、税款征收制度、违反税法的法律责任等。

【复习思考】

1. 劳动合同的解除情形有哪些？
2. 解决劳动争议方式中，劳动争议仲裁和诉讼的关系如何？
3. 工程建设标准的级别分为哪几类？
4. 环境保护基本制度有哪些？
5. 新修订的《水污染防治法》有哪些新突破？
6. 大气污染防治措施有哪些？
7. 环境噪声污染防治措施有哪些？
8. 简述各参建单位的节能责任？
9. 建设工程文件归档整理的基本规定如何？
10. 简述税收制度的构成要素。

【课后练习】

● 单项选择

1. 下列社会关系中，（　　）属于我国《劳动法》调整的劳动关系。
   A. 施工单位与某个体经营者之间的加工承揽关系
   B. 劳动者与施工单位之间在劳动过程中发生的关系
   C. 家庭雇佣劳动关系
   D. 社会保险机构与劳动者之间的关系
2. 劳动合同应当采用（　　）订立。
   A. 书面形式　　　B. 口头形式　　　C. 公正形式　　　D. 格式条款
3. 环境保护设施验收，应当与主体工程竣工验收（　　）进行。
   A. 分别　　　　　B. 同时　　　　　C. 交叉　　　　　D. 顺序
4. 建设项目档案的原件由（　　）保管。
   A. 建设单位　　　　　　　　　　　B. 施工单位
   C. 城建档案馆　　　　　　　　　　D. 监理单位
5. 《重大建设项目档案验收办法》适用于（　　）项目的档案验收。

A. 规模巨大、超过一定标准的建设项目
B. 中央部门投资的建设项目
C. 各级政府投资主管部门组织验收的项目
D. 列入重点工程的项目

6. 企业应自领取营业执照起（　　）日内，向税务机关申报税务登记。
A. 10　　　　　B. 15　　　　　C. 30　　　　　D. 60

7. 纳税人因有特殊困难，不能按期缴纳税款的，经省、自治区、直辖市国家税务局、地方税务局批准，可以（　　）。
A. 延期纳税　　B. 免税　　　　C. 减税　　　　D. 终止纳税

【案例分析】

● **《环境保护法》案例**

光明造纸厂位于某河流中上游。1998年6月，环境监测站对该造纸厂的污水进行监测，发现该厂对所排放的污水的净化处理不够，多种污染物质的含量严重超标。遂向该厂提出限期治理的要求，但光明纸厂不予理会，没有采取任何净化措施。1998年10月，市环保局按照国家有关规定向其征收排污费，但该厂领导却以经济效益不好为由，拒绝缴纳。

环保局在多次征收未果的情况下，向人民法院起诉，要求光明纸厂缴纳应缴排污费。

【问题】　市环保局提出的诉讼请求是否合理？

【解析】　本题关于污染环境拒交排污费争议问题。环保局提出的诉讼请求是合理的。

征收排污费是我国环保法规定的一项重要制度，其目的是为了促进企业事业单位加强经营管理，提高资源和能源的利用率，治理污染，改善环境。《水污染防治法》第二十条规定："国家实行排污许可制度。直接或者间接向水体排放工业废水和医疗污水以及其他按照规定应当取得排污许可证方可排放的废水、污水的企业事业单位，应当取得排污许可证；城镇污水集中处理设施的运营单位，也应当取得排污许可证。""禁止企业事业单位无排污许可证或者违反排污许可证的规定向水体排放前款规定的废水、污水。"第二十一条规定："直接或者间接向水体排放污染物的企业事业单位和个体工商户，应当按照国务院环境保护主管部门的规定，向县级以上地方人民政府环境保护主管部门申报登记拥有的水污染物排放设施、处理设施和在正常作业条件下排放水污染物的种类、数量和浓度，并提供防治水污染方面的有关技术资料。企业事业单位和个体工商户排放水污染物的种类、数量和浓度有重大改变的，应当及时申报登记；其水污染物处理设施应当保持正常使用；拆除或者闲置水污染物处理设施的，应当事先报县级以上地方人民政府环境保护主管部门批准。"第二十四条规定："直接向水体排放污染物的企业事业单位和个体工商户，应当按照排放水污染物的种类、数量和排污费征收标准缴纳排污费。排污费应当用于污染的防治，不得挪作他用。"因而，排污单位应当如实向当地环保部门申报登记排污设施和排放污染物的种类、数量和浓度，经环保部门或其指定的监测单位核定后，作为征收排污费的依据，由环保部门按《征收排污费暂行办法》征收。本案光明纸厂不按期缴纳排污费的行为是错误的。至于该厂提出的"企业效益不好，无力支付"的理由，是不能支持的，因为我国的环境保护法并没有这类可以免费的规定。

参 考 文 献

[1]　朱宏亮. 建设法规. 武汉：武汉大学出版社，2000.
[2]　刘文锋，周东明，邵军义. 建设法规教程. 北京：中国建材工业出版社，2001.
[3]　何红锋. 工程建设中的合同法与招标投标法. 北京：中国计划出版社，2002.
[4]　何伯洲. 工程建设法规与案例. 北京：中国建筑工业出版社，2003.
[5]　何伯洲，周显峰. 建设工程合同. 北京：知识产权出版社，2003.
[6]　张培新. 建筑工程法规. 北京：中国电力出版社，2004.
[7]　郑润梅. 建设法规概论. 北京：中国建材工业出版社，2004.
[8]　国务院法制办农林资源环保法制司，建设部政策法规司，工程质量安全监督与行业发展司，建设工程安全生产管理条例释义. 北京：知识产权出版社，2004.
[9]　生青杰. 工程建设法规. 北京：科学出版社，2004.
[10]　黄安永. 建设法规. 南京：东南大学出版社，2005.
[11]　李辉. 建设工程法规. 上海：同济大学出版社，2006.